KB180583

스피치 커뮤니케이션 [개정판]

SPEECH COMMUNICATION

스피치 커뮤니케이션

개정판

SPEECH COMMUNICATION

김상준

역락

개정판을 내면서

한국은 21세기 들어 미디어 빅뱅 시대가 열리면서 세계적인 한류 열풍을 일으키고 있다. 한류는 중국인들의 한국 대중문화에 대한 열광을 표현하기 위해 중국의 언론이 사용한 말이다. 최근의 한류 스타들은 노래만이 아니라 스피치와 연기에 대한 훈련은 물론이고, 영화 제작과정과 언론매체 출연과정, 홍보 마케팅에 대한 교육까지 받고 있다.

해외에서는 한류 스타들의 노래에 대한 이해는 물론이고, 그들과 대화를 나누기 위한 수단으로 한국어를 배우는 젊은이들이 늘어나고 있다. 대만에서는 이런 젊은이들을 합한족(哈韓族)이라고 부른다.

미래학의 대부인 짐 데이토(Jim Dator) 하와이대학 미래전략센터 소장은 정보화 사회 이후에는 드림 소사이어티(Dream Society)라는 해일이 밀려온다고 말하고 있다. 드림 소사이어티는 꿈과 이미지에 의해 움직이는 사회라고 했다. 그는 한국이 드림 소사이어티에 진입한 제1호 국가라고 했다. 그 이유는 한국이 한류라는 흐름 속에서 스스로의 이미지를 상품으로 포장해 수출했기 때문이라고 설명한다.

한국의 방송은 1995년 3월 1일부터 케이블TV의 시작으로 뉴미디어 시대에 돌입한 이후 인터넷 방송의 양적인 팽창으로 신개념 방송 시대를 열어가고 있다. 2011년 12월 1일 종합편성채널 시대가 열리고, 2012년 12월 31일부터는 아날로그 TV시대가 마감되고 디지털 방송 시대가 시작됐다. 디지털 방송은 한국방송사의 새로운 시대가 시작됐음을 의미한다. 뉴미디어의 결과물로 위력을 떨치고 있는 SNS는 정보를 공유하고, 의사소통을 도와주는 1인 미디어와 1인 커뮤니티 역할을 하고 있다.

따라서 이 책 스피치 커뮤니케이션은 일상적인 스피치는 물론이고 방송과 관련한 언어표현에 많은 비중을 두었다. 대학의 교재로 선정할 경우에는 스피치의 이론과 실습을 병행할 수 있도록 저술했다. 또한 낭독용 문장의 특성을 살려 가능하면 구어체 문장으로 작성하면서 띄어쓰기를 줄였다.

이 책이 독자 여러분의 "말이란 무엇인가? 말은 어떻게 해야 하는가?"라는 물음에 답을 드릴 수 있기를 기대한다.

2015년 2월 16일, 한국방송 88주년

저자 **김 상 준**

초판 머리말

말의 가치나 효용성 등 말에 관한 세계 각국의 속담이나 명언이 유난히 많다. 한국의 속담에도 말을 긍정적으로 보는 것과 부정적으로 보는 것들이 비슷하게 있다.

'말 한마디에 천 냥 빚도 갚는다. 말은 해야 맛이고 고기는 씹어야 맛이다.'라고 말의 가치를 인정하다가도, '말 많은 집은 장맛도 쓰다. 말이 많으면 쓸 말이 적다.'고 해서 말을 조심해야 한다고 경고하고 있다.

말 중에서도 가장 듣기 좋은 말인 칭찬에 대해서도 명암이 엇갈린다. 한국속담에 '고슴도치도 제 새끼가 함함하다면 좋아 한다'는 말이 있으며, 최근에 소개된 블랜차드의 '칭찬은 고래도 춤추게 한다'는 말이 유행처럼 회자되고 있다.

그런가 하면 한국속담에는 '나를 칭찬하는 자는 나의 적이다'라는 말이 있다. 이 말은 제정로마시대 타키투스의 '최악의 적은 칭찬하는 자이다'라는 말과 비슷한 칭찬에 대한 경고의 뜻이 담겨 있다.

공자나 노자의 언어관에는 말이 많은 것을 경계하는 언어최소주의가 많이 나타나 있다. 노자는 '진실로 위대한 웅변은 더듬거리는 것 같다. 아는 자는 말하지 않고 말하는 자는 알지 못한다.'고 했다. 교언영색이라는 말은 말을 교묘하게 하고 얼굴빛을 상냥하게 꾸미는 사람치고 어진 사람은 드물다는 뜻이다. 이 역시 말을 조심하라는 말이다.

공자는 또 나라에 도가 있느냐, 없느냐에 따라 말을 달리해야 한다고 했다. 나라에 도가 있어서 받아들이면 직언을 해도 좋지만 도가 없는 나라에서는 오히려 직언이 화를 입게 되니 조심해야 한다는 것이다.

공자의 이 말은 한비자의 역린에 관한 비유와도 통한다. 역린이란 용은 잘 길들이면 올라탈 수도 있지만, 목 아래 다른 비늘과 반대 방향으로 나 있는 이것을 건드리면 목숨을 잃는다고 한다. 이 말은 때와 장소에 따라 말을 삼가라는 스피치 커뮤니케이션의 원칙을 강조한 말이다.

영국속담에 '웅변은 은이요 침묵은 금이다.'라는 말이 있다. 독일속담에서는 '입을 열면 침묵보다 뛰어난 것을 말하라. 그렇지 않으면 가만히 있는 것이 낫다'고 했다.

신약성서 요한복음은 '태초에 말씀이 계시니라 이 말씀이 하나님과 함께 계셨으니 이 말씀은 곧 하나님이시니라.'로 시작하면서 말에 관한 신성한 권위를 말하고 있다. 성서에서는 '말'이 곧 '하나님'이라 했으니, 여기서의 말은 대단한 파워와 카리스마가 있는 스피치 커뮤니케이션의 모델이라 하겠다.

석가모니는 말이 필요 없는 이심전심의 세계를 설파함으로써 언어 커뮤니케이션을 뛰어넘는 비언어 커뮤니케이션의 정수를 보여준다.

앤드류 카네기의 사람들에게 비웃음을 사고, 무시당하고, 외면당할 수 있는 세 가지 방법에 대한 설명은 새겨들을 만하다. 그 방법은 '상대방의 이야기를 끝까지 들으면 안 되고, 계속 자기의 말만 해야 하고, 상대방이 이야기할 때 자기가 할 이야기가 있으면 바로 끊고 자신의 말을 하면 된다.'는 말도 침묵과 듣기의 중요성을 강조한 말이다.

'관속에 들어가도 막말은 말라'는 한국의 속담도 기억해야 한다. 자존심 건드리는 말 한 마디가 평생 남아있게 돼 있다.

스피치라고 하면 가정에서의 대화처럼 편안하게 생각해야 하는데 청중 앞에만 서면 공포에 질려 입이 열리지 않는다. 태어나서부터 영어를 말하고 어려서부터 스피치를 배우면서 살아온 미국의 대학생들도 교양필수과목인 퍼블릭 스피킹을 들으며 쩔쩔맨다고 한다. 영어를 배우는 외국학생들이 남 앞에서 말할 때 공포에 질리는 것과 마찬가지로 퍼블릭 스피킹은 죽음보다 더 두렵다는 말이 있을 정도이다.

대중연설의 공포는 바로 남들 앞에서 바보가 되기 싫은 본능 때문이다. '공포는 무시하면 스스로 물러난다. 두려움이 오면 그저 무시하자. 잠시 바보가 돼도 좋다. 한번 해보자.'라고 격려하는 사람들도 있다.

스피치 커뮤니케이션은 말에 관한 책이다. 말은 이론이나 역사적인 사실을 배운다고 잘 할 수 있는 것이 아니다. 이 책은 말과 의사소통이란 무엇인가에서부터 어떤 말이 좋은가에 대한 이론적인 내용과, 어떻게 말해야 할 것인가에 대한 실제적인 지침을 제시했다.

스피치 커뮤니케이션은 주로 사회과학 분야에서 다루고 있는데, 이 책은 사회과학 분야인 언론학과 인문학인 한국어와 언어학 이론, 그리고 음성언어 표현의 실제를 다루면서 차별화했다.

필자는 어떻게 하면 사람들이 하고 싶은 말을 잘 할 수 있도록 도울 수 있는가를 되뇌면서 연구와 집필, 교육에 몰두하고 있다. 아울러 '아름다운 한국어, 힘있는 한국어, 세계적인 한국어'라는 화두(話頭)도 필생의 사업으로 생각하고 있다.

제1장 커뮤니케이션의 이해에서는 커뮤니케이션의 정의와 커뮤니케이션의 네 가지 분류에 대해서 개요를 알아보고, 방송 미디어에 대한 소개와 최근경향, 정보화 사회와 미디어 환경을 소개했다.

제2장 스피치 커뮤니케이션의 개념에서는 언어와 스피치의 정의를 알아보고 스피치 커뮤니케이션의 정의와 중요성을 다뤘다.

제3장 동서양의 스피치 커뮤니케이션에서는 언어 최소주의를 지향하는 동양적 레토릭과 함께 석가와 공자, 예수 등 성인들의 언어관과 설득은 어떠했는지 살펴보았다.

제4장 스피치 커뮤니케이션의 이론과 실제는 본격적으로 스피치에 대한 이해와 실제, 그리고 설득과 격려를 위한 세계적인 명연설들을 제시했다.

제5장 방송 커뮤니케이터는 한국을 비롯한 몇 나라의 방송 커뮤니케이터의 기능과 역할, 그리고 앵커와 MC, DJ, 리포터, 내레이터, 캐스터 등의 기능과 역할 등에 대해 알아봤다.

제6장 방송 스피치와 방송문장은 구어체 문장의 대표적 형태인 방송언어에 대해 다뤘다.

제7장 방송 스피치의 이론과 실제는 일반인은 물론 방송현업 종사자, 방송사 채용을 준비하고 있는 학생들을 위해 뉴스를 위한 음성표현과 아나운싱의 이론과 실제를 다뤘다.

제8장 인터뷰의 진행과 참여는 방송뿐만 아니라 신문과 잡지 등 미디어 인터뷰를 비롯해서 취업 인터뷰 등에 대한 방향을 제시했다.

제9장 토론의 진행과 참여에서는 토론의 개요와 형식을 알아보고, 각종선거에서 그 중요성이 날로 높아가고 있는 TV토론에 대해서도 다뤘다.

마지막으로 제10장 비언어 커뮤니케이션에서는 비언어 커뮤니케이션의 개념과 기능, 유형, 비언어적 커뮤니케이션의 차원 연구, 유사언어 등을 다루었다.

스피치 커뮤니케이션은 국내에서 같은 제목으로 두어 가지 저서가 나와 있다. 특히 김영임(1999), 임태섭(2003)의 책은 이 분야에서 독자들로부터 이미 인정을 받은 저서이다. 그래서 필자는 다른 제목을 검

토했으나, 동아방송예술대학 공통기초학부의 교양과목으로 개설한 스피치 커뮤니케이션이라는 과목명을 제목으로 택했다. 스피치 커뮤니케이션이란 철학개론이나 언어학개론처럼 보통명사화 돼 있기 때문이다.

이미 시중에 나와 있는 같은 제목의 책을 출판하면서 많은 걱정이 앞선다. 출판계와 독자들의 비교와 비판이 따를 것이 당연하기 때문이다. 그러나 이미 출판된 저서들과 차별화 하면서 독자들에게는 색다른 정보와 스피치 기법을 안겨드려야 한다는 생각으로 많은 노력을 기울였다.

이 책을 저술함에 있어서 김영임, 임태섭 두 교수의 저서와 박기순 교수의 대인 커뮤니케이션, 전영우 교수의 신국어화법론에서 많은 도움을 받았음을 밝힌다. 또한 네이버와 다음, 구글 등 포털사이트의 백과사전과 인물정보 등은 많은 도움이 됐다.

이 책은 전체적으로 낭독용 문장의 특성을 살려 가능하면 구어체 문장으로 작성했다. 문어체인 '하였다'는 '했다'로, '되었다'는 '됐다' 형태로 기술하면서, '및'과 같은 문어적인 표현들을 배제했으며, 복합어나 합성어 등은 가능하면 띄어쓰기를 줄였다.

이 책이 독자 여러분의 '말이란 무엇인가, 그리고 어떻게 해야 하는가'에 관한 물음에 올바른 답을 드렸으면 하는 바람이다.

출판계가 어려운 사정임에도 '有朋自遠方來 不亦樂乎'라는 공자의 대인 커뮤니케이션 정신, 즉 禮의 정신으로 벗들을 불러 모아 좋은 책을 펴내고 있는 亦樂의 이대현 사장, 내용에 맞게 책을 잘 꾸며주신 이태곤 편집장과 편집진 여러분에게 고마운 말씀을 드린다.

2007년 9월

曉泉書室에서 金 上 俊

차 례

제4장 스피치 커뮤니케이션의 이론과 실제 ‖ 127

제5장 방송 커뮤니케이터 ‖ 187

제8장 인터뷰의 진행과 참여 ‖ 273

제9장 토론의 진행과 참여 ‖ 289

제 1 장

커뮤니케이션의 이해

1. 커뮤니케이션의 정의
2. 커뮤니케이션의 분류
3. 커뮤니케이션의 기본 모델
4. 매스 미디어의 개념
5. 방송 미디어

제1장

커뮤니케이션의 이해

1. 커뮤니케이션의 정의

커뮤니케이션(communication)이란 음성언어를 비롯한 문자와 몸짓, 도형 등의 기호를 매개로 해서 사람과 사람 사이에 의지와 감정을 표현하고 의사와 정보를 주고받는 정신적·심리적인 교류 즉 의사소통(意思疏通)의 수단과 체계이다.

의사소통을 중심으로 해서 커뮤니케이션을 크게 둘로 나누면 언어적 커뮤니케이션(verbal communication)과 비언어적 커뮤니케이션(non-verbal communication)으로 나뉜다.

커뮤니케이션은 또 신(神)이 자신의 덕(德)을 인간에게 나누어 준다거나, 열(熱)이 어떤 물체로부터 다른 물체로 전해지는 따위와 같이, 넓은 의미에서는 분여(分與)[1]·전도(傳導)·전위(轉位) 등을 뜻하는 말이지

1) 분여(分與) 분급(分給). '농민들에게 토지를 분여하다.'와 같이 쓰이는 말.

만, 근래에는 어떤 사실을 타인에게 전하고 알리는 심리적인 전달의 뜻으로 쓰이고 있다(동아출판사, 1988).

완성된 형태의 커뮤니케이션은 보내는 측이 일정한 상대, 즉 받는 측에게 무엇인가를 전하기 위해서 특정한 형태의 자극을 의도적으로 보낼 때 성립된다. 이러한 커뮤니케이션은 인간사회에만 있는 현상이다.

커뮤니케이션은 인간의 사회생활을 성립시키는 기본적인 조건이므로 이것이 원활하게 이루어지지 않으면 개인과 사회 모두 바람직하지 못한 결과가 야기된다. 개인으로서는 사회적 부적응으로 정서장애의 원인이 될 수도 있으며, 국가·사회적으로는 조직운영의 능률이 저하되고, 외교적으로는 국제관계 개선에 중대한 장해가 될 수 있기 때문이다.

커뮤니케이션의 정의는 학자들에 따라 약간의 차이는 있으나, 몇 가지를 소개하면 다음과 같다.

① 일반적 의미로는 정보원(source)인 한 체계(system)가 여러 상징을 조작해서 그들을 연결하는 채널(channel)을 통해 다른 체계인 목적지(destination)에 전달함으로써 영향을 주는 경우에는 항상 커뮤니케이션이 존재한다(Osgood, 1957).

② 커뮤니케이션은 메시지를 통한 사회적 상호작용으로 정의할 수 있다(Gerbner, 1967).

③ 주로 상징을 통해 정보나 사상, 태도, 혹은 감정을 개인이나 집단 이 다른 개인이나 집단에게 전달하는 것이다(Theodorson & Theodorson, 1969).

이상에서 보는 바와 같이 커뮤니케이션이란 대체로 송신자와 채널, 메시지, 수신자의 네 가지 요소로 이뤄진다. 송신과 수신 사이에는 어떤 의도나 목적이 내재해 있을 수도 있다. 따라서 타인에 대한 어떤 행위나 반응, 그리고 상호작용 모두가 커뮤니케이션이 될 수 있는 것이다.

또한 송신자 내에 기호화(記號化 encoding)와 해독화(解讀化 decoding)를 추가해서 설명하기도 한다. 기호화란 전달수단이나 의도한 수신자에 맞도록 메시지를 적절한 기호로 바꾸는 것을 말한다. 해독화란 기호화된 메시지에서 의미를 추출하기 위해 재번역하는 것을 가리킨다.

두 사람 사이의 대화를 예로 들면 기호화 기능은 말과 제스처 등을 포함하고, 청각과 시각은 해독화의 기능을 수행하게 된다. 매스 커뮤니케이션에 있어서 기호화는 이미 수립된 절차나 수용자의 욕구(慾求) 등을 감안한 체계적 언어와 영상, 그리고 형식 등을 선정하고, 이를 송신 가능한 신호로 바꾸는 기계적 변환이라 할 수 있다.

또한 대부분의 모형에서는 피드백(feed back)의 개념이 사용된다. 일반적으로 피드백은 송신자가 전달한 메시지를 수신자가 잘 받아들였는지, 혹은 문제는 없었는지 등에 관한 정보를 수신자로부터 얻는 과정을 가리킨다. 이러한 정보는 현재는 물론 미래의 커뮤니케이션 행위를 수정하는 데 도움이 될 수 있다. 면대면(面對面 face to face) 커뮤니케이션 상황에서는 질문이나 반복설명 요청, 제스처 등과 같은 반응이 피드백에 해당된다(Mcquail & Windahl, 1993 ; 임상원 · 유종원 공역, 2001).

2. 커뮤니케이션의 분류

커뮤니케이션이라는 말의 앞에는 수많은 수식어들이 붙어 학문적인 연구영역이 무한대로 펼쳐져 있으나, 일반적으로 규모와 범위에 따라 4종으로 구분한다.

1) 자아 커뮤니케이션

자아(自我) 커뮤니케이션(intrapersonal communication)은 개인 내부에서 일어나는 것으로 송신자와 수신자가 같은 커뮤니케이션을 일컫는다. 즉 인간의 내부에서 일어나는 자기 자신과의 커뮤니케이션을 의미한다. 이 때 한 인간이 메시지의 송신인인 동시에 수신인이 된다.

위스컨신 대학 교수인 애플바움(R. Applbaum)은 자아 커뮤니케이션을 '의미를 창조하는 개인적인 과정'이라고 했으며, 반런드(D. Barnlund)는 '지각에 의미를 부여하는 행위'로 파악했다. 또한 해네만(G. Hanneman)은 자아커뮤니케이션을 '커뮤니케이션에 참여하는 개인의 정보처리 과정'이라 했다(홍기선, 1990).

우리는 어떤 중대한 결정을 앞두고 망설이거나 머뭇거릴 때 자신의 내부에 존재하는 두 개의 자아가 서로 커뮤니케이션하는 경험을 하게 된다. 일상적인 면대면의 상황에서도 송신인은 자신이 작성한 메시지를 상대방에게 전달하는 동시에 그 메시지가 과연 자신이 의도한 것인지를 확인하는 해석과정을 거치게 되는데, 순간적으로 발생하는 이러한 과정도 자아 커뮤니케이션 현상으로 간주될 수 있다.

자아 커뮤니케이션의 연구영역은 자극을 받아들여 조직화하고 의미 있는 형태로 처리하는 모든 과정을 대상으로 한다. 특히 인간이 어떻게 정보를 선택하며 선택한 정보를 조합하고 재추출해서 어떻게 효과적으로 줄여나가는가 하는 데에 초점을 맞춘다. 즉 인간을 하나의 정보처리 기계로 보고 그 구조와 단계별 과정을 살펴보고자 하는 것이다.

인간의 자아 커뮤니케이션이 외부의 자극을 처리해서 의미를 부여하는 과정이라고 볼 때, 그 처리과정은 무작위적이거나 임기응변식이 아니라 일정한 원칙에 의해 이루어지게 된다. 인간의 인지체계(cognitive system)도 다른 체계와 마찬가지로 항구성(constancy)을 유지하려는 특성을 갖고 있기 때문이다.

그러나 주변환경이 항상 변화하기 때문에 여기에 맞추어 균형을 유지하려면 인지체계도 환경에 적응하게 된다. 즉 환경으로부터의 정보를 자신의 인지체계 속으로 받아들이는 자아 커뮤니케이션은 이 같은 적응이라는 기능적인 면을 충족시키는 방향으로 이루어진다.

환경에 대한 적응은 구체적으로 동화(assimilation)과정과 융화(accommodation)과정으로 나눌 수 있다.

동화과정이란 새로 지각된 환경내용을 자신의 기존지식이나 이해내용에 맞게 바꾸어 소화하는 것이고, 융화과정은 반대로 기존지식이나 자신의 생각을 새로 지각된 환경에 맞도록 변경시키는 것이다(홍기선, 1984 ; 최정호 외, 1990).[2)]

2) 대인 커뮤니케이션

대인 커뮤니케이션(interpersonal communication)이란 두 사람이 하나 혹

2) 방송문화진흥회(The Foundation for Broadcasting Culture) 홈페이지 http://www.fbc.or.kr에서 재인용

은 그 이상의 채널을 통해 메시지를 주고받는 과정을 말한다. 이 과정에서 메시지는 잡음에 의해 왜곡되거나 효과가 나타나기 때문에 즉각적인 반응, 즉 피드백(feed back)이 나타난다.

대인 커뮤니케이션은 언어적 커뮤니케이션(verbal communication)과 비언어적 커뮤니케이션(nonverbal communication)으로 나눌 수 있다.

대인 커뮤니케이션에서 송신자가 메시지를 전달할 때 자신의 느낌이나 생각을 모두 상징으로 나타내기는 어렵지만 반드시 부호화(encoding) 과정을 거치게 마련이다. 이때 수용자는 감각기관을 통해 받아들인 상징을 해독화하게 된다. 또한 상호작용을 하는 두 사람 사이의 커뮤니케이션이기 때문에 자기 자신과 상대방에 관한 심리적 자료, 설명적 지식, 개인적으로 수립된 규칙에 토대해서 작용이 오고 간다.

이때 두 사람이 맺게 되는 인간관계를 이해하고, 발전시키고, 영향을 미치기 위해서는 언어적 메시지와 비언어적 메시지를 서로 교환한다(박기순, 1998). 한자의 '人間'이라는 말이 사람 사이를 뜻하듯이 인간관계란 사람과 사람 사이의 존재를 의미한다.

모든 유형의 커뮤니케이션은 본질적으로 사람과 사람 사이에서 이루어진다. 따라서 대인 커뮤니케이션의 가장 기본이 되는 구성요소는 화자(話者)와 청자(聽者)라 할 수 있다.

대인 커뮤니케이션은 커뮤니케이션이 두 사람 사이에서 동시적, 양방향적, 상호작용적으로 발생하기 때문에 호칭상의 표기에 변화가 일어나면서 두 사람에게 모두 화자-청자, 혹은 화자/청자라는 식으로 똑같은 칭호를 붙인다. 두 사람이 커뮤니케이트할 때 모두가 화자가 됨과 동시에 청자가 될 수 있기 때문이다.

커뮤니케이션학에서는 화자와 같은 용어로 스피커(speaker), 커뮤니케이터(communicator), 송신자(送信者 sender), 소스(source)라는 말을 사용하고 있다. 청자는 오디언스(audience)의 개념으로 청중(聽衆), 관객(觀客), 수용자(受容者), 청취자(聽取者-라디오), 시청자(視聽者-텔레비전), 수신자(受信者 receiver)라는 용어를 사용한다.

스피치 커뮤니케이션과 가장 관계가 깊은 대인 커뮤니케이션의 특성은 다음과 같다(박기순, 1998).

(1) 최소 두 사람이 필요함

대인 커뮤니케이션은 영어로 interpersonal communication이라고 한다. inter는 사이를, personal은 사람을 뜻하기 때문에 interpersonal communication은 사람과 사람 사이의 커뮤니케이션을 의미한다. 그래서 '대인'이라는 말을 'between people'이라는 표현을 쓰기도 한다.

대인 커뮤니케이션은 이처럼 개인간 커뮤니케이션이므로 최소한 두 사람을 필요로 한다. 따라서 전형적인 대인 커뮤니케이션을 이인(二人)커뮤니케이션, 영어로 dyadic communication이라고도 한다.

(2) 두 사람 모두 화자와 청자

우리는 면대면적 상황에서 누군가 먼저 말을 걸고 이야기를 하면 그 다음에 청자가 듣고 반응을 한다는 뜻으로, 화자→청자, 청자→화자 식의 선형(線型)적·순서적 커뮤니케이션 모형이나 이론에 많이 접해왔다.

그러나 최근 커뮤니케이션 학자들은 이를 버리고 화자임과 동시에 청자라는 것을 강조하기 시작했다. 즉 화자⇄청자, 혹은 화자↔청자 식으로 설명하기 시작한 것이다. 뿐만 아니라 여기에서 한 걸음 더 나아가 화자/청자↔청자/화자, 혹은 개인↔개인(communicator/ receiver ↔ receiver/ communicator, 혹은 person↔person)이라는 식으로 표시하기도 한다. 이때 청자는 듣는 사람이라기보다 메시지의 수용자란 뜻으로 이해해야 한다.

(3) 대부분 면대 면(face-to-face) 상황

대인 커뮤니케이션은 대부분 얼굴을 마주 대하고 커뮤니케이션 하는 것이 보통이다. 그러나 반드시 면대면적 상황에서만 대인 혹은 2인 커뮤니케이션이 발생하는 것은 아니다. 전화·편지·전보·PC 통신 등의 경우에는 얼굴을 직접 대할 수 없으나, 매체를 통해 중재적으로 이루어질 수 있다. 이것을 '매체에 의해 중재된 커뮤니케이션(media-mediated communication, 혹은 media-interposed communication)'이라 하며, PC 통신의 경우에는 '컴퓨터에 의해 중재된 커뮤니케이션(CMC, computer-mediated communication)'이라고 부른다.

이밖에도 벽이나 문을 사이에 두고 대인 커뮤니케이션이 이루어질 수도 있다. 벽을 두드리거나 문을 노크하는 것도 일종의 커뮤니케이션 행위이다.

(4) 대부분 의도적

의도적이란 말은 대인 커뮤니케이션의 목적과 관련이 있다. 우리는 어떤 목적을 달성하기 위해서 의도적으로 커뮤니케이트한다. 그런데 우리가 보낸 메시지가 종종 의도하지 않았던 엉뚱한 사람으로부터 반응이나 효과가 나올 수도 있다. 그래서 의도한 청자, 혹은 수용자와 의도하지 않은 청자를 구별해서 전자의 경우만 대인 커뮤니케이션에 포함시키기도 한다.

(5) 메시지는 언어적이면서 비언어적임

우리는 언어적 메시지에 대해서는 비교적 잘 인식하고 있지만 비언어적 메시지에 대해서는 그렇지 않다. 현실적으로는 언어적·비언어적 메시지를 동시에 사용하지만, 비언어적 메시지에 대한 교육이나 훈련은 언어적 메시지보다 훨씬 뒤떨어져 있다.

'눈치가 없다'거나 '눈치가 빠르다', '눈치가 느리다' 등과 같은 우리말 표현은 비언어적 커뮤니케이션과 관련된 한국인의 특성을 나타내는 말이다. 언어적 메시지 못지않게 비언어적 메시지를 잘 이해한다면 대인 커뮤니케이션을 훨씬 잘 할 수 있을 것이다.

(6) 메시지는 내용이 있고 내용은 관계를 반영함

대인 커뮤니케이션을 포함한 인간 커뮤니케이션은 일반적으로 메시지 속에 내용 혹은 정보와 관계를 담고 있다. 내용 혹은 정보는 '말해진 것(what is said)'을 의미하고, 관계라는 말은 '그것을 어떻게 말하는가(the way it is said)'를 의미한다.

커뮤니케이션 학자들은 전자를 커뮤니케이션 혹은 메시지라고 부르며, 후자를 메타 커뮤니케이션(meta communication) 혹은 메타메시지(meta message)라고 부른다. 우리는 같은 내용의 메시지일지라도 상대방과 어떤 관계인지에 따라 다르게 말할 수 있다. 바꾸어 말하자면 메시지는 말하는 사람들 사이의 관계를 반영한다.

(7) 잡음이 영향을 미침

대인 커뮤니케이션의 구성요소에는 잡음이 있게 마련이다. 잡음은 물리적 잡음, 심리적 잡음, 의미적 잡음 등 여러 가지가 있다. 잡음은 결코 바람직하지 않은 것임에도 불구하고 대인 커뮤니케이션의 구성요소로 강조하는 이유는 그것이 어떤 종류의 커뮤니케이션에나 다 존재하며 커뮤니케이션에 나쁜 영향을 미치기 때문이다.

(8) 상황 속에서 발생하고 상황으로부터 영향을 받음

커뮤니케이션 학자들이 즐겨 쓰는 표현 가운데 '커뮤니케이션은 진공(vacuum) 속에서 발생하지 않는다'는 말이 있다. 이것을 바꿔 말하면 '커뮤니케이션은 상황(context) 속에서 발생한다'는 것이다. 커뮤니케이션은 사람 사이에서 이루어지고 사람들은 언제나 어떤 상황 속에 처해 있기 마련이다.

상황을 간단히 정의하자면 커뮤니케이션이 발생하는 환경을 뜻한다. 상황을 종류별로 분류하면 시간적, 공간적(물리적), 심리적, 사회적, 문화적 상황 등이 있다.

시간적 상황이란 커뮤니케이션이 발생하는 시간과 그 시간이 커뮤니케이션에 미치는 영향을 의미한다.

공간적 상황은 물리적 상황 혹은 물질적 상황이라고도 한다. 사람을 포함한 물질적 실체는 모두 공간을 차지하며 공간 속에 위치하게 돼 있다.

심리적 상황이란 대인 커뮤니케이션에 참여하는 사람들의 마음속에 존재하거나 발생하는 심리적 요인들로 구성돼 있다.

사회적 상황이란 사회적 구조와 사회적 환경 모두를 포함한다. 말하자면 우리가 타인과 맺고 있는 관계, 그리고 속해 있는 조직들이 커뮤니케이션에 영향을 미치는 사회적 상황인 것이다.

문화적 상황은 다른 문화를 직접 경험해보기 전에는 그것이 미치는 영향을 알아채지 못할 정도로 우리와 밀착돼 있다. 전통 · 터부(taboo) · 습관 등은 바로 문화적 상황과 관련된 요소들이다.

(9) 과정적임

과정(process)은 시작도 끝도 없고, 동적(動的)이며, 항상 변하면서, 지속적이라는 특성을 지니고 있다. 이러한 특성이 잘 반영된 말이 고대 희랍의 철학자 헤라클리투스(Heraclitus)의 말이다. 그는 '똑같은 강물에 두 번 발을 담글 수 있는 사람은 아무도 없다(One cannot step into the same river twice.)'는 명언을 남겼다. 커뮤니케이션도 이처럼 과정적이다. 인간의 커뮤니케이션은 과거와 현재, 미래가 연결돼 있고 동적이며 계속적이며 늘 변한다.

(10) 순환적이며 복잡함

대인 커뮤니케이션에서는 메시지의 주고받음이 순환적으로 이루어진다. 그것은 피드백 때문에 가능하며, 순환성의 특성이 대인 커뮤니케이션의 시작과 끝을 구별할 수 없도록 만든다.

(11) 돌이키거나 반복할 수 없음

대인 커뮤니케이션에서 상대방에게 한 말은 돌이키거나 취소할 수가 없다. 취소한다는 말은 '변명'으로 간주되고, 지나친 변명은 불신을 낳는다.

따라서 말할 때 신중해야 하고, 이미 한 말에 대해서는 책임을 져야 한다. 메시지나 커뮤니케이션 행동을 그전과 똑같이 반복할 수 없다는 것도 마찬가지다.

(12) 상호거래적임

대인 커뮤니케이션에서 상호거래성이란 협상(negotiation)과 상호의존적 관계(reciprocity)를 토대로 메시지를 서로 교환하거나 영향을 서로 주고받는 과정을 뜻한다. 이와 비슷한 용어로 상호작용(interaction)이 있는데 커뮤니케이션에 참여하는 사람 사이에서 이루어지는 의미의 교환이나 협상을 뜻한다.

이러한 메시지의 상호거래에는 규칙, 규범, 관습에 따라 차례를 지켜야 한다. 차례 지키기는 차례 취하기(turn-taking)라고도 한다.

(13) 피드백이 즉각적이고 직접적임

대인 커뮤니케이션이 그 밖의 커뮤니케이션 유형과 다른 특성 가운데 가장 두드러진 것이 있다면 바로 피드백이다. 매스 커뮤니케이션과는 달리 면대면적 대인 커뮤니케이션에서는 피드백이 두 사람 사이에서 즉각적으로 이루어지고, 상대방을 향해 직접적으로 이루어진다.

(14) 효과적임

커뮤니케이션은 항상 어떤 효과를 수반하게 돼 있다. 효과는 2인 커뮤니케이션의 경우 한 사람이나 혹은 두 사람 모두에게 발생할 수 있다. 만약 내가 상대방에게 한 말이 특정 주제에 대한 상대방의 입장을 바꾸도록 만들었다면 그것은 인지적 효과가 될 것이다. 만약 내가 상대방에게 한 말 때문에 상대방이 몸을 떨거나 도망가거나 싸움을 걸어온다면 그것은 물리적 혹은 행동적 효과가 될 것이다. 상대방이 화가 나거나 슬프거나 혹은 기쁘다면 그것은 감정적 효과가 될 것이다.

3) 집단 커뮤니케이션

집단(集團) 커뮤니케이션(group communication)은 집단적 상황에서 일어나는 인간 상호간의 커뮤니케이션의 한 유형이다.

일단 집단이 형성되면 각 구성원은 그 집단 속에서 특정한 지위를 차지하고, 이에 상응하는 역할을 담당하면서 그 역할을 근거로 다른 구성원과 상호작용을 하게 된다. 따라서 우리의 일상생활 대부분이 집단 속에서 이루어지고 집단생활이란 역할관계에 기초를 둔 상호작용이라 할 수 있기 때문에 집단 커뮤니케이션은 인간 상호 간의 커뮤니케이션이 지니고 있는 특성을 모두 내포하고 있다.

집단 커뮤니케이션에서의 참여자들은 동일한 집단에 소속된 구성원으로서 일종의 공동체의식을 가지고 있으므로 격식이나 형식을 따지지 않는 비공식적인 상황에 익숙해 있다. 집단 커뮤니케이션의 예로는 가족이나 동료 등 집단 안에서 벌어지는 대화나 토론을 들 수 있다.

사회과학에서의 집단연구는 대부분 소집단을 중심으로 이루어져 왔는데, 이는 소집단이 우선 관찰과 실험이 용이할 뿐만 아니라 구성원의 외적 행동은 물론 심리적 태도나 지각 등도 파악할 수 있는 장점을 가지고 있기 때문이다.

이러한 소집단은 다음과 같은 특징이 있다.

첫째, 구성원이 서로 정규적이고 지속적인 대면적 상호작용을 한다.

둘째, 공통된 요구나 목표를 만족시키기 위해 집단 공동의 목표를 갖고 있다.

셋째, 집단구성원의 활동을 규제하는 나름대로의 규범을 갖고 있으며, 규범의 테두리 안에서 서로를 인식하고 서로에게 반응을 하게 된다.

넷째, 소집단이 구성원에게 역할을 부여해주는데, 규범이 집단 전체에 대한 기대라면 역할은 각 개인에 대해 다른 구성원이 갖는 기대를 의미한다.

다섯째, 소집단의 구성원은 공동의 목표를 달성하기 위해 상호의존적 특성을 지니고 있다.

이상의 특징을 갖는 소집단의 기능은 다음 세 가지로 나누어볼 수 있다.

첫째, 소집단은 집단내의 갈등과 불화를 해소시켜서 구성원간의 조화를 이루고, 집단활동이나 다른 구성원에 대해 흥미를 느끼게 함으로써 소집단을 하나의 집단으로 존속시키는 유지의 기능(maintenance function)을 한다.

둘째, 소집단이 단순한 인간관계를 넘어서 특정 목표를 추구할 때, 그 집단은 목표를 성취하기 위한 과업수행의 기능(task-oriented function)을 갖게 된다.

셋째, 소집단은 구성원의 개인적 욕구를 만족시켜주는 기능을 한다. 개인이 소집단에 참여할 때에는 나름대로의 동기가 있는데, 이와 같은 동기는 흔히 욕구라는 말로도 표현할 수 있다.

이러한 소집단 커뮤니케이션은 하나의 독립된 집단으로 구성된 체계 내에서의 커뮤니케이션이다. 따라서 대인 커뮤니케이션에 비해 비교적 공식적인 성격이 강하며, 우연히 발생하는 경우가 적고, 상호작용의 유형이 대인 커뮤니케이션보다 복잡하다.

4) 매스 커뮤니케이션

매스 커뮤니케이션(多衆, mass communication)이라는 용어는 1930년대에 등장했다.

커뮤니케이션이라는 용어는 '메시지를 통한 사회적 상호작용'이라는 말이 간단한 정의로 많이 사용되고 있다(Gerbner, 1967).

매스 커뮤니케이션은 기계적 장치를 이용한 신문, 잡지, 라디오, 텔레비전, 영화, 인터넷 등을 이용해 대규모의 이질적(heterogeneous)이고, 널리 분산된(widely dispersed) 수용자들에게 상징적 내용(symbolic content)을 전달하는 전문화된 집단으로 구성된 기구(institutions)나 그에 수반하는 기술이라는 말이 가장 함축된 정의이다(Janowitz, 1968).

덧붙이면 커뮤니케이션의 한 유형으로 신문・잡지・라디오・TV 등의 매스미디어, 즉 대중매체를 통해서 대중에게 메시지를 전달하는 의사정보전달의 양식이라 할 수 있다. 이 양식은 또한 그 사용매체에 따라, 신문・잡지 등의 인쇄매체를 사용하는 매스 커뮤니케이션과, 라디오・TV・영화 등의 전파매체에 의한 매스 커뮤니케이션 등으로 나눠진다.

매스 커뮤니케이션은 다른 유형의 커뮤니케이션, 예를 들어 대인 커뮤니케이션 등과는 다른 여러 가지 특성을 지니고 있는데, 그것은 대량의 정보를 신속하게 많은 수용자에게 동시에 전달할 수 있는 대중매체를 사용한다는 점이다. 그리고 그 수용자는 불특정다수이며, 전달내용은 대중성을 띠고 있다는 점, 효과는 매우 크지만 측정이 어렵다는 점, 커뮤니케이터가 신문사나 방송국처럼 조직화돼 있다는 점 등을 또 다른 특성으로 들 수 있을 것이다.

매스 커뮤니케이션의 내용은 사실의 보도와 계몽, 오락의 3요소이며, 과정은 S(전달자)·M(메시지)·C(매체)·R(수용자)의 4요소로 이루어진다.

또한 매스 커뮤니케이션의 과정은 매스 커뮤니케이션을 가능하게 하는 조직된 기술인 매스 미디어와는 동의어가 아니다. 왜냐하면 매스 미디어는 개인적, 사적, 또는 조직적인 목적을 위해서 사용될 수 있다. 이러한 점은 커뮤니케이션 기술의 융합현상이 나타나고 있는 시점에서 생각해야 할 부분이다. 왜냐하면 공적인 경계나 사적인 경계, 대규모적이거나 개인적인 소규모 커뮤니케이션 네트워크의 경계가 점점 더 불명확해지고 있기 때문이다(McQuail, 2000).

인류 역사상 매스 커뮤니케이션의 발달과정에서 대량전달에 획기적인 사건은 흔히 1455년 독일의 구텐베르크(Gutenberg)[3]가 발명한 금속활자에 의한 활판 인쇄술을 꼽는다.

그러나 최초의 금속활자는 고려 시대인 1234년경에 주조한 활자라는 것이 세계 학계의 인정을 받고 있다. 당시 인쇄했다는 '상정고금예문'[4]은 전해지지 않고 있다. 다행히 조선 세조 원년, 1455년에 주조된

3) 구텐베르크(1397~1468) : 독일의 인쇄술 창시자. 근대 활판인쇄술의 발명자. 1450년경 천문력(天文曆)이나 면죄부 등을 인쇄했으며, 1455년 '42행 성서' 인쇄. 이것이 '구텐베르크 성서'임.

4) 상정고금예문(詳定古今禮文) : 고려 인종 때 학자. 최윤의가 왕명을 받아 편찬한 모두 50권. 이규보의 '동국이상국집'에 1234년 금속활자로 찍었다는 기록으로는 세계 최초

금속활자인 '을해자'로 인쇄한 최초의 책인 한글본 '능엄경언해'의 활자를 국립중앙박물관에서 찾아냈다고 한다.[5] 이것은 한국이 매스커뮤니케이션 발달에 기여한 확실한 증거라 할 수 있을 것이다. 1455년은 세계 최초의 금속활자본이라 공인하고 있는 구텐베르크의 '42행 성경'을 인쇄한 해이다.

한국의 인쇄기술과 관련해서 앨 고어(Al Gore) 전 미국 부통령(재위 1993~2001)은 '한국은 인류에게 인쇄와 디지털이라는 2개의 선물을 주었다'고 말해 주목을 받았다.

이 말은 2005년 5월 서울 디지털포럼에서 앨 고어가 '독일의 구텐베르크가 인쇄술을 발명했다고 주장했지만, 사실 서양의 교황사절단이 한국을 방문한 뒤 얻어온 기술'이라고 한 뒤, 한국의 디지털 혁명의 예사롭지 않은 행보를 예의 주시하길 당부하면서 언급한 내용이다(Seoul Digital Forum, 2005). 이러한 사실은 앞으로 확인이 필요하겠지만 한국의 금속활자 인쇄술에 대해 세계의 커뮤니케이션 학자들이 유념해야 할 대목이다.

이렇게 활자 미디어가 실용화되기 시작한 이후 약 450년이 지나, 20세기 초인 1920년 11월 2일 미국 피츠버그의 KDKA에서 처음 라디오 방송이 시작되면서 전파 미디어 시대가 열린다.

인쇄매체(print media)의 발달에 이어 전파매체(electronic media)의 등장으로 시간과 공간을 급속히 좁혀 주면서 인쇄매체에서 볼 수 없었던 방송이라는 매체 중심의 대중문화(mass culture)가 형성되기 시작했다.

금속활자본으로 추정. 1377년 청주 흥덕사에서 간행한 '직지심체요절'도 1455년 간행된 구텐베르크 성경보다 78년이 빠름.

5) 중앙일보, 2007. 1. 6. 29면.

방송매체 이전의 인쇄매체는 글을 읽고 쓸 줄 알아야 한다는 제한이 있고, 정보의 내용도 논리적인 지식이 주류를 이루고 있어서 일부 상류계층을 중심으로 한 귀족문화(elite culture)를 형성하는 데 기여했다. 그러나 라디오나 텔레비전과 같은 전파매체는 누구나 쉽게 그 내용을 알 수 있고, 또한 사변적이기보다는 감성적이고 오락적인 내용이 많아 일반 대중의 생활에 쉽게 침투해서 대중문화를 형성하는 계기가 됐다.

전파매체라는 인간이 이룩한 기술문명은 뉴미디어(new media)시대에 접어들면서 대중문화라는 단순한 문화적 교감을 뛰어넘는 상상을 초월한 정보교환의 수단으로 변모하고 있다. 지금 전개되고 있는 뉴미디어의 세계는 방송과 통신의 융합과 함께 커뮤니케이션 행위의 변화와 혁신을 초래하고 있으며, 이러한 혁명적 변화는 인간의 사고방식과 의식구조, 생활양식 뿐 아니라 사회제도와 구조에도 영향을 미칠 것이다.

커뮤니케이션 테크놀로지의 변화를 인류역사의 원동력으로 파악한 맥루한(McLuhan)은 인류역사를 다음과 같이 네 단계로 나눴다.

① 문자가 탄생되기 이전의 구어문화 시대
② 고대 그리스의 호머(BC 8C) 이후에 발전돼 2000년간 지속된 문자 시대
③ 1500년에서 1900년까지의 인쇄시대
④ 1900년에서 지금까지의 전자미디어 시대

그는 또 변증법적 구도를 적용해서 ①, ②는 정(thesis)이요, ③은 반(antithesis), ④는 합(synthesis)이라고 말한다(강준만, 1998).

그러나 맥루한의 이러한 분류는 수정이 필요하다.

인류역사에서 문자시대는 BC 3200년 메소포타미아 문명을 이룩한 수메르인들이 그리스의 호머보다 2천년이 빠른 BC 2800년 설형문자를 사용한 데서부터 시작된 것으로 봐야 한다. 또한 중국은 상나라(商, BC 1600~1046) 시대에 갑골문자(甲骨文字)를 사용함으로써 문자시대를 열었다.

또한 인쇄시대는 1500년에 열린 것이 아니라 한국의 선조들이 1234년에 열었다. 한국은 1455년 독일의 구텐베르크(Gutenberg)보다 221년 앞서 고려시대인 1234년 상정고금예문(詳定古今禮文)에 이어 1377년 직지심체요절(直指心體要節)[6])을 인쇄했다. 그러나 아쉽게도 상정고금예문은 아직 발견되지 않고 있다.

2010년 9월에는 직지보다 빠른 세계 최고(最古)의 금속활자인 증도가자(證道歌字)의 실물이 서울의 다보성 고미술전시관에서 전시되기도 했다. 증도가자는 불교서적인 '남명천화상송증도가'를 찍는 데 사용한 활자로 직지보다 138년이나 앞선 고려 금속활자이다.

3. 커뮤니케이션의 기본 모델

1) 라스웰의 모델

1948년 미국 정치학자 라스웰(Harold D. Lasswel)은 커뮤니케이션 연구

6) 고려 우왕 1377년 청주 흥덕사 간행, 프랑스 국립박물관 사서였던 박병선(朴炳善, 1928~2011)박사가 발견해서 2001년 유네스코 '세계기록문화유산'으로 등재됐음.

에서 가장 유명한 구절로 시작되는 논문을 발표했다. 커뮤니케이션 행위를 간편한 방식으로 기술한 그의 공식은 다음과 같은 5단계의 질문에 대한 의문문 형태의 응답형식으로 돼 있다(Denis Mcquail & Seven Windahl, 1993).

- ✔ 누가 who – 발신자
- ✔ 무엇을 says what – 전언
- ✔ 어떤 채널을 통해 in which channel – 경로
- ✔ 누구에게 말해 to whom – 수신자
- ✔ 어떤 효과를 가져 왔는가 with what effect – 효과

이후 이것은 라스웰의 공식(Laswell Formula)으로 알려져 널리 인용되고 있다.

이 공식은 의사소통을 하나의 과정으로 이해하지 못하고, 정보를 체계화하거나 지각하는 방법에 대한 설명이 부족할 뿐만 아니라 피드백 요소를 포함하지 않았다는 비판도 있다.

2) 벌로의 모델

벌로(Berlo, 1960)는 의사소통을 능동적이고 진행적이며 변화하는 일련의 과정으로 인식했다. 그는 의사소통의 모형으로 SMCR 모형을 제시했다.

이 모형에서는 의사소통의 요인을 정보원(Source), 메시지(Messae), 통로(Channel), 수신자(Receiver) 등 넷으로 구분하고 각 요인을 구성하는 요소들을 제시했다.

의사소통이 제대로 이루어지기 위해서는 발신자와 수신자가 있어야 하고, 메시지가 있어야 하며, 발신자와 수신자 사이의 의사소통 통로가 있어야 한다.

이 모형에서 정보원의 요인을 구성하는 요소로는 발신자의 의사소통 기능, 태도, 지식, 사회체제, 문화 등이 있을 수 있다. 메시지 요인을 구성하는 요소에는 내용, 요소, 처리방식, 구조, 부호 등이 있다. 의사소통 통로를 구성하는 요인은 시각, 청각, 촉각, 후각, 미각 등이 있다. 마지막으로 수신자 요인을 구성하는 요소에는 수신자의 의사소통 기능, 태도, 지식, 사회체제, 문화 등이 있다.

의사소통의 과정에서 발신자는 수신자의 역할을 해야 하고, 수신자는 발신자의 역할을 하는 상호작용을 통한 양면적인 역할을 해야 한다. 즉 의사소통은 빈 공간에서 이루어지는 것이 아니고 공통적인 생활공간에서의 의사소통 채널을 통해 이루어진다.

의사소통은 언제나 일정한 맥락에서 이루어진다. 좁은 뜻으로의 맥락에는 물리적 맥락, 사회적 맥락, 심리적 맥락, 시간적 맥락 등이 있으며, 넓은 뜻의 맥락에는 이들 외에도 대인 의사소통 맥락, 소집단 의사소통 맥락, 공적연설 맥락 등이 포함된다(Devito, 1978).

3) 맥크로스키의 모델

맥크로스키(McCroskey, 1968)는 커뮤니케이션의 모델을 정보의 조직이나 기호화인 encoding과, 해독인 decoding에 중점을 두고 제시했다.

조직과 해독 사이에 전달의 경로와 피드백을 넣어 네 가지 구성요소로 모델을 제시한 것이다. 여기서 기호화(encoding) 과정은 착상된 생각을 수신자에게 전달할 수 있는 전언으로 조직한 것이다.

경로(channel)는 기호화된 전언이 수신자에게 전달되는 통로 혹은 수단으로 인간이 지닌 오감을 기초로 한다. 기호해독(decoding)은 경로를 통해 전달된 기호화된 전언을 해독하는 과정을 말한다. 해석이라고도 할 수 있는 해독은 전언을 통해 발신자가 전달하고자 하는 의미를 추출하는 수신자의 행위를 말한다. 수신자는 해석단계를 거쳐 평가를 하게 된다.

이후에는 평가를 통해 반응하게 되는데, 반응은 평가결과에 따라 수신자가 드러내는 변화를 말한다. 이때 반응은 수신자의 이해를 드러내는 과정으로 종합작용이라고도 한다.

4. 매스 미디어의 개념

미디어란 사전적인 의미로는 어떤 작용을 한쪽에서 다른 쪽으로 전달하는 역할을 하는 것을 말한다. 미디어(media)는 복수형이고, 단수형은 미디엄(medium)이다. 미디어는 활자 미디어, 전파 미디어를 거쳐 지금은 정보통신 미디어가 급속히 발전하고 있다.

커뮤니케이션 용어로 미디어는 매스 커뮤니케이션의 과정에서 보내는 측과 받는 측을 맺는 모체를 말한다. 미디어에 맞는 한국어는 '매개체(媒介體)', '매체(媒體)'라 할 수 있다.

미디어는 매체와 수단에 따라 인쇄매체인 신문·잡지·도서 등이 있고, 비인쇄 또는 전파매체인 TV·라디오·영화 등의 시청각매체로 나누어진다.

인쇄매체는 활판인쇄를 시작으로 해서 19세기 중엽 윤전기 등의 발명으로 신문이 발행되면서 이루어졌다. 전파매체는 19세기 말부터 20세기에 걸쳐 무선전신의 송수신 기술, 라디오·TV의 개시, 그리고 영화기술 등의 발명으로 이루어졌다. 최근에는 인터넷 등 신문과 방송, 통신을 함께 아우르는 미디어 융합 시대로 접어들었다.

최근 미디어의 새로운 패러다임은 인터넷 방송이라 할 것이다. 인터넷의 보급이 급속도로 확산되면서 통신과 방송을 결합해 인터넷을 통해 프로그램을 내보내는 새로운 개념의 방송매체가 등장했는데, 이것이 바로 인터넷 방송이다.

기존의 공중파 방송과는 달리 인터넷 전용으로 콘텐츠를 제작·중계하며, 자국(自國)뿐 아니라 전세계 네티즌을 가시청권으로 한다는 점에서 무한한 가능성을 가지고 있는 뉴미디어로 주목받고 있다.

미국의 CNN[7])이나 MSNBC[8])는 물론, 국내의 한국방송(KBS), 문화방송(MBC), 서울방송(SBS) 등도 이미 자체 제작한 콘텐츠를 디지털 정보로 바꾸어 홈페이지에 담아 중계함으로써 인터넷 방송을 실시하고 있다.

인터넷 방송은 시청료는 물론, 전파의 국경도 없으며, 제작비와 운영비는 광고료에 의존하는 것이 보통이다.

현대 사회에서의 매스 미디어는 대규모의 조직이 돼서 쉴 새 없이 활동하고 있으므로 사람들에게 미치는 영향력이 막대하다. 이와 같이

---

7) CNN(Cable News Network) : 미국 조지아 주 애틀랜타에 본부를 두고 1980년 서비스를 개시한 24시간 종합유선방송(CATV) 뉴스국. http://search.daum.net

8) MSNBC(Microsoft National Broadcasting Company) : 미국의 컴퓨터 소프트웨어 회사인 마이크로소프트사(MS)와 미국 3대 방송사의 하나인 NBC사가 공동으로 종합유선방송(CATV)과 인터넷의 월드 와이드 웹(WWW)으로 동시에 서비스하고 있음. http://search.daum.net

강한 영향력을 발휘하는 정보매체인 매스 미디어의 미디어와, 지배, 정부, 정체 등을 뜻하는 크래시의 합성어인 미디어 크래시(mediacracy), 그리고 매스 미디어를 지배하는 사람이란 뜻으로 미디어 크래프트(mediacraft)라는 용어도 나오고 있다. 우리가 흔히 말하는 매스컴이란 통상 이 매스 미디어를 가리키는 경우가 많다.

마셜 맥루한[9]은 미디어를 두고 '미디어는 메시지다(Medium is message.)'라고 표현했다. 이는 모든 매체는 감각기관의 확장이라는 것이다. 책은 눈의 확장이고, 차량은 다리의 확장이며, 옷은 피부의 확장이고, 전자회로는 중추신경 계통의 확장이다. 감각기관의 확장이라 할 수 있는 모든 매체는 그 메시지와 상관없이 우리가 세상을 인식하는 방식에 영향을 준다. 즉 미디어가 전달하는 것은 그 내용과 전혀 다른 미디어 그 자체의 특질이라는 것이다. 같은 메시지라고 하더라도 얼굴을 맞대고 직접 말하는 것과 신문에 나오는 것, 그리고 TV로 방송되는 것은 큰 차이가 있다. 결국 매체가 다르면 메시지도 달라지고 수용자가 세계를 인식하는 방식도 달라진다고 할 수 있다(네이버 용어사전, 2007).

맥루한의 이러한 명제에 대해 김정탁(2000)은 미디어와 메시지의 동일성, 즉 미디어와 메시지는 분리될 수 없다고 가정했다. 즉 미디어는 근본적으로 인간의 연장(extention)이기 때문에 육신과 정신을 분리할 수 없듯이 미디어와 메시지도 분리해서 생각할 수 없다고 본 것이다.

---

9) 맥루한(Herbert Marshal Mcluhan, 1911~1980) : 캐나다 출신 영문학 박사. 1960년 인류학자 에드먼드 카펜터와 공저한 '커뮤니케이션의 탐구' 이후, '구텐베르크 은하(1962)', '미디어의 이해 : 인간의 확장(1964)', '미디어는 마사지(1967)', '지구촌의 전쟁과 평화'(1968)', '교실로서의 도시 : 언어와 미디어의 이해(1977)' 등을 계속해 펴냈음.

맥루한의 이런 주장은 기의(記意, signified)에 대한 기표(記標, signifier)의 우위를 내세우는 기호학자들의 주장과 흡사하다. 기호학자 바르트(R. Barthes)[10]는 이 시대를 기표만이 존재하는 시대로 보았다. 그만큼 기의보다는 기표가 활개친다는 말이다. 보드리야드(J. Baudrillard)[11]도 미디어가 매개하는 것은 메시지가 아니라 바로 미디어가 구현하는 형식적 코드라고 지적한 바 있다.

오늘날 미디어 테크놀로지(media technology)의 급속한 발전은 기표의 우위를 가일층 가속화하고 있으며, 그것은 영상 미디어 테크놀로지에 의해 더욱 분명하게 드러나고 있다(김정탁, 2000).

5. 방송 미디어

19세기 독일의 물리학자 헤르츠(Heinrich Hertz)[12]의 전자기파의 발견은 라디오와 텔레비전 방송의 근간이 됐다. 곧이어 마르코니(Guglilmo Marconi)[13]는 이 발명을 보완해서 헤르츠의 전자기파를 실생활에 응용

10) 바르트(1915~1980) : 프랑스의 평론가. 파리대학 교수 역임. 신비평의 대표로 사회학·정신분석·언어학의 성과를 활용한 대담한 이론을 전개했음. 저서 '비평과 진실', '기호학 개론'

11) 보드리야드(Jean Baudrillard, 1929~2007) : 프랑스 철학자. 1979년 출간된 철학 및 문화 비평서 '유혹에 대하여'가 있으며, 대표적 저서 '시뮬라시옹'은 이 사회가 실재보다는 미디어를 비롯한 온갖 기호들이 춤을 추며 실재를 소멸시키는 사회라고 비판하고 있음.

12) 헤르츠(Rudolf Hertz, 1857~1894) : 독일의 물리학자. 전기진동 실험으로 전자파 존재 확인. 전파와 자파가 광파와 같은 성질을 갖는다는 것을 실증했음.

13) 마르코니(Guglielmo Marconi, 1874~1937) : 이탈리아의 전기 기술자, 기업가. 전자석 이용 통신장치 발명. 무선통신을 최초로 성공시켜 실용화함. 1909년 노벨 물리학상

할 수 있게 만들었다.

마르코니의 업적 중에는 그의 기술을 응용해 배와 육지 사이의 의사소통을 할 수 있게 된 것이었다. 1914년 대서양에서 정기여객선인 타이타닉이 침몰했을 때, 배와 육지 사이의 무선통신을 통해 침몰사고가 알려지게 됐다. 침몰사고가 일어난 지 얼마 지나지 않아 미국에서도 구조상황에 대한 자세한 내용을 알 수 있었다. 당시 통신기계 앞에서 구조대로부터 온 새로운 정보를 계속해서 신문기자에게 전해준 주인공은 젊은 무선 통신사인 사노프(David Sarnoff)[14)]였다.

뒤에 RCA의 회장이 된 사노프는 라디오가 사람들이 문화센터에 가지 않고도 여가를 즐길 수 있게 만들 '뮤직박스'가 될 것이라고 예견했었다.

1) 라디오 방송

라디오의 첫 방송은 1920년 11월 2일 미국 웨스팅하우스의 KDKA 방송이 피츠버그에서 첫 정규방송을 시작한 것이 효시이다.

이어서 영국은 1922년 11월 14일 BBC(British Broadcasting Company)를 설립하고 런던에서 라디오 방송을 시작했다.

아시아에서는 일본이 1925년 3월 22일 동경에서 호출부호 JOAK로 첫방송을 시작한 뒤 나고야가 JOBK, 오사카가 JOCK로 방송을 시작했다.

수상.

14) 사노프(David Sarnoff) : 미국의 라디오 네트워크 확장으로 1941년 NBC 최초의 상업 텔레비전 방송국을 설립해 방송시작.

한국은 일제 치하에서 아시아에서 네 번째로 1927년 2월 16일 오후 1시 경성방송국에서 호출부호 JODK로 서울 정동, 현재 서울 덕수초등학교 자리에서 출력 1kW로 방송을 시작했다. 방송 초기에는 한국어와 일본어의 편성비율을 3대 7로 방송했다.

당시 청취료는 쌀 1가마에 5원할 때 한 달에 2원이었으며, 개인용 수신기는 10원부터 15원을 호가했었다. 가족용 수신기는 100원이었으며, 고급수신기는 4,000원이었다.

당시 비싼 청취료 때문에 청취허가를 받은 집에는 대문에 청취허가장을 첨부하도록 했으며, 도청했을 때는 벌금 1,000원이나 1년 이하의 징역에 처해졌다고 한다.

청취를 계약한 사람은 개국 1주일 후에 한국인 275명을 포함해서 1,440명이었다.

미국의 방송 초창기 라디오 보도는 신문의 저항을 받았었다. 신문의 출판업자들은 사람들이 라디오 방송으로 뉴스를 듣게 된다면 신문을 더 이상 사지 않을 것이라고 생각했기 때문이다.

물론 그런 상황은 발생하지 않았지만 라디오 뉴스는 제2차 세계대전이 시작되기 직전과 전쟁을 치르던 중 어려움을 겪게 됐다. 그러나 청취자들에게 사건을 자세하게 알려주고, 화제 인물의 음성을 들려줄 수 있는 기능은 세계를 좁게 만들었다. 또한 하나의 국가가 다른 국가와 고립해서 살 수 없다는 의식을 심어 주었는데, 이러한 인식의 혁명은 현대 방송매체의 발전을 가져왔다.

세계 제2차 대전이 끝날 무렵 방송은 극적으로 변화했다.

1950년대 중요한 매체로 부상한 텔레비전은 영상으로 인해 라디오보다 더 큰 영향력을 갖게 됐다.

당시 많은 시청자들은 라디오는 이제 사양길에 들어섰다고 생각했다. 그들은 음성과 화면이 동시에 나오는 것과 오직 음성만 나오는 것은 경쟁의 대상이 아니라고 주장했다.

그러나 라디오는 사노프의 뮤직박스 이론이 맞아들면서 새로운 역할을 찾았다. 라디오는 레코드음악의 유용성과 인기를 업고 음악을 주야로 들을 수 있도록 함으로써 새로운 분야로 거듭날 수 있었다. 동시에 라디오 뉴스는 짧은 형식으로 발전했다. 뉴스는 짧은 대신 자주 방송함으로써 청취자들은 라디오를 들으면서 보다 새로운 소식을 신속하게 들을 수 있었다. 한편 대중들은 라디오가 운전을 하거나 피크닉을 가거나, 또는 공부를 하는 등 언제 어디서나 계속해서 들을 수 있는 항상 함께 하는 동반자라는 것을 깨닫게 됐다.

2) TV 방송

TV방송의 역사는 1897년 독일의 브라운[15]에 의해 발명된 브라운관을 영국 과학자 베어드[16]가 조합해 1926년 기계식 TV를 발명하는 것으로 시작된다.

이 발명품은 영국 왕립협회에서 시연한 후 1935년까지 BBC 방송국을 통해 시험방송을 하면서 영국 내에서는 TV가 4천여 대가 보급됐다. 이어서 기계식을 전자식 TV로 바꾸면서 해상도가 뛰어나 영국의

---

15) 브라운(Carl Ferdinand Braun, 1850~1918) : 독일의 물리학자. 전위계, 오실로그래프, 브라운관의 발명. 1909년 마르코니와 함께 노벨 물리학상수상.

16) 베어드(John Logie Baird, 1888~1946) : 영국의 과학자. 1925년 못쓰는 가구를 이용해 기계식 TV를 제작.

EMI 회사의 주목을 받게 되고, 1936년 11월 2일 RCA와 특허사용과 기술교환을 통해 세계 최초의 전자식 TV 조직을 결성하고, BBC 방송국을 통해 매일 2시간의 정규 TV 방송을 했다. 1937년에는 영국왕 조지 6세의 대관식을 중계했는데, 약 5만 명이 시청했다. 1939년 영국의 TV 수상기는 약 2만대가 보급됐다.

미국에서는 1939년 5월 1일 RCA-NBC가 미국 뉴욕 세계박람회 개막식을 중계방송했는데, 이때 송신은 엠파이어 스테이트 빌딩 꼭대기에서 했다. 이후 1954년에는 미 NBC가 처음으로 칼라 TV 방송을 개시했다(http://kin.naver.com).

한국은 HLKZ-TV가 1956년 5월 12일 발족돼 종로 네거리 RCA 빌딩에서 방송을 했으며, 이후 KBS가 호출부호 KLCK로 1961년 12월 31일 방송을 개시하면서 본격적인 TV 방송시대가 열렸다.

초기 방송은 텔레비전은 물론 라디오까지도 마술로 여겨질 정도로 일반 대중에게 있어서 신비한 존재였다. 방송전파는 과학으로 설명될 수 있었으나, 사람들은 어떻게 공기 속에서 영상과 음성, 그리고 음악이 구체화될 수 있는지에 대해 호기심을 가질 수밖에 없었다.

신비한 존재인 방송 내용의 현실과 허구를 분간하지 못한 청취자들이 공포에 질린 사건이 일어나기도 했다. 1938년 10월 30일 할로윈데이(Halloween day)의 저녁, 미국 CBS 라디오 방송의 시추에이션 드라마 시리즈(situation drama series) '머큐리 극장(The Mercury Theatre on the Air)'[17)]

17) '머큐리 극장(The Mercury Theater on the Air)'의 기획과 연출을 맡은 웰스(George Orson Wells, 1915~1985)가 기발한 착상으로 소설 '우주전쟁'을 각색해 만든 방송. 오손 웰스는 영화감독으로 1941년 영화 '시민 케인(Citizen Kane)'을 감독했으며, 1970년 베니스영화제 황금사자상을 수상했음.

프로그램의 '세계의 전쟁(War of the Worlds)'이란 공상과학극이 문제의 프로그램이었다. 이 방송을 청취한 6백만 명의 청취자 대부분이 화성으로부터 괴물들이 실제로 침략해온 것으로 알고 공포에 질려 침공 장소로 여겨진 뉴저지로부터 피신하는 일이 벌어지기도 했다는 것이다(Hausman, O'Donnell, Benoit, 2000; 김상준·박경희·유애리 역, 2004).

그로부터 2년 후인 1940년 여름, 젊은 저널리스트인 머로[18)]는 런던으로부터 수백만 미국인들에게 제2차 세계대전의 전쟁상황을 생생하게 전달했다. 미국인들은 히틀러의 공습으로 전쟁의 위협 속에 살고 있는 런던 사람들의 처지에 깊은 공감을 가지게 됐는데, 이는 미국이 2차 대전에 참전하게 된 계기가 됐다.

TV 시대가 되면서 시청자들은 더 극적인 현실을 접하게 된다. 전세계의 시청자들은 미국시간으로 1969년 7월 20일 오후 1시 17분 40초 닐 암스트롱(Neil A. Armstrong)이 먼지 자욱한 달의 표면 '고요의 바다'에 처음으로 인류의 발자국을 남겨놓는 장면을 보았다. 당시 달착륙 순간의 보도로 명성을 얻은 앵커는 '세기의 앵커맨'이라는 별칭이 있을 정도로 20세기를 대표하는 미국의 앵커 월터 크롱카이트(Walter Cronkite)였다.

1989년 11월 9일 저녁 7시, 동독 공산당(SED)은 '동독 국민들은 모든 국경을 넘어 자유롭게 여행할 수 있다'는 내용의 기자회견 내용을 방송으로 내보냈다. 이 방송을 들은 사람들은 귀를 의심하면서 전율했다. 이어서 시민들은 서베를린으로 통하는 검문소로 밀물처럼 모여

18) 머로(Edward R. Murrow, 1908~1965) : 미국의 기자, 앵커, 워싱턴대학 졸업. 1935년 CBS 입사 후 유럽특파원, 1937년 CBS 유럽지국장을 역임.

들기 시작했다.

같은 시각, 서독도 흥분의 도가니였다. 수도 본의 연방하원에서는 여야 의원들이 본회의 도중 동독의 국경개방 소식이 전해지자 회의를 중단하고 독일국가를 합창했다.

밤 10시쯤 마침내 동베를린 시민들은 검문소를 넘어가기 시작했다. 서쪽에서는 샴페인 폭죽이 이들을 맞았다. 환호와 눈물, 격렬한 포옹이 이어지면서 '베를린 장벽 붕괴'의 세기적 뉴스가 전 세계로 타전됐다(http://arcady.com.ne.kr).

1991년 1월 17일 페르시아만(Persian Gulf)에서 발발한 걸프전 실황이 방독면을 쓴 리포터들과 카메라맨들에 의해 생생한 소리와 화면으로 미국의 CNN 방송을 통해 보도됐다. 전세계의 시청자들은 실시간으로 미사일 공격이 이루어지는 참혹한 전쟁을 영화를 보듯이 지켜보기도 했다.

2001년 9월 11일 뉴욕 시간 오전 8시 45분, 한국시간 오후 9시 45분 110층짜리 세계무역센터(WTC) 북쪽 타워에 비행기가 충돌해 화염이 솟기 시작한다. 이 비행기는 아메리칸 항공 소속 AA11편으로 보스턴을 출발해 로스앤젤레스를 향해 날아오르다 항로를 바꿔 WTC 건물과 충돌한 것이다. 잠시 후 9시 6분에는 아메리칸 항공 AA77편이 워싱턴에서 로스앤젤레스로 향하다 항로를 바꿔 세계무역센터 남쪽 타워에 충돌했다.

이어서 뉴욕 시간 10시 세계무역센터 북쪽 타워가 굉음과 함께 구름 같은 분진을 날리면서 붕괴되고, 10시 30분 남쪽 타워가 무너져 내렸다. 이 여파로 47층짜리 세계무역센터 부속건물인 7호 빌딩이 오후 5시 25분 힘없이 주저앉았다. 이에 앞서 오전 10시에는 UA93편이 피츠버그 동남쪽에 추락하고, 10시 15분 미국 국방부 건물에 비행기가 충돌한다.

이 사건으로 인한 피해는 4대의 항공기에 탑승한 승객 266명을 포함해 4천 7백여 명으로 집계되고 있다. 납치당한 4대의 항공기에는 3~5명의 납치범들이 탔을 것으로 추정되는데, 미국연방수사국(FBI)의 조사 결과 범인들은 사우디아라비아와 이집트 출신의 조종사들로 알려졌다.

사건이 일어나자 미국에 본사를 두고 있는 뉴스 전문채널 CNN은 사건실황을 전세계에 생중계하기 시작하면서 지구촌이 함께 경악하는 사태가 벌어진 것이다. CNN은 '공격받는 미국(America Under Attack)'이라는 타이틀의 방송으로 기자의 현장파견, 전문가의 해설, 여론조사 등을 통해 다각도로 테러를 분석하는 등 기민함을 보였다. 이와 같은 극적인 예는 일일이 열거할 수 없을 정도로 많다.

3) 방송 미디어의 최근 경향

현대의 방송기술은 기존의 미디어와 프로그램 형식을 양적인 면과 질적인 면에서 다양하게 발전시켰다. 비디오 카세트리코더의 출현과 위성 방송 기술의 발전에 힘입어 방송매체 수가 비약적으로 늘어났고, 시청자들은 채널 선택권이 보다 다양해졌다.

특히 생방송 뉴스의 경쟁이 갈수록 치열해지고 있다. 쉽게 휴대할 수 있는 송신장비와 작은 오디오·비디오 장비 등을 포함한 기술의 발전으로 사건현장에서 생생한 보도를 쉽게 할 수 있게 됐다. 그로 인해 커뮤니케이터들의 애드립 기술이 더욱 요구되고 있다.

매스 미디어에 이어 새로운 개념의 미디어로 멀티미디어(multimedia)가 생활화 되고 있다. 멀티미디어란 음성과 문자, 그림, 동영상 등이 혼합된 다양한 매체로 전화, 라디오, 텔레비전, 개인용 컴퓨터(PC) 등의 미디어를 둘 이상 결합시킨 것을 말한다. 지금까지 독자적으로 발전돼 온 문자, 음성, 음악, 그림, 사진, 비디오 등 각종 미디어를 유기적으로 복합시켜 새로운 표현과 저장기능을 갖추게 한 것이다.

화상과 음성정보를 디지털화해서 한꺼번에 처리하는 멀티미디어는 데이터를 다루는 양이 너무 많아 콤팩트 디스크(CD)나 광디스크 등 용량이 큰 기억매체가 필요하다. 멀티미디어에는 통신회선에 PC를 연결한 비디오텍스, 고속통신 회선에 텔레비전을 연결한 양방향 CATV 등 여러 형태가 있다(동아일보사 출판기획팀, 2001).

멀티미디어는 영상회의와 전자출판, 가상현실, 각종 오락과, 의료, 교육, 방송 등 사회 전분야에 걸쳐 매우 다양하게 응용되기 때문에, 응용 소프트웨어가 더욱 중요한 분야가 되고 있다. 디지털 기기는 하나의 제품에 여러 기능을 담는 컨버전스(convergence)가 일반화되고 휴대성이 강조되고 있다. 또한 '작은 크기'에 대한 중요성이 커지고, 지상파 DMB(Digital Multimedia Broadcasting) 서비스의 시작으로 '손안의 TV'라는 개념이 강조되면서 멀티미디어 기기는 초소형화 되는 모습을 보이고 있다.

멀티미디어가 일상화되면서 2개 이상의 미디어로 하나의 작품을 기획하고 연출하는 사람으로, CD롬이나 인터넷 사이트의 멀티미디어 콘텐츠를 기획·개발·관리하는 멀티미디어 PD(multimedia producer)라는 직업도 등장하고 있다.

1995년 케이블TV 방송의 시작으로 뉴미디어 시대에 돌입한 한국방송은 2000년대 들어서 인터넷방송(Intercast)의 양적 팽창으로 신개념 방송 시대를 열게 된다. 이후 2011년 12월 1일 종합편성 채널(綜合編成, General Programming TV Channels)의 방송 시작으로 미디어의 빅뱅 시대에 돌입했다.

빅뱅(big bang)이란 우주의 시초에 있었던 대폭발을 말한다. 우주는 약 137억 년 전에 일어난 대폭발에 의해 탄생했다는 것이 우주기원설이다. 미디어 빅뱅이란 대폭발에 의한 우주의 생성처럼 신문과 방송의 겸영, 방송과 통신의 융합은 물론 기술진보에 따른 IPTV, 3DTV, 스마트 TV 등 뉴미디어가 등장해 전체 미디어 산업이 빅뱅과 같은 강도로 재편되는 현상을 일컫는다.

뉴미디어의 결과물로 위력을 떨치고 있는 SNS(Social Network Service)도 정보 제공과 정보 공유의 새로운 미디어로 등장하고 있다. SNS는 웹(web, World Wide Web)상에서 이용자들이 인적 네트워크를 형성할 수 있게 해 주는 서비스로, 트위터(twitter)와 싸이월드(Cyworld), 페이스북(Facebook) 등이 대표적이다. SNS는 인터넷에서 개인의 정보를 공유할 수 있게 하고, 의사소통을 도와주는 1인 미디어, 1인 커뮤니티(community)라 할 수 있다.

한국의 방송은 2012년 12월 31일로 아날로그 TV 시대가 끝나고 디지털 방송 시대가 시작됐다. 디지털 방송 시대는 한국방송사의 새로운 시대가 시작됐음을 의미한다. 뉴미디어를 대표하는 디지털화(digitalization)된 방송은 컴퓨터 기술의 응용이 필수로 되면서 모든 정보가 디지털 신호로 통일된다. 디지털 TV는 쌍방향성(interactivity)을 실현함으로써 수용자의 의도대로 정보선택이 허락되는 기술혁신을 가져올 것이다.

한국은 20세기 말부터 뉴미디어 시대가 열리자마자 세계적인 한류(韓流) 열풍을 일으키고 있다. 한류는 중국인들의 한국 대중문화에 대한 열광을 표현하기 위해 2000년 2월 중국 언론이 사용한 말이다. 한류열풍은 2002년 배용준이 출연한 KBS TV 드라마 <겨울 연가>의 인기를 바탕으로 일본까지 그 세력을 확장하면서 시작돼 전 세계적으로 확대되고 있다.

한류로 인해 드라마와 가요, 영화 등 대중문화뿐만 아니라 가전제품 등 한국 관련 제품에 대한 선호현상도 뚜렷이 나타나기 시작했다. 또한 한국에 깊은 관심을 가지고 한국어를 배우는 젊은이도 증가하고 있는데, 대만에서는 이런 젊은이들을 합한족(哈韓族)이라고 부른다.

4) 정보화 사회와 미디어 환경

다니엘 벨(Bell, 1973)이 '후기산업사회의 도래(The Comming Post Industrial Society)'를 출간한 이래, 많은 학자들은 그동안 전통적으로 현대사회(modern society), 산업사회(industrial society), 또는 자본주의사회(capitalistic society) 등으로 불러왔던 현대의 사회구조에 구조적 대전환(structural transformation)이 진행되고 있음을 알아차리게 됐다.

그러나 새로이 등장하는 사회의 성격을 정확하게 파악할 수 없었던 사회과학자들은 다가오는 사회를 막연하게 '후기' 또는 '탈(post-)'이라는 접두어를 붙여 부르기 시작한 것이다. 벨의 후기산업사회(post-industrial society)를 비롯해서 후기자본주의사회(post-capitalistic society), 탈근대사회(post-modern society) 등이 그와 같은 명칭들이다.

우리는 일상생활에서 정보화 사회(Information Society)라는 말을 많이 듣는다. 정보화 사회는 정보사회나 지식사회, 혹은 탈공업화 사회라고도 하며, 물재(物財) 즉 물자와 재화의 생산이 경제활동의 중심에 있는 공업사회에 비해 지식과 정보 등 비물질적 편익의 생산이 중심이 되는 사회를 말한다. 다시 말하면 공업제품을 대신해서 정보의 생산이 가치를 낳는 사회를 말하는데, 정보가 물품이나 에너지, 서비스 이상으로 유력한 자원이 되면서 정보를 중심으로 사회와 경제가 운영되고 발전돼 가는 사회를 말한다.

정보화사회 산업의 분류방법 즉 거시적 산업분류는 클라크(C. G. Clark)[19]의 분류에 따른 3차 산업이 중심적인 비중을 차지한다. 그리고 직업구조면에서는 화이트 칼라, 즉 관리적(管理的) 직업종사자, 전문적·기술적 직업종사자, 사무종사자, 판매종사자 등이 큰 비율을 차지한다.

정보화 사회는 일반적으로 공업사회 이후에 전개되는 사회로 간주되는 일이 많으나, 공업사회와의 연속성도 있다는 사실을 잊지 않아야 한다.

그리고 서비스 사회의 생활양식인 셀프 서비스화(self-service化)는 특정 공업부문의 성장과 병행해서 진전되고 있는데, 은행의 현금인출카드 시스템, 셀프서비스 자동세탁소 등은 그 예라 할 수 있다. 따라서 정보화 사회는 컴퓨터 네트워크가 완비된 사회라 할 수 있다(동아일보

19) 경제학자로 산업을 제1차 산업과 2차 산업, 3차 산업 등으로 분류했음. 그의 저서 '경제적 진보의 제조건'에서는 경제가 발달할수록 자본(돈), 노동, 소득의 비중이 제1차 산업에서 2차, 3차로 옮겨가면서 실질소득 수준이 높아진다고 주장하고 있음. 최근에는 1·2차 산업은 그대로 두고 3차 산업을 상업, 금융, 보험, 수송 등에 국한시키고, 4차와 5차 산업의 개념을 확대 도입하려는 움직임이 일고 있는데, 4차 산업은 정보, 의료, 교육, 서비스 산업 등 지식집약적 산업을 총칭하며, 5차 산업은 패션, 취미, 오락, 레저산업으로 분류하기도 함.

사 출판기획팀, 2001).

1970년대 후반부터 일부 선진공업국에서는 서비스 사회로의 이행(移行)에 대해 의구심을 갖는 사람들이 늘어나면서, 재공업화(再工業化: reindustrialization)의 촉진이라는 사상도 등장하고 있다. 이는 서비스 사회가 그 나라의 공업부문 등 제조업분야의 쇠퇴를 가져왔고, 마침내는 무역수지의 적자와 해당 공업부문을 중심으로 한 대량실업을 야기시킨다는 비판도 있기 때문이다.

그러나 정보화 사회라고 하는 역사의 흐름은 막을 수가 없다. 매스미디어와 컴퓨터가 결합된 멀티미디어의 발달로 인해 사람들은 안방에 앉아 생활에 필요한 모든 정보를 입수할 수 있게 된다.

이렇게 미디어의 세계는 그 끝을 알 수 없을 정도로 발전해 나가고 있다. 특히 1990년대 초반까지도 3차원의 세계가 TV뿐만 아니라 인쇄 미디어에서도 머지않아 실용화 될 것이라고 예견했던 것이 이제는 실생활에 많이 들어와 있다. 머지않아 홀로그래피 원리를 활용한 다양한 3차원 입체 영상 기술이 개발될 것으로 전문가들은 보고 있다(Dominick, 1994).

현재 한국을 비롯해 미국과 일본 등지에서는 안경을 쓰지 않고도 눈앞에서 입체영상을 볼 수 있는 장치가 개발되고 있다. 가까운 미래에는 보고 듣고 만지고, 냄새도 맡을 수 있는 오감만족 입체영상 디스플레이를 만날 수 있을 것으로 전망하고 있다.

이러한 미디어의 발달은 맥루한이 말한 지구촌이라 불리는 공명공간(共鳴空間 acoustic space)이라는 가상공간에서의 커뮤니케이션을 가능하게 하고 있다. 공명공간은 표면적으로는 원시시대 사람들이 동굴 안에서 행했던 커뮤니케이션 공간이다. 이 공간에서 누군가가 던진 말은 금방 소멸되지 않고 다른 사람을 통해 또다시 확대 발전함으로써 메아리처럼 울려 퍼진다(김정탁, 2000). 이러한 공간에서는 커뮤니케이션에 참여하는 주체들은 청각과 촉각은 물론이고 친밀감 있는 공동체 의식도 필요한 통감각적 세계인, 즉 지구촌 사람으로 변모한다.

오늘날 공명공간은 컴퓨터와 전자 미디어를 통한 커뮤니케이션을 하기 위한 사이버 공간으로 변화하고 있다. 아울러 커뮤니케이션이나 미디어 콘텐츠의 주체와 객체가 융합되는 UCC[20]의 시대가 열리고 있다.

이러한 미디어의 발달과 함께 우리 사회는 20세기 후반에 정보화 사회에 진입해 있었다가 어느 순간 이미 지나가고 있는 것으로 보인다. 벌써 정보화 사회의 다음을 예측하는 미래학자도 있다.

'미래학의 대부(代父)'로 불리는 짐 데이토(Jim Dator)[21] 하와이대학 미래전략센터 소장은 '정보화 사회 다음엔 '드림 소사이어티(Dream Society, 꿈의 사회)'라는 해일(海溢)이 밀려온다.'고 말하고 있다.[22] 그는 '드림 소사이어티'가 꿈과 이미지에 의해 움직이는 사회라고 정의하고 있다. 경제의 주력 엔진이 '정보'에서 '이미지'로 넘어가고, 상상력과 창조성이 국가의 핵심 경쟁력이 된다는 것이다. 학교의 교과목은

---

20) User Creative Content의 약자. 모든 사용자가 자유스럽게 창조할 수 있다는 뜻을 가진 미디어의 일종. UCC 웹디자인, 동영상, 음악, 글, 사진 등 범위가 자유로움. 아마추어 UCC에서 다양한 분야의 전문가급의 사람들이 제작하는 준전문가 제작콘텐츠(Proteur Created Contents, PCC)로 UCC패러다임이 변화하고, 이들이 콘텐츠의 창조계급(Creative Class)으로 성장해 문화콘텐츠 소비의 새로운 트랜드로 자리매김할 것으로 예상됨.

21) 데이토는 1967년 앨빈 토플러와 함께 '미래 협회'를 만들어 '미래학(futurestudy)'이란 학문 분야를 개척. 현재 하와이대학 미래학과 교수이자 미래전략센터 소장으로 재직.

22) 조선일보, 2007.1.8.

'게임을 통해 교감하고 교육하는 시스템'으로 간다고 말하면서 이 분야에서는 한국이 선진국이 될 것이라 전망하고 있다.

그는 한국이 '드림 소사이어티에 진입한 세계 1호 국가'라고 했다. 그 이유는 '한국이 한류(韓流)라는 흐름 속에서 스스로의 이미지를 상품으로 포장해 수출했기 때문'이라고 설명한다.

그는 또 국민총생산(Gross National Product · GNP) 대신 국민총매력(GNC · Gross National Cool)이란 지표를 쓰자고 제안한 바 있다. GNC는 한 나라가 얼마나 쿨(cool)한가, 즉 얼마나 매력적인가에 의해 그 나라의 부(富)를 측정할 수 있다는 것이다. 이는 현재 우리가 즐겨 쓰는 한 나라 국민이 생산한 모든 상품 가치의 합인 GNP와 상대되는 개념이다. 미래는 이미지 사회이기 때문에 쿨한 것이 중요한 자산(資産)이 된다는 것이다.

제 2 장

스피치 커뮤니케이션의 개념

1. 언어의 정의
2. 언어 메시지의 특성
3. 스피치의 개념
4. 언어에 대한 전통적 평가
5. 스피치 커뮤니케이션의 정의
6. 스피치 커뮤니케이션의 중요성
7. 좋은 스피치의 조건
8. 스피치의 설득능력
9. 스피치의 파워 구성요소
10. 스피치를 위한 청취

제2장

스피치 커뮤니케이션의 개념

1. 언어의 정의

언어는 인류를 다른 동물과 구별해 주는 중요한 특징 중의 하나로 인간의 생각이나 느낌을 음성이나 문자로 전달하는 수단이나 체계를 말한다. 언어의 표현과 전달 과정에는 심리적 요인뿐만 아니라 생리적 요인, 물리적 요인, 사회적 요인 등이 복잡하게 얽혀 있다.

인간의 의사를 표현할 수 있는 수단에는 몸짓, 손짓, 무선통신의 코드(code) 등 여러 가지가 있으나, 그것들을 모두 언어라 할 수는 없다. 그것은 우리가 음성으로 의사를 표현하는 것에 비하면 2차적인 것에 불과하다. 문자도 음성을 기록하는 하나의 수단이기 때문에 언어의 1차적인 본질적 요소가 될 수 없음은 물론이다. 그러므로 언어는 자의적인 동시에 음성적인 기호의 집합체라 하겠다.

언어의 초기적 기능은 인간이 자기들의 경험이나 계획을 타인에게 전해서 생산을 목적으로 한 노동을 협력적이고 분업적으로 행할 수 있게 했다. 또 경험을 언어로 표현한 지식의 축적에 의해 문화가 더 나은 방향으로 발전할 수 있었다.

인류는 지금으로부터 약 5,000년 전에 기억력의 한계를 극복하기 위해 문자를 발명했다. 인간의 언어는 말하는 순간에 사라지고 만다. 또 일정한 거리 밖에서는 들을 수 없다. 문자의 발명은 인간 언어의 이러한 시공의 제약을 극복할 수 있게 해주었다.

인간의 언어 중에서도 음성언어와 문자언어는 그 기능을 달리한다. 음성언어, 즉 말은 입으로 말해지는 언어음성이라 불리는 소리를 내서 그것을 귀로 들어 의사소통을 하는 언어를 말한다. 보통 언어라고 할 때는 음성언어를 가리킨다. 문자언어는 음성언어에 담긴 내용이나 의미를 상징하는 사회적 관습에 따른 기호, 즉 문자로 나타낸 언어이다.

이 둘은 서로 보완적인 관계가 있어서 음성언어는 문자언어가 갖지 못한 억양(intonation)이나 쉼(pause) 등의 감정을 표현할 수 있고, 문자언어는 음성언어보다 논리적이고 정리된 표현이 가능하다.

현재 세계의 언어 수는 대체로 약 3천여 개로 추정되고 있으며, 형태론적 분류(morphological classification)에 따르면 세계의 언어는 고립어(孤立語, isolating language), 교착어(膠着語, agglutinating language), 굴절어(屈折語, inflectional language)의 세 가지로 나뉜다.

한국어는 위의 세 부류 중에 교착어에 가까우며, 한국어의 기초적 요소가 어떤 계통에 속하는가에 대해서는 아직 명확하게 증명돼 있지는 않으나 알타이어 계통설이 가장 유력하다.

2006년 외교통상부 조사자료에 의하면 한국어는 한민족이 현재 주로 한반도 전역과 제주도를 위시한 한반도 주변의 크고 작은 섬에서 쓰는 7천만 명의 공용어와, 중국이나 일본, 미국, CIS 즉 독립국가연합 등지의 동포 약 700여 만 명을 합해 7,700만이 사용하고 있는 말이다.

한반도와 그 부속 도서에서 사용하는 한국어는 1945년 분단 이후 북에서는 문화어로 정착돼 가고 있으며, 남에서는 1933년 이래 표준어라는 개념으로 공용어를 정착시키고 있다. 최근에는 남북교류와 통일에 대비해서 그동안 이질화한 남북언어의 동질성회복 방안이 다각도로 논의되고 있다.

2. 언어 메시지의 특성

1) 언어는 동적임

언어는 고정돼 있고 정적(靜的, static)이지만 그 언어를 사용해 우리가 묘사하는 현실세계는 동적(動的, dynamic)이고, 항상 변하는 하나의 과정이다. 예를 들자면 태양은 지속적으로 움직이고 있지만 그것과 관련된 언어적 표현은 기껏해야 낮이나 밤, 황혼, 땅거미, 여명 등이다(박기순, 1998).

2) 언어는 무한정함

한정된 언어는 일상생활의 대화에서는 일반적으로 충분하지만 때때로 그렇지 못할 때도 있다. 일반의미론 학자들은 '우리는 어떤 것에 관해서 모두 말할 수는 없다(You can't say everything about anything)'라는 말로 언어의 부족함을 설명한다. 언어의 한계성을 이해하고 언어를 되도록 정확하게 사용하도록 일깨워주는 일반의미론의 원칙이 바로 'etc.' 혹은 'non-allness'이다. 언어나 글 끝에, 또는 생각에서만이라도 'etc.(등)'라는 말을 붙여 사용하라는 뜻이다.

3) 언어는 추상적임

추상(abstraction)은 사물을 구성하는 구체적 속성들 가운데서 어떤 속성은 택하고 그 밖의 다른 속성은 배제하는 과정이다. 사물이나 사람을 묘사하기 위해 언어를 사용할 때도 이와 같은 추상성이 작용한다. 하야가와(Hayakawa, 1964)는 8개 계단의 '추상성 사다리(abstraction ladder)'를 만들어 언어의 추상적인 특성을 설명하고 있다.[1)]

이렇게 우리들의 언어는 추상성이 강하기 때문에 사물이나 사람의 속성은 무시하고 공통적 카테고리로 묶어서 표현하는 경우가 많다.

3. 스피치의 개념

스피치(speech)를 한국어로 번역하면 화법(話法), 혹은 화술(話術)이라

1) Samual I. Hayakawa(1906~1992) : 캐나다 태생으로 미국의 언어학자, 샌프란시스코 주립대학 총장과 상원의원을 역임했음. 그의 추상성 사다리는 ① 추상성의 정도가 가장 낮은 차원으로 생물학적 속성들로 형성된 '암소(cow)', ② 단어가 아니고 단지 지각의 대상인 암소, ③ 암소의 이름 베시(Bessie), ④ '암소(cow)'라는 단어로 암소 1, 암소 2, 암소 3 … 암소 n 등, n 마리의 모든 암소들을 지칭하는 추상적 차원, ⑤ 다음에는 가축(livestock), ⑥ 농장 자산(asset), ⑦ '농장 자산' 이외의 모든 '자산(asset)', ⑧ '부(富, wealth)'라는 가장 추상적 단어

할 수 있다.

스피치의 사전적 의미는 말하기, 말씨, 말투, 발언, 화법 등으로 설명할 수 있으며, '말하는 능력'을 통칭하는 말로도 쓰인다.

영미인들이 쓰는 'speech'라는 말은 좁은 뜻으로는 연설이라는 의미로 사용하지만, 넓은 뜻으로는 연설, 웅변, 토론, 토의, 회의, 좌담, 대화, 화술, 화법, 커뮤니케이션 등에 이르기까지 그 범위가 대단히 넓다.

그러나 일반적으로 스피치는 상대방에게 일방적으로 의사를 전달한다는 의미로 쓰이고, 커뮤니케이션은 상대방과 상호작용을 통해 말을 주고받는 것을 말한다. 따라서 스피치는 커뮤니케이션의 중요한 요소이기도 하지만, 인간이 생활하는 데 필요한 자기표현의 수단이며 경쟁의 시대에 생존할 수 있는 무기이기도 하다.

이 경우는 패어클루(Fairclough, 1995)의 회화체 담론에 대해 귀를 기울일 필요가 있다. 그는 말하는 사람들, 즉 화자는 보통 사람들과 공통적인 '삶의 세계(life world)'를 공유하며, 일상의 경험을 통한 상식의 세계를 나누는 평범한 이야기를 구성해서 서로 나누게 된다고 말한다.

스피치라는 말은 한국에서는 화법이라는 말을 주로 사용하고, 북한에서는 화술이라는 말을 사용하고 있다.

한국에서는 일반적으로 '화법이란 음성언어를 통한 의사소통의 효과적인 방법'이라 정의하고 있다(전영우, 2005).

그러나 북한에서는 '화술은 문법적으로 다듬어지고 예술적으로 형상된 입말'이라 정의하고 있다(리상벽, 1964). 이러한 북한의 개념정리는 1960년대로 끝나고, 1970년대 이후는 모든 이론을 김일성의 주체사상과 연계시킴으로써 김일성 어록 등을 연계한 이론이 등장하면서 화술을 단순하게 표현하지 않고, '문화어화술'이라는 이데올로기적 표현으로 개념을 정리하고 있다.

"문화어회술은 소리쓰기가 자연스럽고 단어와 문장, 발음이 정확히 지켜진 화술이며 말의 뜻과 론리성이 잘 보장된 설득력있는 화술이며 글의 내용에 맞게 사상감정이 뚜렷이 표현된 화술로서 가장 세련되고 문화적이며 혁명적인 화술이다."(박재용 · 김영황, 1988)

오늘날의 스피치나 퍼블릭 스피킹(public speaking)은 과거의 전형적인 웅변과 같이 화자가 청중을 선동해서 원하는 행동으로 유도하는 기술뿐만 아니라 대등한 인간관계에서 상대방에게 자기의 감정, 사랑, 지식, 의견 등을 음성언어를 통해 전달하는 커뮤니케이션의 한 방법이 되고 있다.

4. 언어에 대한 전통적 평가

영국 속담에 '웅변은 은이요 침묵은 금이다.(Speech is silver, silence is golden.)'라는 말이 있다. 이 말은 말을 조심해야 한다는 뜻으로, 말의 중요성을 역설적으로 강조한 말이다. 이 격언은 'Silence is gold, and eloquence is silver.'라는 말로도 표현하고 있다.

여기서 '엘러퀀스(eloquence)'라는 말은 웅변을 의미한다. 스피치라는 말이 다양하게 쓰이고 있는 데 비해, 엘러퀀스는 웅변, 설득 등으로 강한 메시지를 나타내는 말이다.

이 말은 꼭 필요한 말을 하지 말라는 뜻은 아닐 것이다. 말이 많으면 실수도 늘어나게 된다. 그래서 반드시 말해야 하는 게 아니라면 적게 말하라는 뜻이다. 영국 속담에 '빈 수레가 요란하다.(Empty vessels make the greatest noise)'라는 말이 있는데, 이 말도 필요한 말만 하라는 의미이다.

독일 속담에는 '입을 열면 침묵보다 뛰어난 것을 말하라. 그렇지 않으면 가만히 있는 것이 낫다'는 말이 있다.

'말이 없음'과 '말이 어눌함'을 미덕으로 여겼던 동양에서도 꼭 필요한 말은 확실하게 해야 된다고 강조하기도 한다.

석가모니(釋迦牟尼)[2]는 말이 필요 없는 이심전심(以心傳心)[3]의 세계를 설파함으로써 언어 커뮤니케이션을 뛰어넘는 비언어 커뮤니케이션의 정수를 보여주었다.

공자[4]의 언행과 문인과의 논의를 수록한 공자가어(孔子家語)에 '언변으로 자기의 뜻을 성공시키고, 문장으로 자기의 말을 성공시킨다. 말

---

2) 석가모니(釋迦牟尼, BC 563~BC 483) : BC 563년 4월 8일(음력) 해뜰 무렵 북인도 카필라 왕국(현 네팔)의 왕 슈도다나(uddhodāna)와 마야(Māyā)부인 사이에서 태어났으며 석가(sākya)는 민족명칭이고 모니(muni)는 성자의 의미. 후에 깨달음을 얻어 붓다(Buddha : 佛陀)라 불리고, 진리의 체현자(體現者)라는 의미의 여래(如來 : Tathāgata), 존칭으로 세존(世尊 : Bhagavat)과 석존(釋尊)이라 불림.

3) 송(宋) 보제(普濟)의 '오등회원(五燈會元)'의 기록. "어느 날 석가세존(世尊)이 영취산(靈鷲山)에서 설법할 때 꽃비가 내렸는데, 세존은 손가락으로 연꽃 한 송이를 말없이 들고[염화拈華] 약간 비틀어 보였다. 제자들은 그 뜻을 알 수 없었으나, 가섭(迦葉)만이 뜻을 깨닫고 빙그레 웃으니, 세존도 빙그레 웃으며 가섭에게 말했다. "나에게는 정법안장(正法眼藏 : 인간이 갖추고 있는 덕)과 열반묘심(涅槃妙心 : 번뇌를 벗고 진리에 도달한 마음), 실상무상(實相無相 : 불변의 진리), 미묘법문(微妙法門 : 진리를 깨치는 마음), 불립문자 교외별전(不立文字 敎外別傳 : 언어나 경전에 따르지 않고 이심전심으로 전하는 진리)이 있다. 이것을 너에게 주마." 이렇게 해서 불교의 진수는 가섭에게 전해졌다고 함.

4) 공자(孔子, BC 552~BC 479) : 중국 노(魯)나라 창평향 지금의 山東省曲阜출생. 자는 중니(仲尼). 이름은 구(丘). 공자의 '자(子)'는 존칭. 중국 고대의 사상가 · 유교의 개조(開祖). 인(仁)을 최고의 덕이라 보고, 인은 '사람을 사랑하는 것'이라 정의했음. 또한 수양을 위해 부모와 연장자를 공손하게 모시는 효제의 실천을 가르치고, 이를 인의 출발점으로 삼았음.

을 하지 않으면 누가 그 사람의 뜻을 알 수가 있으며, 또 말을 한다 해도 문장으로 기록하지 않으면 그 뜻이 멀리 갈 수 있겠느냐(言以足志 文以足言 不言誰知其志 言之無文 行之不遠).'라고 하면서 말의 중요성을 강조하고 거기에 글의 중요성까지 더하고 있다.

공자는 또 교언영색(巧言令色)이라 해서 말만 영리하게 하는 자는 인자한 마음이 없는 법이라고 하면서 진실한 말을 강조했다.[5] 그는 또 논어 술이편(述以篇)에서 '계승은 하되 창작하지 아니하며, 옛것을 믿고 좋아하는 것(述以不作 信以好古)'을 강조하기도 했다. '술이부작'은 공자의 겸손한 자세가 드러난 말이기도 하다. 자신은 옛 사람들의 말을 전하기만 했지 스스로 지어내지는 않았다는 겸양의 마음이다.

종교에서는 말이 커뮤니케이션의 수단을 넘어서서 절대적인 위력을 가지고 있다. 신약성서 요한복음은 말에 관한 신성한 권위를 말하고 있다.

요한복음 1장 1절은 '태초에 말씀이 계시니라 이 말씀이 하나님과 함께 계셨으니 이 말씀은 곧 하나님이시니라.(In the beginning was the Word, and the Word was with God, and the Word was God.)'로 시작된다.

이 말은 구약성서 창세기 1장 1절이 '태초에 하나님이 천지를 창조하시니라.'로 시작돼 3절에서 '하나님이 가라사대 빛이 있으라 하시매 빛이 있었고 그 빛이 하나님의 보시기에 좋았더라'라는 구절에서 말(word, speech)의 절대적인 권위와 위력을 확인하게 된다. 성서에서는 말을 'word'로 표현하고 있다. 그리고 '말'이 곧 '하나님(God)'이라 했으

5) 논어(論語) 학이편(學而篇)과 양화편(陽貨篇). 교묘한 말과 아첨하는 얼굴을 하는 사람은 착한 사람이 적다는 뜻임.

니, 여기서의 말은 대단한 파워(power)와 카리스마[6]가 있는 스피치 커뮤니케이션의 모델이라 하겠다.

말은 또한 단순한 전달수단을 넘어서 실지로 변화를 동반하는 에너지이며, 사람을 새롭게 하는 능력을 지니고 있다. 성경에서의 말은 전달수단이기보다는 상부구조인 정신적 세계에서 하부구조인 현상적 세계로 넘어오는 살아있는 존재로 의인화하고 있다(안인숙, 2003).

카리스마가 있는 리더로서의 성공을 가늠하는 한 가지 척도는, 일대 일 상황이 아닌 수많은 대중 앞에서 어떻게 효과적으로 의사소통을 하느냐에 달려 있다. 특히 청중에게 새로운 아이디어나 내용을 말로 전달하기 위해 효과적으로 말하는 활동인 대중 스피치, 즉 퍼블릭 스피킹(public speaking)에 있어서는 다양한 형태의 스피치 커뮤니케이션이 이뤄진다.

스피치 커뮤니케이션은 커뮤니케이션의 네 분야 중 대인 커뮤니케이션에 가장 가까운 개념이다.

5. 스피치 커뮤니케이션의 정의

스피치 커뮤니케이션이라는 말은 사회학, 특히 언론학 내지 신문방송학 등을 아우르는 커뮤니케이션학에서 다루는 용어이다. 같은 말임에도 불구하고 한국에서는 국어학이나 국어교육학 등에서 스피치 커

6) 카리스마(charisma) : 그리스도교적 용어로 '은혜', '무상의 선물'이라는 뜻으로 기적과 예언 등, 특수한 능력을 일컫는 말. 독일의 사회학자 베버(M. Weber)가 학술적인 용어로 사용하기 시작.

뮤니케이션이라는 말을 사용하지 않고 '화법(話法)'이라는 말을 주로 사용한다.

화법은 일반적으로 '음성언어를 통한 의사소통의 효과적인 방법'이라 정의하고 있다(전영우, 2005).

커뮤니케이션, 즉 의사소통을 포함하는 '말'에 대한 국어학 분야의 정의로는 '의사소통은 음성적으로나 비음성적 메시지로 표현되는 느낌이나 생각을 주고받고 이해하는 과정'(구현정 · 전영옥, 2005)이라는 정의도 있다. 이 경우에는 언어적 커뮤니케이션과 함께 '비음성적 메시지'라는 비언어적 커뮤니케이션도 포함시킨 개념정리이다.

이밖에 '언어 커뮤니케이션'이라는 말도 스피치 커뮤니케이션과 같은 개념으로 사용하고 있는데, 언어 커뮤니케이션에서 '의사소통'은 다음과 같이 정의하고 있다.

"의사소통이란 음성적, 비음성적인 메시지로 표현된 느낌이나 생각을 주고받고 이해하는 의식적 · 무의식적 · 의도적 · 우연적인 과정의 총체이다."(Berko · Wolvin · Wolvin, 1998 ; 이찬규 역 2003)

여기서는 '의식 · 무의식 · 의도 · 우연'이라는 언어적 환경, 즉 스피치 커뮤니케이션 환경을 추가했다.

화법을 연구하는 학자들의 모임인 '한국화법학회'의 정관에서 '목적'을 보면 '이 학회의 목적은 화법학, 화법교육의 이론과 실제 등에 관해 연구함으로써 한국의 화법론 발전과 화법교육의 향상에 기여하는 데 있다.'라고 돼 있다.

이상의 인문과학적인 정의에 비해서 사회과학 분야인 커뮤니케이션학에서 다루는 스피치 커뮤니케이션이라는 말에 대한 정의는 간단하지가 않다.

김영임(1999)은 인간 커뮤니케이션과 관련지어 커뮤니케이션을 설명하면서 '커뮤니케이션이란 사람들 간에 상징을 통해 주고받는 정보의 의미를 이해하고 그 의미를 서로 나누는 과정'으로 정의하고 있다.

임태섭(2003)의 '좋은 스피치의 조건'을 참고해서 재구성한다면 '좋은 스피치란 명쾌하고(clear) 간결한(simple) 방식으로 자연스럽게(natural) 전달하는 말'이라 할 수 있다.

스피치 커뮤니케이션이라면 사회과학 분야의 연구과제인 실용적인 분야에서는 스피치를 '퍼블릭 스피킹(public speaking)'이라 표현한다. 퍼블릭 스피킹의 정의는 '다른 사람들과 함께 의견을 나누고 그들에게 영향을 미치게 만드는 것'이라 정의하고 있다(Lucas & Stephen, 2004).

사단법인 한국스피치커뮤니케이션학회 정관(2007) 제3조 목적을 보면 스피치커뮤니케이션의 개념을 짐작할 수 있는 말이 정리돼 있다.

"본회는 방송스피치, TV토론, 보도 및 오락언어, 광고표현 등을 위시한 스피치, 토론, 화법, 우리말 화용, 인간커뮤니케이션에 관한 연구와 교육을 진작하고, 국내외 관련 기관과 협력, 교류하여 한국 스피치 커뮤니케이션의 이론적, 실용적 틀을 정립함으로써 바람직한 스피치 문화 창달에 이바지함을 목적으로 한다."

이상 학자들의 정의나 학회의 설립목적 등을 참고로 정리한다면 '스피치 커뮤니케이션이란 1인 이상의 청자(聽者)를 대상으로 음성언어와 비언어적 상징을 통한 의사소통(意思疏通, communication)의 효과적인 방법'이라고 정의할 수 있다.

6. 스피치 커뮤니케이션의 중요성

인간은 누구나 나면서부터 저절로 말할 수 있게 된 것은 아니다. 언어를 습득할 수 있는 능력은 인간에게는 선천적인 것이지만 그 능력을 계발(啓發)하지 않으면 언어습득 능력은 사장(死藏)되고 만다. 언어를 습득할 수 있는 능력을 가진 인간은 그 언어를 잘 구사할 수 있는 능력도 가지고 있다. 그 능력은 선천적 재능의 다소와는 관계없이 후천적인 훈련을 통해서 상당한 수준까지 높일 수 있다.

의사소통 능력(communication competence)은 언어적 비언어적 기술이 뛰어난 사람일수록 뛰어나다고 한다. 말을 빠르게 하는 사람이 느리게 하는 사람보다 능력이 있는 것으로 평가받으며, 목소리의 적절한 크기와 미소 짓는 얼굴표정, 생동감 있는 제스처와 적절한 몸의 움직임 등 비언어적인 표현은 의사소통 능력을 향상시키는 데 도움을 준다.

이러한 의사소통 능력 향상을 위한 스피치 커뮤니케이션 능력의 계발은 다양한 커뮤니케이션 활동에 의해 발전한다.

스피치의 중요성에 대해 임태섭(2003)은 '첫째, 더 이상 행동으로 보여줄 수는 없게 됐다. 둘째, 권위주의 사회에서는 신분과 출신이 설득한다. 셋째, 탈권위주의 사회에서는 개인의 능력이 설득한다. 넷째, 능력은 말을 통해서 표출된다. 다섯째, 정보화 사회에서는 말이 곧 능력이다.'라고 정리하고 있다.

스피치를 통한 의사소통 능력을 갖추기 위한 스피치 커뮤니케이션의 중요성을 다섯 가지로 요약하면 다음과 같다.

1) 의사소통의 필수조건

스피치 커뮤니케이션은 의사소통을 위한 필수조건으로 대단히 중요한 역할을 한다. 의사소통이란 사람들끼리 서로 생각과 느낌 등의 정보를 주고받는 일을 말한다. 인간은 자신과도 대화를 한다. 자신과의 대화와 달리 타인과의 대화는 규범이 있게 마련이다. 그리고 스피치의 질을 높여야 효과적인 의사소통을 할 수 있다.

대인 커뮤니케이션의 메시지는 말이나 글, 소리, 표정, 몸짓 등으로 이뤄진다. 말은 스피치 커뮤니케이션에 있어서 가장 중요한 메시지이다.

우리는 타인과의 의사소통으로 사회적인 환경에서 나누는 소통에만 관심을 기울인다. 그래서 일반사회 이전에 가족 구성원 간의 의사소통도 대단히 중요하다는 것을 간과하기 쉽다.

가족간의 대화는 타인과의 대화보다 더 중요하다. 일반적으로 상하간의 대화나 노사간의 대화, 고객과의 대화 등 사회적인 의사소통에서는 설득을 통해 갈등을 피할 수도 있지만, 가족간의 갈등은 해소하기가 더 어렵다고 한다.

일상생활에서의 원활한 의사소통은 원만한 가정을 꾸리는 데 도움을 줄 수 있고, 좋은 대인관계와 더불어 활력있는 생활을 영위할 수 있게 만들어 줄 것이다.

한국사회는 매우 빠른 속도로 변하고 있다. 권위주의가 점차 쇠퇴하고 있으며, 사람들의 판단기준도 합리적으로 변해가고 있다.

개인주의적 사고방식이 강해지면서 사람을 판단할 때 그의 신분이나 출신보다는 능력이나 사람됨을 보고자 하는 경향이 있다. 이러한 변화들은 시원시원하게 의사소통하는 능력, 즉 스피치 커뮤니케이션의 능력을 중시하는 탈권위주의적 현상을 반영하는 것이다.

2) 설득과 갈등해소의 무기

스피치 커뮤니케이션은 타인을 설득하고, 갈등을 해소하는 무기라 할 수 있다. 설득 커뮤니케이션은 현대사회에서의 광고, 선전, PR 등의 분야에서 가장 중요하게 다뤄지고 있다.

스피치를 통해 타인을 설득하고 세상을 변화시키기 위해서는 먼저 자신을 설득해야 하며, 이를 위해서는 스스로에게 열정과 목표를 불어넣을 수 있는 자기경영 능력이 필요하다.

사람들은 상대방으로부터 유대감을 느낄 때 설득된다. 설득의 달인들은 사람들이 자신과 강력한 유대관계를 맺고 있는 사람의 요구를 따르고 싶어 한다는 사실을 잘 알고 있다.

스피치 커뮤니케이션의 가장 큰 목적 중의 하나는 설득이라 할 것이다. 그러나 설득에 못지않게 중요한 것이 가족간의 관계를 비롯해서 사회생활 전반, 직장에서의 상하간이나 동료간, 경쟁기업간, 기관과 기관, 단체와 단체, 국가와 국가 등 갈등이 유발됐을 때, 어떻게 해소하느냐 하는 것도 대단히 중요한 의사소통 과정이라 할 수 있다.

갈등에 대한 태도는 협상에서의 성공여부를 결정한다. 아무리 피하려고 해도 갈등에 직면할 때가 있다. 갈등에 대해 현명하게 대처하는 것은 변화를 위한 긍정적 기회로 간주하는 것이다. 갈등해결을 위해서는 협상을 잘함으로써 자신에게 이로운 변화를 가져올 수 있다는 자신감을 가지고 대처해야 한다(McKay, et al., 1998 ; 임철일 외 역 1999).

이러한 원리로 한국역사상 뛰어난 갈등해결 능력을 지닌 사람 중의 하나로 이덕일(2007)은 유성룡[7]을 꼽고 있다. 유성룡은 어떤 자리에 있든지 명분보다는 시급한 현안해결에 매달렸다. 극단이 아닌 중용의 길을 택함으로써 모든 문제를 현실적이면서도 합리적으로 해결했다. 이런 방법으로 능수능란한 외교력을 펼치면서 임진왜란이 발생하자 명나라에 원군을 요청하고, 일본의 전략과 계략을 한눈에 파악한 뒤 이를 역이용해 일본군을 물리치는 등 뛰어난 외교전략을 펼치면서 위기를 돌파했다.

갈등을 해소하고 협력의 길로 들어서기 위해서는 갈등을 빚고 있는 상대방의 입장에 귀를 기울이는 자세를 보여주면서 '우리는 같은 배를 타고 있는 사이'라는 사실을 인식시키도록 노력해야 한다. 자신의 인간적인 태도를 보임으로써 상대방이 자신의 취약점을 쉽게 털어놓을 수 있게 하는 것도 중요하다.

3) 현대사회의 생존전략

스피치 커뮤니케이션은 엄청난 경쟁사회인 현대사회의 생존전략을 위해 필요하다. 현대는 커뮤니케이션의 시대라고 해도 과언이 아니다. 그러나 세상을 살아나가기 위한 지혜의 하나로 필수적인 스피치에 관해서는 확실하게 가르쳐주는 사람이 많지 않다. 자신의 요구나 분노, 혹은 두려움을 어떻게 해결해야 하는지도 잘 가르쳐 주지 않는다. 또한 타인을 비난하지 않으면서 공정하게 싸울 수 있는 방법도 잘 모른

7) 유성룡(柳成龍, 1542~1607) : 임진왜란 때 도체찰사(都體察使)로 군무를 총괄, 이순신, 권율 등 명장을 등용한 문신 겸 학자. 화기제조, 성곽수축 등 군비 확충에 노력했으며 군대양성을 역설했음. 저서 '서애집', '징비록(懲毖錄)'

다(McKay & Davis & Fanning, 1998 ; 임철일 · 최정임 역 1999).

한국에서는 새학기가 시작되면서 초등학교를 비롯한 각급학교에서 학생회장과 반장 선거 등으로 인해 일반사회의 선거 못지않게 분위기가 달아 오른다. 후보들과 그 지지자들은 등교시간에 피켓을 들고 한 표를 찍어 달라고 호소하기도 하고, 친구들을 한 자리에 모아 놓고 저마다 자신을 뽑아달라고 호소한다.

백화점의 문화센터 등에서는 '초등생 반장선거 대비강좌' 등을 열고 학생들에게 출마동기와 공약 등을 적은 연설문을 외우게 하거나, 제스처, 말투, 억양 등을 배우는 반장 만들기 강좌가 인기를 얻을 정도라고 한다.

아리스토텔레스는 '사람은 사회적인 동물'이라고 했다. 사람은 태어나서 죽을 때까지 수많은 인간관계를 맺는데, 가능하면 좋은 인간관계를 맺어야 할 것이다. 좋은 인간관계는 좋은 커뮤니케이션을 맺는 관계이다. 좋은 커뮤니케이션을 위해서는 대화 중에 생각과 감정이 진심으로 통하도록 해야 한다. 그러기 위해서는 상대에게 호감과 관심을 가지면서 상대가 먼저 다가오게 하고, 상대를 기쁘게 하는 말로 부드러운 인간관계를 유지하도록 해야 할 것이다.

남녀관계에 있어서 과거에는 용기 있고, 재력 있는 남자가 여성들에게 인기가 있었으나, 현대의 여성들은 유머 있게 말 잘하는 남자를 좋아한다고 한다.

과거 한국사회는 스피치나 연설의 중요성을 과소평가하는 경향이 있었다. 유교의 영향을 많이 받은 전통사회는 말보다는 행동을 더 중시해서 '말 잘하는 사람치고 믿을 만한 사람은 없다.'는 식이었다. 그러나 오늘날은 전통사회와 그 구조 자체가 다르다. 과거에는 자신의 소견과 능력을 행동으로 보여주는 것이 가능했다. 그러나 오늘날 우리가 살고 있는 사회는 지역공동체와는 성격이 전혀 다른 대중사회이다. 우리가 다루거나 설득해야 할 대상도 그만큼 증가해서 행동으로 보여주고 싶어도 이제는 더 이상 통하지 않는 사회가 된 것이다(임태섭, 2003).

4) 신언서판의 기준

정부나 기업 등에서 인재를 등용할 때 신언서판 중 스피치 커뮤니케이션은 가장 중요한 필수적인 기준이 되고 있다. 신언서판이란 중국 당나라에서 관리를 등용할 때 인물평가의 기준으로 삼았던 몸<체모(體貌)>, 말씨<언변(言辯)>, 글씨<필적(筆跡)>, 판단<문리(文理)>의 네 가지를 이르는 말이다.

신(身)이란 사람의 풍채와 용모를 뜻하는 말이다. 아무리 신분이 높고 재주가 많은 사람이라도 풍채와 용모가 뛰어나지 않으면 좋은 평가를 받지 못하기 쉽다.

언(言)이란 사람의 언변을 이르는 말이다. 아무리 뜻이 깊고 아는 것이 많은 사람이라도 말에 조리가 없고, 분명하지 않으면 정당한 평가를 받지 못하기 쉽다.

서(書)는 글씨를 가리키는 말이다. 예로부터 글씨는 그 사람의 됨됨이를 말해 주는 것이라 해서 매우 중요시했다.

판(判)이란 사람의 문리(文理), 곧 사물의 이치를 깨달아 아는 판단력이다. 사람이 사물의 이치를 깨달아 아는 능력이 없으면, 그 인물됨이 출중할 수 없다고 했다(http://100.naver.com).

물론 현대적인 기준에는 일부 맞지 않은 부분도 있지만 사람의 언변을 중요시했다는 것은 동양의 커뮤니케이션이 침묵과 눌언(訥言)을 강조했다는 오해를 불식시키는 좋은 사례가 될 것이다.

침묵과 눌언으로는 국가사회에 봉사하거나 기업을 살리는 인재가 되기 어렵다. 스피치 능력의 필요성은 정치적으로는 지방자치제가 실시되면서 후보들 간의 토론이 정착되고, 기업에서는 직원채용시 면접에 높은 점수를 주고 있는 데서도 나타나고 있다. 최근 정부기관이나 기업의 인재등용 과정을 보면 과거에 비해 면접의 중요성이 크게 높아졌다. 대개 10년 이상 현장 경력을 가진 면접관들이 지원자에게 한 시간 넘게 질문하면서 면접하는 경우도 있다고 한다.

인터뷰 내용은 지금까지 살아오면서 중요한 선택의 순간마다 어떤 결정을 내렸는지, 어떻게 행동했는지 묻는 등 질문의 내용이 다양해지고 있으며, 난처한 질문도 서슴지 않는다.

지원자들은 평소에 자기 자신의 생각을 논리적으로 말할 수 있어야 하고, 남에게 친화력과 설득력 있게 할 수 있는 기회를 많이 가져야 한다. 아울러 말하는 자세나 표정관리 등에도 세심한 주의를 기울여 많은 연습을 해야 한다.

5) 리더십의 평가척도

스피치 커뮤니케이션은 리더십을 평가하는 중요한 척도가 되고 있다.

미국의 남북전쟁 당시 전쟁의 전환점이 된 게티스버그에서 간결한 연설로 전쟁을 역전시킨 링컨, 제2차 세계대전 중 말 한마디로 영국 국민의 애국심에 불을 당겼던 처칠, 대통령 취임식에서 국민의 의무를 강조한 연설로 미국국민의 감동을 이끌어낸 케네디 등은 명연설가였다. 그들은 또한 효율적인 커뮤니케이션을 통해 강력한 리더십을 구축하면서 한 시대를 이끌었던 리더들이다.

스피치로 리더십을 증명한 사람들은 정치부문의 인물들만이 아니다. 경영부문에서도 스피치 커뮤니케이션의 중요성이 날로 커지고 있다. 기업의 CEO들에 있어서도 이제는 혼자서 전부문을 지휘하고 감독했던 거미형 지도자의 시대는 막을 내렸다(Humes, 2002). 말 한마디로 사람들을 장악하는 능력과 강력한 분위기를 연출하는 법, 재치있는 유머로 사람들의 마음을 사로잡는 기술, 설득력 있는 몸짓으로 상대방과 공감대를 형성하는 방법 등은 성공한 리더들이 터득한 커뮤니케이션의 핵심이다.

전략적이고 효과적인 커뮤니케이션 능력은 조직의 팀워크와 열정을 극대화하고, 거미형 지도자를 사자형 지도자로 업그레이드(upgrade)시킨다. 따라서 스피치 커뮤니케이션의 능력은 어떤 그룹의 리더를 평가하는 가장 중요한 척도가 되는 것이다.

7. 좋은 스피치의 조건

1) 진실성

좋은 스피치의 첫째 조건은 진실성(authentic)이 있어야 한다. 불확실한 사실이나 허위로 날조된 사실은 머지 않아 그 진실이 드러나게 된다.

연설이나 프리젠테이션이 진실하면 청중은 그 연사에게 높은 신뢰감을 가질 것이다.

2) 명료성

좋은 스피치는 명료해야 한다. 아름다운 말로 듣기 좋게 꾸민 미사여구(美辭麗句)를 사용해 장황하게 끌거나, 수식어가 많으면 명료성(clearness)이 떨어지면서 꾸민다는 인상을 받기 쉽다.

스피치의 생명인 주장이나 결론이 분명해야 하고 논리적인 조직, 일관적이고 체계적인 구성, 언어표현 등이 명확해야 한다.

3) 간결성

모든 스피치는 간결성(conciseness)이 생명이다.

청중의 주의를 집중시키는 서론으로 주제를 도입한 뒤 본론으로 들어가면서 잘 조직되고 간결한 논리에 의해 입증된 주장을 피력해야 한다. 마지막으로 주장을 요약하면서 캡슐(capsule)화 하는 결론으로 마무리해야 한다.

4) 자연스러움

꾸미지 않는 자연스러움(natural)은 스피치에 있어서 가장 어려운 조건일 수도 있다. 자연스러움은 자신감에서 우러나는 음성과 음색, 얼굴 표정과 제스처 등이 어우러져야 한다. 부자연스런 스피치는 단조로운 낭독조의 스피치나 잘 보이려고 꾸미는 소리, 웅변식 스피치 등으로 연사의 공신력을 크게 저하시킨다.

5) 적절성

가장 효과적인 스피치는 때와 장소에 잘 적응하는 스피치라 할 수 있다. 때와 장소, 분위기에 맞는 적절성(appropriateness)을 갖추기 위해서는 사전에 치밀한 준비를 해야 한다. 청중의 속성과 반응, 주어진 상황의 속성에 따라 내용과 발표양식을 조화시켜야 적절한 자극과 반응을 이끌어낼 수 있다.

8. 스피치의 설득능력

스피치의 설득능력(persuasive competence)은 다음과 같은 조건을 갖춰야 한다.

1) 훌륭한 인격

인격(personality)을 갖추지 못한 연사는 선동가라는 오해를 받을 수 있고 선동의 효과는 결코 오래 지속되지 않는다. 아리스토텔레스는 '일반적으로 믿고 존경하는 사람의 말은 증거를 따지지 않고 믿는 경향이 있다'고 했다.

인격은 하루아침에 형성되는 것이 아니기 때문에 일생에 걸친 노력이 따라야 한다.

2) 풍부한 지식

연구하는 자세로 많은 정보를 수집하고 주제에 대한 지식(knowledge)의 폭을 넓혀야 신뢰를 받을 수 있다. 연사의 전문성은 연사의 능력에 대한 판단과 직결되고 연사의 공신력이 있느냐 없느냐에 대한 평가에 영향을 직접적으로 미치게 된다.

3) 적극적 태도

스피치에 임할 때는 자신감있는 적극적인 태도(attitude)를 가지고 임해야 한다. 연사 스스로도 스피치는 자신을 표현할 수 있는 기회를 제공한다는 생각, 스피치는 자신의 지식을 넓힐 수 있는 좋은 기회를 제공한다는 생각, 스피치는 자신으로 하여금 청중을 계도할 수 있는 기회를 부여한다는 생각을 가지고 당당하고 적극적인 태도로 임해야 한다.

4) 스피치 기법

설득능력을 향상시키기 위한 스피치의 기법(skills)은 다양하다.

먼저 적절하고 핵심적인 아이디어를 고안(invention)하고, 발표할 내용을 논리적으로 조직(organization)하며, 적절한 표현양식(style)을 사용하고, 효율적으로 암기(memory)한 후에 감동적으로 발표하는(delivery) 것이다.

5) 당당한 자신감

자신감(self-confidence)은 스피치에 있어서 가장 중요한 설득능력이라 할 수 있다. 스피치는 청자를 설득하는 것은 물론 자신을 설득하면서 자신의 능력을 믿고 정열적으로 대처해야 성공할 수 있다. 청중앞에서의 공포나 불안감도 자연스러운 것이라는 생각으로 긍정적으로 대처하는 것이 자신감을 높일 수 있다.

9. 스피치의 파워 구성요소

스피치에 있어서 파워의 구성요소는 개인적인 자원이다. 상대가 자신보다 더 많은 자원을 가지고 있다면 파워가 있는 것으로 지각한다. 파워의 구성요소는 다음과 같은 다섯 가지 유형을 형성한다(박기순, 1998).

1) 보상적 힘

청자가 화자의 요구나 명령에 순응하게 하려면 화자가 청자에게 보상할 수 있는 능력(reward power)이 있어야 한다는 것을 뜻한다. 보상은 돈이나 물건처럼 구체적일 수도 있고 칭찬이나 애정의 표현처럼 무형적인 것일 수도 있다. 보상적인 힘은 화자가 청자의 욕구를 정확하게 감지하는 능력이 있어야 갖출 수 있다.

2) 징벌적 힘

청자가 화자의 요구나 명령에 순응하지 않으면 화자가 청자를 벌하는 힘(coercive power)을 뜻한다. 스피치에서 보상적인 힘을 사용하는 것은 청자가 화자에 대해 매력을 느끼게도 한다. 그러나 응징력의 사용은 반대로 매력을 감소시킬 수 있기 때문에 조심해야 한다. 더구나 처벌력이 있음을 지나치게 강조하는 것은 더 나쁜 결과를 초래할 수 있다.

3) 호소적 힘

호소적인 힘(referent power)이 있으려면 청자가 화자와 같이 되고 싶어 하는 마음이 있을 때 가능해진다. 대부분의 사람들은 자신이 좋아하는 사람의 태도나 신념, 행동을 모방하는 경향이 있는데, 이때 화자는 호소적인 힘을 갖추게 된다.

4) 전문적 힘

대인적 상호작용에서 화자가 어떤 주제에 대해 뛰어난 전문적 지식을 소유하고 있다고 청자가 인정할 경우 화자에게 주어지는 파워가 전문적 힘(expert power)이다.

5) 합법적 힘

합법적 힘(legitimate power)은 화자가 청자에게 행사할 수 있는 권리를 갖고 있다고 믿게 만드는 청자의 가치에 토대를 둔 힘이다. 이러한 힘은 판사가 피고에게 선고할 권리, 교사가 학생에게 과제물을 줄 권리, 상급자가 하급자에게 어떤 일을 수행하도록 지시할 권리 등에서 나온다.

10. 스피치를 위한 청취

1) 청취의 유의점

청취(listening)는 의사소통의 과정에서 화자가 보낸 기호(encoding)를 해독하는 행위(decoding)로 커뮤니케이션의 완성을 위해 중요한 역할을 한다. 청취하는 일은 일상생활에서 한순간도 쉴 수 없는 커뮤니케이션의 한 분야라 할 것이다. 학업적인 성취, 직업을 구하는 일, 개인적 행복은 효과적인 청취능력에 달려 있다.

청취의 목적은 화자가 전달하고자 하는 내용을 이해하고 이를 활용하는 데 있다. 이 목적을 달성하려면 청자는 들으려는 의지를 가지고 화자의 말을 경청해야 하며, 때로는 화자에게 미진한 점을 물으면서 들어야 한다. 화자가 전하는 정보와 의도를 파악하고, 그 정보의 진위와 가치를 평가하고, 그 효용성을 예상하고, 과제해결을 위한 방안을 강구하면서 들어야 한다(전영우, 2005).

평균적인 미국인은 하루의 50~80%를 듣는 데 사용하지만 그 중반 정도만 적극적으로 청취해서 4분의 1만 이해하고, 그보다 더 적게 기억한다고 한다. 따라서 대부분의 사람들은 들을 수 있는 타고난 능력의 25퍼센트만 사용하는 것이다(Berko et al., 1988).

말을 배우는 데는 2년이 걸리지만 침묵을 배우는 데는 평생이 걸린다는 말도 듣기의 중요성을 강조한 말로 새겨들어야 한다.

앤드류 카네기[8]도 '사람들에게 비웃음을 사고, 무시당하고, 외면당할 수 있는 세 가지 방법은 절대 상대방의 이야기를 끝까지 들으면 안 되고, 계속 자기의 말만 해야 하고, 상대방의 이야기를 듣다가 자신이 할 이야기가 있으면 바로 끊고 자신의 말을 하면 된다.'고 듣기를 강조한 말을 했다.

듣기는 hearing이 아닌 listening이라고 한다. 즉 듣기는 단순하게 소리를 듣는 것이 아니라, 그 사람의 말을 듣고 이해하고 반응하는 것, 즉 경청(傾聽)을 의미한다. 우리는 소리를 들을 수 있는 청각을 소유하고 있기에 듣고 싶은 말도 듣지만 듣고자 하지 않는 말과, 기타 다양한 잡음(noise)에 해당하는 소리도 듣게 된다.

2) 적극적인 청취

청취에서 중요한 것은 적극적인 청취라 할 수 있다. 적극적인 청취란 목적을 가지고 듣기 때문에 진짜듣기라고도 한다. 또한 적극적으로 듣는 다는 것은 자신의 특별한 감각, 태도, 신념, 감정, 직관 등을

---

8) 카네기(Andrew Carnegie, 1835~1919) : 영국 스코틀랜드 출생. 별칭 강철왕. 미국의 산업자본가로 US스틸사의 모태인 카네기 철강회사를 설립. 교육과 문화사업에 헌신. 저서 '승리의 민주주의(Triumphant Democracy, 1886)'

가지고 듣는 것을 뜻한다.

청취의 과정은 스테일(Steil, 1982)에 의하면 듣기(hearing), 해석(interpretation), 평가(evaluation), 응답(responding)의 4단계 과정을 거친다.

드비토(DeVito, 2002)는 청취의 과정을 수용(receiving), 이해(understanding), 기억(remembering), 평가(evaluation), 응답(responding)의 과정으로 설명하고 있다.

이처럼 듣고 응답하는 과정을 거치는 것을 경청(傾聽), 즉 진짜듣기라고 할 수 있다. 그러나 귀를 기울여 듣지 않기 때문에 응답이 일어나지 않는 가짜듣기가 있다. 일반적으로 사람들은 어떤 내용을 듣고 난 바로 직후에도 방금 들은 내용의 절반밖에는 기억하지 못하고, 두 달이 지나면 4분의 1 정도로 기억이 감소한다.

특정한 말이나 시각적 상징과 같은 자극은 인간의 정보처리 체계 중 주의(attention)가 집중되는 단계에 도달해야 받아들여진다. 또한 인간의 주의집중 시간과 관계가 있는 단기 기억능력은 한 번에 45초 이상을 지속하지 못하고, 집중해서 청취하는 시간은 아무리 길어도 15분을 넘지 않는다(Berko et al, 1988).

올바른 듣기의 습관을 가지기 위해서는 상대방을 존중하고, 상대방의 말을 이해하려는 노력이 필요하며, 또한 정황을 잘 인식하고 판단하며, 상대방의 마음을 이해하려는 커뮤니케이션 습관이 필요하다.

3) 청취와 감정이입

상대방의 말을 들을 때 감정이입(empathy) 상태로 듣는다는 것은 청취가 완성된 경지라 할 것이다. 감정이입은 상대방을 이해하려고 하는 데서 시작된다. 다른 사람이 세상을 보는 눈으로 나도 같이 바라볼 수 있을 때 감정이입이 이루어졌다고 말한다. 즉 감정이입이란 상대가 필요로 하는 것을 비롯해서 소원과 좌절, 기쁨, 걱정, 고통, 굶주림 등 모든 것이 나의 것처럼 절실하게 느껴지는 것을 의미한다.

감정이입 차원에서 듣는다는 것은 적극적으로 듣는 것에 한 가지 더해서 상대방을 이해하려는 마음과 노력이 추가된 경우를 가리킨다. 하지만 상대방과 의견을 달리할 때, 상대방과 목적이 다를 때는 감정이입이 쉽지 않다. 이러한 감정이입을 위해서는 상대의 마음과 감정을 이해하고, 인정하고, 수용해야 한다.

스피치 커뮤니케이션에서 감정이입을 통한 청취는 커뮤니케이션 과정의 정수(精髓, essence)라 할 수 있다. 동양적인 문화는 상대방의 메시지를 잘 받아들이고 감정이입의 경지에 오르기 위해서는 침묵하면서 듣는 것이 훌륭한 청취라고 생각하는 경향이 있다. 동양적인 침묵의 문화는 불교의 참선(參禪, meditation in Zen Buddhism)과도 관련이 있을 것이다.

제 3 장

동서양의 스피치 커뮤니케이션

1. 동양적 커뮤니케이션
2. 서양적 커뮤니케이션
3. 성인들의 언어관과 설득

제3장

동서양의 스피치 커뮤니케이션

1. 동양적 커뮤니케이션

1) 인과 예

커뮤니케이션학 혹은 스피치 커뮤니케이션학이라고 하면 우선 서양의 학문적인 전통을 생각하는 것이 일반적이다. 그러나 최근에 정착된 커뮤니케이션의 번역어인 의사소통으로 바꾸면 동양적인 의사소통, 혹은 한국적인 의사소통으로, 언어는 의사소통의 도구라는 전통적인 언어관과 마주하기가 쉬워진다.

우리 한국인에게 맞는 스피치 커뮤니케이션의 이론과 실제를 논하려면 동양적인 의사소통의 전통을 먼저 생각해야 한다. 동양적인 의사소통의 전통과 언어표현의 유형을 연구하기 위해서는 성인(聖人)으로 추앙받고 있는 석가모니와 공자의 사상과 언어관, 언어표현의 유형, 설득의 방법을 논하지 않을 수 없다.

동양에서는 인간의 인간다움과 사회적 삶의 행위방식, 그리고 인간 사이의 관계를 올바르게 묶어 주는 역할을 하는 것을 예(禮)라고 했다. 예를 강조한 유학사상은 사람들이 그들의 관계를 숙명으로 받아들이고, 그 관계가 요구하는 의무를 강제적 구속으로 받아들이기보다는 오히려 이러한 관계를 통해 자신의 삶을 풍요롭고 의미 있게 하기 위해 끊임없는 학습과 노력을 통해 삶의 기쁨을 발견하도록 하고 있다.

공자가 추구하는 배움의 궁극적 지향은 '인(仁)'과 '군자(君子)'이다(고대혁, 2006). 동양학에서는 인과 예의 관계에 대해 예는 인을 표현하는 외적인 형식이고, 인은 예의 근본, 혹은 원천을 가리킨다고 보았다.

한자에서 '인(仁)'자의 구성을 보면 사람(人)과 사람(人) 사이의 관계(人 + 二)를 상징하는 의미가 된다. '仁'자는 또 등에 짐을 진 사람을 의미했다. 따라서 인이란 '남을 사랑하는 것'이라 해서 사랑을 바탕으로 삼은 조화된 정감(情感)에 의거한 덕이며, 그 덕을 가까운 혈연으로부터 시작해서 멀리 미치게 함으로써 사회적, 국가적 평화를 얻을 수 있다고 했다.

공자나 맹자[1]는 인(仁)이 곧 사람(人)이라고 했다.[2] 인은 중국 유교 사상의 중심 덕목(德目)이다. 공자는 '효제(孝悌)는 인의 근본이다'라고 했다. 효제는 부모에 대한 효도와 형제끼리의 우애를 강조한 말로 혈연적인 가족결합의 윤리를 중시하고, 거기에서 찾을 수 있는 자연스런 애정을 전개하는 것이었다.

1) 맹자(孟子, BC 372?~BC 289?) : 본명 가(軻). 중국 산동성 추현 출생. 중국 전국시대 유교 사상가로 제자백가(諸子百家)의 한 사람. 공자의 유교사상을 공자의 손자인 자사(子思)의 문하생에게 배움. 도덕정치인 왕도(王道)를 주장했으나 채택되지 않아 고향에 은거하면서 교육에 전념.

2) 중용(中庸)에 '仁者人也(인자인야)', 즉 '인이라고 하는 것은 사람이다'라는 표현이 나옴.

맹자는 인을 본래 누구나가 가지고 있는 '남의 불행을 좌시하지 못하는 동정심'의 발전으로 받아들여 그것을 완성해 정치에 미치는 왕도론(王道論)을 주장했다. 이와 같이 인의 덕은 원래 정의적(情意的)이어서 주관적인 성격이 강했으므로, 뒤에 이지적(理智的)인 면을 보충하는 것으로 인(仁)에 의(義)·예(禮)·지(智)·신(信) 등의 덕목이 추가돼 오상(五常)의 덕이 됐다. 그러나 그 경우에도 인은 넓은 뜻으로는 그것들을 포섭하는 최고의 덕으로 삼고, 좁은 뜻으로는 애정으로서의 성격을 강화하면서 넓은 뜻에서는 유교 윤리의 모두를 포괄하는 의미가 됐다.

사람과 사람이 관계하고 의지할 때, 그 관계가 잘 유지되고 소통되기 위해서는 상대방에 대한 사랑과 관심, 그리고 이해와 이를 표현하는 형식이 필요하다. 이러한 사랑과 이해의 원리가 인(仁)이고, 관심과 사랑을 합리적으로 표현하는 방식을 형식화한 것이 예(禮)가 된다.

이기동(2006)은 공자의 배움 즉 학(學)의 대상은 예로 나타난다고 했다. 예를 배워서 실천하는 것이 학의 일차적인 목표가 된다. 동양학에서는 예에 관한 비언어적 행동양식을 구체적으로 표현하고 있다. 부모에게는 아침에 문안인사를 드리며, 외출할 때와 귀가시 반드시 인사를 드리고, 남의 집을 방문했을 때 먼저 기침소리를 내서 알리며, 문 밖에 신이 두 켤레 있을 때는 목소리가 들리면 들어가고 그렇지 않으면 들어가지 않으며, 문 안으로 들어설 때는 아래쪽을 바라보며, 문의 손잡이는 두 손으로 잡고, 두리번거리거나 둘러보지 않으며, 들어갈 때 문이 열려 있었으면 그대로 놓아두고 닫혀 있으면 닫는 등 일거수일투족(一擧手一投足)이 모두 예라 했다.

20세기 초 스위스의 언어학자 소쉬르[3]는 '언어는 기호의 체계'라고 했다. 그 기호는 사물의 개념인 '기의(記意)' 즉 시니피에(signifie)와 그를 나타내는 단어인 '기표(記標)' 즉 시니피앙(signifiant)으로 나뉜다.

동양의 인은 '기의' 즉 시니피에에 해당하고, 예는 '기표' 즉 시니피앙에 가까운 개념으로 비교할 수도 있을 것이다. 스피치 커뮤니케이션은 기의를 잘 이해하고 난 뒤, 기표를 상대방이 얼마나 잘 알아듣게 전달하느냐 하는 문제를 다루는 것이다.

2) 지인과 지언

맹자는 지언(知言)을 통해 지인(知人)하는 것을 자신의 장점으로 내세웠다고 한다. 그는 '지언이라 하는 것은 편벽된 말에 그 사람이 막혀 있는 바를 알며, 방탕한 말에 그 사람이 빠져 있는 바를 알며, 부정한 말에 그 사람이 괴리된 바를 알며, 회피하는 말에 그 사람의 논리가 궁한 바를 알 수 있다'고 했다.

삶이 세상과 끊임없는 소통이고 앎의 연속이라면 세상과의 소통은 함께 하는 사람들을 알고, 이해하는 데서 출발한다(고대혁, 2006). 현재 자신이 마주하고 있는 상대방, 혹은 어떤 존재와 대상에 대해 안다는 것은 조화로운 소통을 위해, 그리고 우리가 사사로운 개인으로서의 자신을 벗어나, 즉 극기(克己)해서 사회적 인간으로서 필연적으로 요청되는 일이다.

이것은 또한 개인 내부의 커뮤니케이션, 즉 자아 커뮤니케이션을 벗어나 대인 커뮤니케이션으로의 이행을 뜻한다.

---

3) 소쉬르(Ferdinand de Saussure, 1857~1913) : 스위스의 언어학자. 구조주의의 선구자. 제네바대학교 교수. '인도유럽어 원시 모음체계에 관한 논문'으로 유명하고, 저서 '일반언어학 강의(1916)'

공자의 언행을 기록한 논어(論語)[4]의 첫째 편은 학이편으로 벗들과의 즐거운 사회적인 소통을 강조하고 있다.

'배우고 제때에 그것을 익히니 또한 기쁘지 아니한가! 벗이 먼 지방에서도 오니 즐겁지 아니한가! 남이 알아주지 아니해도 화나지 아니하니 또한 군자답지 아니한가!(學而時習之不亦說乎 有朋自遠方來不亦樂乎 人不知而不慍不亦君子乎, 학이시습지불역열호 유붕자원방래불역낙호 인부지이불온불역군자호)'로 시작된다.

학이편은 커뮤니케이션의 4 부문 중 3 부문에 해당한다. 먼저 '學而時習之不亦說乎'는 학문을 배우고 익히면서 스스로 기뻐하는 자아 커뮤니케이션(intra-personsal communication)에 해당하고, '有朋自遠方來不亦樂乎'는 벗들이 원근을 불문하고 찾아와 청담(淸談)을 나누는 모습으로 대인 커뮤니케이션(inter-personal communication)에 해당하며, '人不知而不慍不亦君子乎'는 연설이나 강론에 대해 남이 알아주지 않아도 섭섭해 하지 않는 군자다운 마음가짐으로 집단 커뮤니케이션(group communication)에 충실한 자세를 나타낸다. 네 번째인 매스 커뮤니케이션(mass communication)은 공자 이후 약 2천년이 지난 1455년 구텐베르크의 활판인쇄가 비로소 인류가 접하게 된 커뮤니케이션 양식으로 알려져 있다.

마음의 소리로서의 언어는 사람이 자신의 인격이나 덕을 담고 있는 그릇이 된다. 따라서 사람이 어떤 말을 하느냐에 따라 그 사람의 성향과 인품이 자연스럽게 드러난다. 사람의 말씨나 그가 사용하는 말을 살펴 사람됨을 알고자 하는 것은 예로부터 인재를 관직에 등용하기 위한 조건으로 신언서판(身言書判)을 중시했다.

4) 논어는 사서(四書)의 하나. 중국 최초의 어록(語錄), 공자와 그 제자와의 문답을 주로 하고, 공자의 발언과 행적, 인생의 교훈이 되는 말들이 간결하고 함축성있게 담겨있음.

'주역'에서는 '장차 배반하려는 사람은 그 말이 부끄럽고, 조급한 사람의 말은 많고, 위선자는 그 말이 뜨고, 지조를 잃은 사람은 그 말이 비굴하다'고 했는데(고대혁, 2006), 이와 같은 조건도 인재등용에 참고했던 것이다.

3) 언어 최소주의

동양적 커뮤니케이션의 형태인 언어최소주의(言語最小主義)는 불가(佛家)의 유식론(唯識論), 즉 마음의 본체인 식(識)을 떠나서는 어떠한 실재(實在)도 없음을 이르는 말과 관계가 있으며, 이것은 또 불립문자론(不立文字論)이 대표적인 사상일 것이다.

불가의 선종(禪宗)에서는 언어나 문자를 통하지 않고 즉각적인 깨달음을 얻는 불립문자의 방식을 견성(見性)[5]을 위한 최선의 방법으로 채택했다. 불립문자란 '문자로는 세울 수 없다', 즉 '문자로는 표현할 수 없다'는 것을 의미한다. 이 말은 또 '염화시중의 미소'와도 일맥상통한다.

염화시중의 미소는 석가모니가 영산의 법상에 올라 말없이 꽃 하나를 들어 제자들에게 보이니 오직 한 사람 가섭(迦葉)만이 미소를 지었다는 고사에서 나온 말이다. 가섭만이 말로 세울 수 없는, 즉 불립문자인 불가의 미묘한 법문을 이해할 수 있었는데, 이는 진리란 언어를 초월한다는 것을 상징적으로 말하는 것이다.

이렇게 불가에서는 기표보다는 기의를 중요시하고 있다. 언어최소

5) 견성(見性) : 모든 망혹(妄惑)을 버리고 자기 본연의 천성을 깨달음.

주의 등 동양적인 의사소통의 미학을 이해하기 위해서는 동양의 대표적인 사유체계라고 할 수 있는 유가(儒家)[6] · 불가(佛家)[7] · 도가(道家)[8]의 입장에서 접근할 필요가 있다(김정탁, 2004).

유 · 불 · 선의 의사소통관은 유가에서는 언행론(言行論), 불가에서는 유식론(唯識論), 도가에서는 비명론(非命論)으로 나타난다.

유가의 언행론은 언어를 부정하는 것이 아니라 언어를 사용하되 언어가 행동과 일치해야 한다는 것을 말한다. 여기서의 행동은 언어와 마찬가지로 기호학적으로 기표에 해당한다. 언어와 행동이라는 기표를 통해서 기의를 구현해 내야 하는 것을 강조하는 것이다. 이러한 의사소통관은 '모양을 만들어 뜻을 전한다(立像盡意)'라는 유가의 표현과 통한다. 이는 언어를 사용해서 뜻을 전달하기보다는 오히려 실제 형상으로 전달하는 것이 더 바람직하다는 말로 비언어적 커뮤니케이션을 강조하고 있다.

그러나 공자는 언행일치보다 한 걸음 앞서 말을 우선시 했다는 기록도 있다. 논어 위정편(爲政篇)에 '자공이 군자에 대해서 묻자, 그 말을 행하고 난 뒤 이를 따른다(子曰 先行其言이요 而後從之니라)'고 했다.

자공(子貢)은 말을 잘하고 임기응변에 능하며 이재(理財)에도 밝아 가끔 사업에 손을 대거나 투기를 해서 큰 돈을 모으기도 한 사람이다. 자공이 군자에 대해 물어왔을 때 공자는 군자라고 하는 이상적인 인간상에 빗대어 자공의 이러한 단점을 보완하려 한 것이다. 이는 자

---

6) 유가(儒家) : 공자의 학설과 학풍 등을 신봉하고 연구하는 학자나 학파.

7) 불가(佛家) : 불교를 믿는 사람. 또는 그들의 사회. 불문(佛門).

8) 도가(道家) : 중국 선진(先秦) 때의 노자(老子)와 장자(莊子)의 허무 · 무위(無爲)의 설을 따르던 학자를 통틀어 이르는 말. '도가자류(道家者流)'의 준말로 선교(仙敎)라고도 함.

에게 큰 뜻을 세우라는 암시이기도 하다. 어떤 일에 뜻을 두면 먼저 말로 계획을 세우고 그 계획에 따라 추진해야 한다는 것이다(이기동, 2006).

도가의 '비명론'[9]은 불가의 불립문자론과 같은 개념이다(김정탁, 2004). 도가에서는 기의를 제대로 전달하기 위한 방법으로 기표를 극단적으로 부정하고 있다. 그래서 언어란 뜻을 이해하기 위한 하나의 도구일 따름이어서 뜻을 얻으면 언어를 금방 버리라고 강조한다. 도가의 이런 의사소통관을 단적으로 말해주는 것이 언어도단론(言語道斷論)이다. 이 말은 '언어에 의존해서는 도에 이를 수 없다'는 극단적인 표현양식이다. 뜻(기의) 즉 진리를 전달하기 위해 말(기표)을 사용하는 것은 진정한 의사소통을 가로막고 결과적으로 도를 실현할 수 없다는 것이다.

다음은 노자의 언어관을 나타내는 말들이다(김정탁, 2004).

✔ 진실로 위대한 웅변은 더듬거리는 것 같다.
➡ 大辯若訥(대변약눌)

✔ 말을 통하지 않는 가르침을 숭상한다.
➡ 不言之敎(불언지교)

✔ 아는 자는 말하지 않고, 말하는 자는 알지 못한다.
➡ 知者不言 言者不知(지자불언 언자부지)

9) 비명론(非命論)은 이른바 운명을 부정하지만, 그 참뜻은 명(命 : 운명론)에 현혹되어 일상의 일을 게을리 하지 말도록 타이르는 것임.

4) 동양적 레토릭

레토릭 혹은 궤변론이라 하면 그리스 아테네 학자들의 그것을 연상하기 쉽다. 그러나 동양에서도 춘추전국 시대의 제자백가 등 학문의 융성기에 궤변에 필요한 레토릭을 발달시킨 학자들이 있었다.

그들은 제자백가[10] 중 논리학파라고 할 수 있는 명가(名家)와 외교술파라고도 불리는 종횡가(從橫家)라 할 수 있다. 이들 궤변학파(詭辯學派)는 전국시대(戰國時代)에는 변자찰사(辯者察士)로 불렸고, 전한시대(前漢時代)에 사마담(司馬談)이 모든 학파를 분류할 때 6가(家) 중의 하나로 명가라는 이름을 사용했다. 명가라는 명칭은 이 학파가 개념(槪念)과 표현(表現), 명목(名目)인 명(名)과 내용(內容)과 실체(實體)인 실(實)의 일치와 불일치 관계를 중시해서 세상이 혼란한 것은 명과 실의 불일치에 그 원인이 있으므로 명실합일(名實合一)해야 한다고 주장한 데서 연유한다.

이 학파의 대표적 인물은 공손룡(公孫龍),[11] 등석(鄧析), 윤문(尹文), 혜시(惠施) 등으로 특히 공손룡의 백마비마론(白馬非馬論)과 견백론(堅白論)은 고대 그리스의 소피스트들처럼 교묘한 궤변론(詭辯論)으로 유명하다.

백마비마론(白馬非馬論)은 중국 진(秦)나라의 사상가 공손룡(公孫龍)이 주장한 명제(命題)이다. 공손룡의 '공손룡자(公孫龍子)'에 '백마는 말<馬>

---

10) 제자백가(諸子百家) : 중국 춘추전국시대(BC 8C~BC 3C)에 활약한 학자와 학파의 총칭. 제자(諸子)란 말은 제선생, 백가란 수많은 파별을 의미. 유가(儒家)·도가(道家)·음양가(陰陽家)·법가(法家)·명가(名家 : 論理學派)·묵가(墨家)·종횡가(縱橫家 : 外交術派)·잡가(雜家)·농가(農家) 등 9류임. 공자의 유가가 가장 먼저 일어나 인(仁)의 교의를 수립. 다음에 묵자(墨子)가 겸애(兼愛)를 주창하면서 묵가를 일으켰으며, 이윽고 노자·장자 등의 도가와 제파가 나타남.

11) 공손룡(公孫龍, BC320~BC250 추정) : 조나라 출신으로 각지를 유세하며 돌아다니다 조나라의 실력자 평원군의 식객으로 활동했음.

이 아니다'라는 명제가 있는데, 이것은 백마라는 개념과 말이라는 일반개념이 일치하는 것이 아니라는 뜻이다. 말하자면 백마란 말 일반을 가리키는 것이 아니라, 백색에 한정된 말이다. 그러나 말이라는 것은 빛깔이나 모습, 능력 등으로 한정되지 않은 말 전체를 뜻한다. 그러므로 백마라는 개념과 말이라는 개념 사이에는 광의와 협의의 의미에 차이가 있다. 따라서 백마와 말의 개념이 일치하지 않으므로 백마를 말이라 할 수 없다는 것이다. 이 명제는 얼핏 보아 궤변처럼 보이지만 논리학에서 특칭부정(特稱否定)의 판단형식을 나타내기 위한 하나의 예라고 볼 수 있다.

서양철학 연구자들 가운데는 동양철학에 논리가 없다고 비판하는 사람들이 많다. 그러나 동양철학에는 동양 특유의 논리가 담겨 있음을 알아야 한다.

견백론(堅白論)이란 단단하고 흰 돌의 경우, '단단하다, 단단하지 않다'라고 하는 것은 손의 감촉으로 알 수 있고, '희다, 검다'라고 하는 것은 눈의 감각으로 아는 것이므로, 견백석(堅白石)은 동시에 성립되는 한 개념이 아니라는 이론이다. 희다는 것과 단단하다는 것은 독립되어 존재하는 성질이다. 따라서 단단하고 흰 돌은 단단한 돌과 흰 돌로 나눌 수 있다.

종횡가(縱橫家)는 중국 전국시대의 제자백가(諸子百家) 중 정치적 책략으로 당시 국제외교상에서 활약한 유세객(遊說客)들을 말한다. 특히 소진(蘇秦)이나 장의(張儀)로 대표되는 합종연횡(合縱連衡)의 책략이 그 중심을 이루었으므로 이 이름이 생겼다.

합종연횡(合從連衡)이란 중국 전국시대의 최강국인 진(秦)과 연(燕)·제(齊)·초(楚)·한(韓)·위(魏)·조(趙)의 6국 사이의 외교 전술을 말한다.

BC 4세기 말 여러 나라를 유세하고 있던 소진은 우선 연에게, 이어서 다른 5국에게 '진 밑에서 쇠꼬리가 되기보다는 차라리 닭의 머리가 되자'고 설득해서 6국을 종적(縱的)으로 연합시켜 서쪽의 강대한 진나라와 대결할 공수동맹을 맺도록 했다. 이것을 합종이라 한다.

뒤에 위나라 장의는 합종은 일시적 허식에 지나지 않으며 진을 섬겨야 한다고 주장하면서 6국을 돌며 연합할 것을 설득해서 진이 6국과 개별로 횡적 동맹을 맺는 데 성공했다. 이것을 연횡이라 한다. 그러나 진은 합종을 타파한 뒤 6국을 차례로 멸망시켜 중국을 통일했다(http://kin.naver.com/open100).

2. 서양적 커뮤니케이션

1) 소피스트의 레토릭

설득을 위한 스피치 커뮤니케이션은 인류사회의 시작과 함께 존재했을 것이다.

그러나 설득이 이론적으로 정립되고 체계화 된 것은 기원전 5세기 그리스의 시칠리아에서 시작된 것으로 보고 있다(김영임, 1998). 당시의 시대상황은 개인의 권익이 신장되면서 이를 보호하기 위해 법정에서 상대방을 설복시키기 위한 기술이 요구됐다.

수사학은 화술을 가르치는 학문이었다. 따라서 수사학이라 번역할 수 있는 레토릭(rhetoric)의 기술은 대중연설이나 법정담론에서 청중설득에 강력한 힘을 발휘했다.

스피치에 대한 하나의 개념(concept)이자 체계적 사고방식(systematic way of thinking)이기도 한 레토릭은 기원전 4세기 고전주의 시대(the Classical Period)의 산물이다. 레토릭은 특정의 수용자가 가능한 한 호의적으로 발신자의 메시지를 수용하도록 하기 위해 말하는 사람이나 글 쓰는 사람이 의식적으로 자기가 사용하는 미디어를 조작하는 것이다. 이러한 조작(操作, manipulation)은 기원전 4세기의 전형적인 현상이었다.

말하는 자의 기술과 관련되는 지적훈련이라는 의미로 사용됐던 레토릭이라는 용어는 플라톤[12)]이 처음 사용하기 시작했다. 그리스 시대의 소피스트(sophist)들은 주로 법정에서 이기기 위해 레토릭을 사용했다. 소피스트는 주로 아테네의 자유민으로 교양이나 학예, 특히 변론술을 가르치는 일을 직업으로 삼던 사람들을 이르는 말이다. 프로타고라스,[13)] 고르기아스[14)] 등이 대표자였는데, 후기에는 자기의 이익을 위해 변론술을 악용하는 경향이 있었기 때문에 궤변가를 뜻하게 됐다.

소피스트들에게는 진리 그 자체는 존재하지 않고 신조(opinion)만이 존재했는데, 이는 상대주의(relativism)로 치우치게 돼 궤변일수록 높이 평가받게 됐다. 이러한 도덕적 상대주의는 반(反)소피스트라고 자신을 칭하는 이소크라테스[15)]에 의해 비판됐다. 그는 레토릭은 직업훈련이

12) 플라톤(Platon, BC429?~BC347) : 그리스 철학자로 형이상학의 수립자. 소크라테스만이 진정한 철학자라고 생각했으며, 영원불변의 개념인 이데아(idea)를 통해 존재의 근원을 밝히고자 했음. 논제를 둘러싼 논의는 '대화편(對話篇)'이라 불림. 저서는 '소크라테스의 변명', '파이돈', '향연', '국가론'.

13) 프로타고라스(Protagoras, BC485?~BC414?) : 그리스의 철학자. 소피스트로 자칭한 최초의 인물.

14) 고르기아스(Gorgias, BC483?~BC376?) : 고대 그리스의 철학자. 대표적인 소피스트.

15) 이소크라테스(Isocrates, B.C.436~B.C.338) : 고대 그리스의 변론가. 웅변 학원을 창설하고 수사학을 가르쳐 많은 웅변가를 길러 냈음.

아니며 일반교양이자 철학이라 했다. 그러나 철학자인 소크라테스와 플라톤은 소피스트들과 이소크라테스를 모두 비판하면서 레토릭은 철학이 아님은 물론 화술도 아니라고 주장한다.

2) 소크라테스와 레토릭

그리스 아테네 출신인 철학자 소크라테스[16] 시대의 철학자들은 우주의 원리에 대해 묻고 답하는 것을 즐겨 했다. 그러나 소크라테스에게는 자신과 자기 근거에 대한 물음이 철학의 주제가 됐다. 이런 의미에서 소크라테스는 내면철학, 즉 영혼차원 철학의 시조라 할 수 있다.

소크라테스는 아테네의 거리나 체육장에서 청소년들을 상대로 하거나, 마을의 유력한 사람들을 상대로 사람을 행복하게 하는 것은 무엇인가, 착하다는 것은 무엇인가, 용기란 무엇인가 등에 대해 묻는 문답법을 통해 '나는 무지하다'라는 고백이 나오도록 설득했었다.

소크라테스의 물음은 모든 사람이 자기 존재의 의미로 부여받고 있는 궁극의 근거에 대한 무지를 깨닫고, 그것을 물어보는 것이 무엇보다도 귀중하다는 사실을 깨닫도록 촉구하는 데 있었다.

그것은 나 자신을 근원부터 질문당하는 곳에 놓아두는 것이며, 이러한 방법으로 내 자신이 온통 근원에서부터 조명(照明) 당하도록 하는

16) 소크라테스(Socrates, BC469~BC399) : 그리스의 철학자. 그는 자신과 자기 근거에 대한 물음을 철학의 주제로 했음. 그런 의미에서 내면(영혼의 차원) 철학의 시조라 할 수 있음. 자기 자신의 '혼(魂 : psychē)'을 소중히 여겨야 할 필요성을 역설했으며, 자기 자신에게 있어 가장 소중한 것이 무엇인가를 물으면서 사람들과 철학적 대화를 나누는 것을 일과로 삼았으며, 재판에서 사형을 선고받았음. 그의 재판 모습과 감옥생활 및 임종장면은 제자 플라톤이 쓴 철학적 희곡(플라톤의 대화편) '에우티프론(Euthyphron)', '소크라테스의 변명' 등 작품에 자세히 그려져 있음.

것이다(동아출판사, 1988). 그리스어로 철학을 뜻하는 필로소피아(philosophia)는 지(知)와 지혜에 대한 사랑을 지칭한다. 철학은 곧 애지(愛知)인 것이다.

인간의 지혜가 신에 비하면 하찮은 것에 불과하다는 입장에서 소크라테스는 그리스 델포이의 아폴론 신전(神殿) 현관 기둥에 새겨졌다는 유명한 말, '너 자신을 알라(Gnothi sauton : Know thyself. Know yourself.)'라는 말을 자신의 철학적 활동의 출발점에 두었다.

예나 지금이나 인간에게 있어 가장 큰 수수께끼는 인간 자신이었다. '인간이란 무엇인가', '삶의 의미는 무엇인가'는 인간이 줄곧 씨름해 온 명상의 화두였다.

소크라테스는 저서를 남기지 않았으며, 그의 제자인 플라톤이 저술한 철학서인 '소크라테스의 변명'이라는 책에 소크라테스에 대한 얘기가 남아 있다.

BC 399년 70세의 소크라테스는 멜레토스를 비롯한 3인의 고발자에 의해 국가의 신(神)들을 믿지 않고, 청년들에게 나쁜 영향을 끼쳤다는 혐의로 고발됐다. 소크라테스는 당당한 변론을 시도했는데, 이 변론은 최초의 변론, 유죄선고 후의 변론, 사형선고 후의 변론 등 세 부분으로 돼 있다. 이 변명은 소크라테스 철학의 진수(眞髓)일 뿐만 아니라, 소크라테스에 대한 고발과, 판결, 사형의 과정을 밝히는 것으로 매우 중요한 자료가 되고 있다.

궤변으로 일관한 고발자와 광기어린 대중들 앞에서 냉정하고 명철하게 자신의 주장을 펴나가는 소크라테스의 태도는 인간의 이성이 얼마나 위대한 힘인가를 새삼 깨닫게 해준다. 500인 대배심원 앞에서 소크라테스는 '정치가들은 아테네 사람들을 단지 행복해 보이게 만들었을 뿐이지만, 나는 당신들을 실제로 행복하게 만들어 주었으므로,

나에게는 영빈관에서의 대접이 베풀어져야 한다'고 말했다.

플라톤에 의해 정리된 소크라테스의 문학은 때로 작자의 창작이 섞인 것으로 생각되기도 하지만, 이 저작의 주요 부분은 역사적으로도 충실하다고 보는 견해가 많다. 그러나 문체로서는 플라톤의 작품 중 뛰어난 작품에 속하고, 그리스 문학사상 산문문학의 주옥편이라는 평가를 받고 있다.

사형선고를 받은 소크라테스를 위해 친구들이 탈출계획을 꾸몄으나, 그는 거절했다. 판결이 사실과 어긋나는 것이지만, 그 판결은 법정의 판결이고, 그것을 지켜야 한다는 이유로 소크라테스는 독배를 마셨다.

사형당하기 직전 소크라테스는 다음과 같은 말을 남겼다.

> "훌륭한 사람은 죽느냐 사느냐 하는 위험을 헤아려서는 안 됩니다. 그는 어떤 일을 하면서 오직 올바른 행위를 하느냐, 악한 사람의 할 일을 하느냐 하는 것만 고려하면 됩니다."
>
> "이제 떠나야 할 시간이 됐습니다. 각기 자기의 길을 갑시다. 나는 죽기 위해서, 여러분은 살기 위해서, 어느 쪽이 더 좋은가 하는 것은 오직 신만이 알 뿐입니다."

3) 플라톤의 논박

플라톤의 수사학에 관한 인식은 그의 저서 '고르기아스'와 '프로타고라스' 등에서 알 수 있다. '고르기아스'에 등장하는 소크라테스는 소피스트의 권력은 인간의 이성이 아닌 동물적 본능에 의해 충동적으로 동요되는 원시적 인간성이며, 시민들과 함께 원하는 것을 하고 있다면서 비판한다.

이에 대해 고르기아스는 레토릭이 대중에게 권력을 제공하지만, 반드시 권력의 남용을 초래하지는 않는다면서 자신을 옹호한다.

그러나 소크라테스는 다시 한 번 인간은 최고의 선인 정의를 실행하고, 최고의 악인 불의를 거부함으로써 완벽해지므로 불의를 당하는 것이 불의를 저지르는 것보다 낫다고 말한다. 더구나 수사학은 앎이 없으므로 기술이 아니며, 치료술로 가장한 요리술처럼 정치철학을 가장한 것이며, 아첨의 한부분이라고 주장한다. 또한 레토릭은 전능하지 않으며 오히려 무능력한 것인데, 이는 이성에 의해 통제되지 않기 때문이다. 따라서 타락한 레토릭만이 존재하게 된다고 비판한다.

플라톤의 사상은 레토릭과 철학을 양분했다. 그러나 그의 제자 아리스토텔레스는 철학적 태도를 견지하면서도 레토릭을 하나의 학문으로 인정하고 집대성해서 양자의 조화를 시도한다.

4) 아리스토텔레스의 레토릭

수사학이 학문체계로 집대성된 시기는 기원전 330년, 아리스토텔레스[17)]가 수사학(Rhetoric)이라는 책을 내놓으면서부터였다. 아리스토텔레스는 '사실은 논리와 우아한 언변의 조화로 나타낼 수 있다'고 주장

17) 아리스토텔레스(Aristoteles, BC 384~BC 322) : 그리스의 철학자. 플라톤의 제자. 17세 때 아테네에 진출, 플라톤의 학원 아카데미아에 들어가, 스승이 죽을 때까지 머물렀음. 그 후 연구와 교수를 거치면서 알렉산드로스 대왕도 교육함. BC 335년에 다시 아테네로 돌아와, 리케이온에서 직접 학원을 열었음. 지금 남아 있는 저작의 대부분은 그 시대의 강의노트임. 플라톤이 초감각적인 이데아의 세계를 존중한 것에 비해, 그는 인간에게 가까운 감각되는 자연물을 존중하고 이를 지배하는 원인의 인식을 추구하는 현실주의 입장을 취했음. 저서는 '오르가논', '니코마코스윤리학'.

했다. 이 주장 속에서 그는 설득은 순수하게 논리를 통해서 이루어져야 한다고 주장했던 그의 스승 플라톤과 그 궤를 같이 한다(Hausman et al. 2000).

아리스토텔레스는 레토릭을 플라톤의 주장대로 단순한 속임수가 아니라, '인간들이 숭고한 목표를 달성하고 공정한 판단을 내리는 데 필요한 수단과 도구들을 발견할 수 있도록 이끌어주는 기예'라고 정의한다. 그의 업적은 기존에 발견된 논의들을 하나의 일관된 전체 안에 모아 레토릭의 체계를 세운 것이다. 그는 의학이 반드시 병자를 치유하는 기술이 아니라 병자에게 치유될 수 있는 모든 기회를 주는 기술이라는 예를 들어, 레토릭의 진정한 힘은 전능성이 아닌 가능성에 있다는 것을 발견했다.

그는 지식의 계층을 다음과 같이 나누고 있다. 첫 번째는 형이상학인데, 이는 필연적인 것과 관계되며 의식할 수 없는 명제에 도달하는 것을 목표로 삼고 있다. 다음은 변증론인데 가령 '무엇이 훌륭한 정체인가'라는 질문같은 개연적인 것을 주제로 삼으며, 모순논증과 의견의 종합을 시도한다. 아리스토텔레스는 수사학을 변증론의 아래 단계로 보고 지식과 교육의 체계에 편입시켰다.

아리스토텔레스는 메시지 전달시 이성적(logos), 감성적(pathos), 윤리적(ethos) 접근을 통해 더욱 효과적으로 전달할 수 있다고 했다.

그는 또 메시지의 스타일(style)을 강조했는데, 정확성(corectness), 명확성(clearness), 적합성(appropriateness), 화려성(ornament)을 적절하게 잘 표현하면 보다 설득력 있는 메시지를 전달할 수 있다는 것이다.

아리스토텔레스가 이론적 기초를 세운 삼단논법(三段論法, Syllogism)은 2개의 전제와 1개의 결론으로 형성된다. 삼단논법은 그 전제의 성격에 따라 ① 정언삼단논법(定言三段論法), ② 가언삼단논법(假言三段論法), ③ 선언삼단논법(選言三段論法)으로 구분된다.

일반적으로 삼단논법이라고 하면 정언삼단논법을 말하는데, 예를 들면 다음과 같다.

① 인간은 모두 죽는다. --------------- 대전제
② 소크라테스는 인간이다. ------------ 소전제
③ 따라서 소크라테스는 죽는다. ------ 결　론

여기서 결론은 소크라테스와 죽음의 관계를 말하며 대전제는 인간과 죽음의 관계, 소전제는 소크라테스와 인간의 관계를 말한다.

가언삼단논법은 '만일 A라면 B다', 'A이다', '그러므로 B다'라는 형식을 취하는 논법이다.

선언삼단논법은 'A 또는 B이다', 'A는 아니다', '그러므로 B다'라는 형식을 취하는 논법이다. 그러나 가언삼단논법과 선언삼단논법은 결국 정언삼단논법에 귀착한다는 것이 전통논리학의 입장이다.

아리스토텔레스는 논쟁을 증명하는 방법으로 세 가지를 들었다.

✔ 에토스(ethos) : 강하고 믿을 만한 캐릭터
✔ 파토스(pathos) : 청자의 심리를 뒤흔드는 스타일과 내용
✔ 로고스(logos) : 논점을 증명하기 위한 논리

이것은 일반적인 논리로부터 구체적인 결론을 이끌어낸다는 뜻이다.

5) 로마시대의 레토릭

기원전 500년부터 기원전 300년대까지 고대 그리스는 무역과 과학으로 매우 번영했던 세계에서 가장 발달한 나라였다. 그러나 마케도니아의 알렉산더가 그리스를 멸망시키고, 마케도니아는 또 로마에게 멸망하면서 전 유럽은 로마의 지배하에 들어간다. 로마는 그리스를 정복했지만 오랜 역사의 그리스 문화는 그대로 받아들이면서 로마의 문화를 오히려 그리스화 하는 데 많은 노력을 기울였다. 특히 그리스어는 로마의 상류사회에서 사랑받는 언어가 되기도 했다.

그리스에서 발달한 레토릭은 그리스 문명을 계승한 로마로 접어들면서 더욱 풍부해진다. 로마의 키케로[18]와 퀸틸리아누스[19]는 아리스토텔레스가 설정한 레토릭을 더욱 발전시켰다. 더구나 키케로는 공화정과 제정의 갈등이 정점에 이르렀던 카이사르시대의 사람이라 그의 웅변술은 더욱 부각됐었다.

로마시대에 레토릭과 함께 웅변술이 강조된 것은 정치체제에 원인이 있었다. 로마는 제정 이후까지 현대의 의회인 원로원 중심의 의사결정 구조였으며, 자신의 의견을 관철시키기 위해서는 정책 결정권자들의 모임인 원로원에서의 연설이 영향력을 발휘했다.

로마의 키케로는 현대변론의 기초를 놓은 사람이었다. 키케로의 변론은 정평 있는 수사법과 함께 운율이 있었으며, 감성에 호소하는 장

18) 키케로(Marcus Tullius Cicero, BC106~BC43) : 고대 로마의 문인, 철학자, 변론가, 정치가. 카이사르와 반목해 정계에서 쫓겨나 문필에 종사했으며, 카이사르가 암살된 뒤 안토니우스의 부하에게 암살됨. 수사학의 대가.

19) 퀸틸리아누스(Marcus Fabius Quintilianus, 35?~95?) : 에스파냐 출생. 고대 로마 제정 초기의 웅변가이자 수사학자. 베스파시아누스 황제의 신임을 얻어 제1대 수사학 교수 책임자로 활약.

점이 있어서 청중들의 가슴을 움직여 눈물을 흘리게 할 정도로 감동적인 웅변을 했었다.

로마가 제정으로 이어지면서 레토릭의 공리적인 기능이 다소 약해지고 미적인 기능이 우세하게 된다. 중세로 접어들면서 레토릭은 순수문학의 경향이 강해지고, 지도층의 필수과목으로 위치를 차지하기도 했으나, 19세기를 휩쓴 실증주의와 낭만주의에 의해 결정적인 쇠퇴기를 맞이하게 된다.

6) 중세의 레토릭

고대에서 근대에 이르는 중간의 시대를 중세라 한다. 한국의 경우는 고려시대를 말하고, 서양에서는 민족 대이동부터 동로마제국이 멸망할 때까지인 5세기부터 15세기경을 말한다.

중세 레토릭의 전통은 신성로마제국[20)]샤를마뉴 대제[21)]의 보좌역이었던 알퀸(Alcuin)[22)]의 작업에서 찾을 수 있다. 그의 가장 유명한 작업은 그의 제자이자 황제였던 샤를마뉴와의 대화형태로 씌어졌다. 주로 키케로를 해석하는 것으로, 로마 수사학에서 전형적으로 논의된 개념을 따르고 있다. 수사학은 정치를 목표로 하는 의도적인 수사학,

20) 신성로마제국 : 962년 오토 1세부터 1808년까지 독일 국가원수가 황제칭호를 가진 독일제국의 정식 명칭. 고대 로마의 전통보존자인 그리스도교와 일체라는 뜻에서 신성(神聖)이라는 말을 붙였음. 실제로 신성로마제국 호칭은 15세기부터였으며, 이전에는 제국 또는 로마제국이라 불렸음.

21) 샤를마뉴(Charlemagne, 742~814)대제 : 서로마 제국의 황제. 게르만 민족을 통합하고 영토를 확대. 800년 로마교황으로부터 서로마 제국의 제관(帝冠)을 받음.

22) 알퀸(Alcuin, 735~804) : 샤를마뉴가 프랑크제국 학술진흥을 위해 브리타니아(영국)에서 초빙해온 대학자, 성직자.

법적인 탄원에 관심을 두는 변론수사학, 칭찬과 비난을 목적으로 하는 직증적(直證的)인 수사학의 세 가지 장르로 이루어져 있다. 알퀸은 레토릭을 창조, 조합, 스타일, 전달, 기억이라는 분야의 전통적인 키케로식의 초점으로 기술했다(김영임, 1999).

중세 수사학의 장르에서 가장 영향력 있는 인물은 성 아우구스틴(Augustine, 354~430)이었다. 아우구스틴 같은 수사학자에게 창조란 성스러운 작품을 해석하고 표현하는 것이고 조합은 가장 효과적인 설교문을 만들어내는 것이었다.

아우구스틴의 기독교 수사학에서는 스타일과 단어의 선택을 특히 중요시했다. 또한 글쓰기는 중세사회에서 실용적 필요에 의해 채택된 장르다. 원거리 커뮤니케이션을 위해서 글을 통한 커뮤니케이션이 필요하게 된 것이다. 이러한 사회적 요구 때문에 수사학 기술은 말에서 글을 통한 커뮤니케이션으로 확장됐다.

중세시대 수사학에 영향을 미친 또 한 분야는 시작법(詩作法) 기술이었다. 중세 수사학의 문법적인 장르는 전통적인 라틴어의 구문법칙과 라틴어의 시작법을 연구하는 데 주안점을 두었고, 설득에서 시의 영향력은 여전히 존재했다.

7) 근대와 현대의 레토릭

근대는 세계사에서 봉건시대나 봉건사회가 끝나고 자본주의의 형성이나 시민사회가 성립된 17~18세기 이후로 본다. 근대에서 현대로 들어오면서 수사학은 토론에서의 승리를 위해 필수적이었다. 근대 영국 의회토론의 기초를 닦은 이는 학자이자 정치인이었던 프란시스 베이컨(Francis Bacon)이다. 베이컨은 영국 의회의 민주적 정치 기능을 강조했으며, 의회토론의 중요성을 역설했다. 영국의 의회토론은 18세기 들어 민주주의의 진전과 함께 크게 발달한다.

18세기 중엽 영국에서는 여러 가지 형태의 토론클럽이 생기면서 당시 정치에서 소외되었던 중산층 출신의 회원들이 많이 가입해 정치 · 사회적 도약의 발판으로 삼았다. 이후 영국은 의회정치를 통해 토론이 발달하게 되며, 토론의 기술과 능력은 영국의회 의원의 기본 소양이 됐다. 영국의회 토론은 형식적인 면에서 전통과 규율을 인정하면서도 내용적인 면에서는 독립성과 자율성을 중시한다.

역사상 현대라는 시기는 사상(思想)을 비롯한 문명과 문화 등이 현재와 같다고 생각되는 때로부터 현재까지의 기간을 말한다. 한국에서는 1945년 광복 이후부터 현재까지, 동양사에서는 중국의 1911년 신해혁명(辛亥革命) 이후 현재까지, 서양사에서는 제1차 세계대전[23] 종전 이후 현재까지를 말한다.

현대에 들어서는 스위스 언어학자인 소쉬르를 비롯해서 바르트,[24] 에코[25] 등이 기호를 통한 의미의 생성과 교환에 관심을 둔 기호학을 발전시켜 왔다. 현대적인 레토릭 이론은 기호학, 특히 모리스(Charles

---

23) 1차세계대전 : 1914년 7월 28일 오스트리아가 세르비아에 대한 선전포고로 시작돼 1918년 11월 11일 독일의 항복으로 끝난 세계적 규모의 전쟁. 영국 · 프랑스 · 러시아 등의 연합국과 독일 · 오스트리아의 동맹국 양진영의 전쟁.

24) 바르트(Roland Gérard Barthes, 1915~1980) : 프랑스 평론가. 파리대학 교수 역임. 신비평의 대표적 학자로 사회학 · 정신분석 · 언어학의 성과를 활용한 이론을 전개함. 저서로 '비평과 진실', '기호학 개론' 등.

25) 에코(Umberto Eco, 1932~) : 이탈리아의 기호학, 철학, 역사학, 미학자. 이탈리아어와 영어, 프랑스어, 독일어, 라틴어, 그리스어, 러시아어, 에스파냐어까지 통달한 언어의 천재. 다 빈치 이래 최고의 르네상스적 인물이라는 칭호를 얻고 있음. 저서는 '기호학이론(A Theory of Semiotics)', 장편소설 '장미의 이름' 등이 있음.

William Morris)[26]의 이론에 큰 영향을 받고 있으며, 20세기 중반에는 언어학자인 촘스키(Noam Chomsky)[27] 등에 의해 발전되고 있다.

8) 수사법

현대에 와서 레토릭은 재발견되고 있으며, 주로 설득의 틀에서 많이 활용되고 논의되고 있다. 한편으로는 철학적 문학비평의 입장에서 사유(思惟)와 표현을 함께 고찰하는 문체론적 연구가 종래의 수사학을 대신하고 있다. 수사학(修辭學)은 독자에게 감동을 줄 수 있게 글을 수사하는 방법과 이에 관련된 현상을 연구하는 학문이다. 또한 말이나 글을 꾸미고 다듬는 기교나 방법은 수사법(修辭法)이라고 한다.

수사법의 주요 분야는 다음과 같다(김상준 외 2005).

(1) 비유법

비유법(比喩法·譬喩法)은 수사법의 하나로 이해를 빨리 하게 하고 표현에 멋을 내기 위해 비유를 쓰는 법이다.

비유법에는 직유법(直喩法), 은유법(隱喩法), 풍유법(諷諭法), 대유법(代喩法), 활유법(活喩法), 의인법(擬人法), 의성법(擬聲法), 의태법(擬態法), 중의법

26) 모리스(Charles W. Morris, 1901~1979) : 미국 철학자. 기호학의 견지에서 세계 대사상의 유형분류를 꾀했고, 통사론(統辭論)·의미론(意味論)·실용론(實用論)의 기호론 3분법 제창. 저서 '기호이론의 기초', '기호·언어·행동'.

27) 촘스키(Avram Noam Chomsky, 1928~) : 미국 언어학자. 변형생성문법 이론의 창시자. 구조언어학을 주류로 하는 언어학계에 새바람을 불어넣은 '언어학 혁신의 아버지'라 불림. '언어 이론의 논리적 구조', '통어론적 구조', '통어이론의 제상' 등으로 생성문법 이론을 체계적으로 발전시켰음. 주요저서에 '생성문법 이론의 여러 문제(Topics in the Theory of Generative Grammar, 1966)', '언어와 정신(Language and Mind, 1968)' 등이 있음.

(重義法) 등이 있다.

(2) 강조법

강조법(强調法)은 수사법의 한 가지로 표현하려는 내용을 강하고 뚜렷하게 나타내서 읽는 사람에게 뚜렷한 인상이 느껴지게 하는 표현방법이다.

강조법은 과장법(誇張法), 영탄법(詠嘆法), 반복법(反復法), 점층법(漸層法), 점강법(漸降法), 대조법(對照法), 현재법(現在法), 미화법(美化法), 열거법(列擧法), 비교법(比較法), 억양법(抑揚法), 생략법(省略法), 연쇄법(連鎖法) 등이 있다.

(3) 변화법

변화법(變化法)은 논리학에서 환원법(還元法)이라고도 하는데, 정언적(定言的) 삼단논법에서 환위법(換位法)이나 대소전제(大小前提)의 위치교환에 의해 제2·제3·제4격(格)을 제1격 본위형태로 하는 방법이다. 그러나 수사법에서는 변화법이라는 말을 주로 사용하고 있다.

변화법에는 설의법(設疑法), 인용법(引用法), 도치법(倒置法), 대구법(對句法), 반어법(反語法), 문답법(問答法) 등이 있다.

3. 성인들의 언어관과 설득

1) 석가모니의 설득

석가모니는 세상을 살아가는 두 가지 극단의 길, 육체의 요구에만 따르는 쾌락의 길과 육체를 너무 학대하는 고행의 길을 버리고 중도(中道)를 배워야 한다고 말했다. 그리고 중도란 무엇인지를 제시했다.

중도란 '바른 견해, 바른 생각, 바른 말, 바른 행위, 바른 직업, 바른 노력, 바른 기억, 바른 명상'이라고 했다. 그는 또 수행의 길을 걷고 있는 수행자들에게 '처음도 훌륭하고, 중간도 훌륭하고, 마지막도 훌륭하며, 내용도 있고, 말도 다듬어진 설법을 하라.'고 말하고 있다(정순일, 1998).

중도의 조건 중에서 '바른 말과 바른 행위'는 스피치 커뮤니케이션의 가장 기본적인 조건이다. 올바른 커뮤니케이션은 바로 중도의 길이라 할 것이다.

불교 경전의 하나인 잡보장경(雜寶藏經)에는 석가모니가 돈이 없어도 베풀 수 있는 일곱 가지(無財七施)를 강조하는 내용이 나온다. 여기에도 말의 중요성을 비롯해서 말이 아니라 몸과 마음으로 말하는 비언어적 커뮤니케이션의 중요함을 강조하고 있다.

> "첫째는 화안시(和顔施), 얼굴에 화색을 띠고 부드럽고 정다운 얼굴로 남을 대하는 것이요.
>
> 둘째는 언시(言施), 말로써 얼마든지 베풀 수 있으니 사랑의 말, 칭찬의 말, 위로의 말, 격려의 말, 부드러운 말 등이다.
>
> 셋째는 심시(心施), 마음의 문을 열고 따뜻한 마음을 주는 것이다.
>
> 넷째는 안시(眼施), 호의를 담은 눈으로 사람을 보는 것처럼 눈으로 베푸는 것이요.
>
> 다섯째는 신시(身施), 몸으로 때우는 것으로 남의 짐을 들어준다거나 일을 도우는 것이요.
>
> 여섯째는 좌시(座施), 자리를 내주어 양보하는 것이요.
>
> 일곱째는 찰시(察施), 굳이 묻지 않고 상대의 속을 헤아려서 도와주는

것이다."

석가모니는 이 말에 덧붙여 '네가 이 일곱 가지를 행해서 습관이 붙으면 너에게 행운이 따르리라'고 말하고 있다.

종교의식의 하나로 설법이나 설교는 가장 효과적이고 영향력 있는 스피치 커뮤니케이션의 하나라 할 것이다. 설교나 설법은 종교에서 교리(敎理)나 종지(宗旨)를 사람들에게 전하거나 신도들에게 가르치기 위해 경전(經典) 등을 풀어 이야기하는 행위를 말한다.

불교에서는 '설법(說法) · 설계(說戒) · 설경(說經)'이라 하고, 가톨릭에서는 강론(講論)이라 하며, 개신교에서는 설교라 한다.

불교에서는 '십주비바사론'[28]에서 설법자의 자세로 '높은 좌에 오르기를 바라면 우선 마땅히 대중을 공경예배하고 그런 연후에 자리에 오를 것'을 제시하고 있다. 설법을 할 때 높은 자리에 오르더라도 대중을 공경하라는 말은 의사소통 과정의 중요한 구성요건인 청자(聽者)에 대한 자세를 말하는 것이다.

또한 '우바새계경'에서는 설법자의 마음가짐으로 열여섯 가지를 제시하고 있다(정순일, 1998). 이 16개 항을 보면 역시 불교에서 말하는 대중(大衆), 즉 커뮤니케이션에서 말하는 청자에 대한 배려가 중심이 된다.

① 때에 맞게 설하라.
② 지극한 마음으로 설하라.

---

28) 십주비바사론(十住毘婆沙論) : 인도 불교학자 용수(龍樹 : 약 150~250)가 '화엄경'의 '십주품'을 해설한 불교서적.

③ 차례에 맞추어 설하라.
④ 화합해서 설하라
⑤ 의로움에 따라 설하라.
⑥ 기쁜 마음으로 설하라.
⑦ 뜻<義>에 따라 설하라.
⑧ 청중을 가벼이 여기지 않고 설하라.
⑨ 대중을 꾸짖지 말고 설하라.
⑩ 법에 맞게 설하라.
⑪ 자타가 이롭게 설하라.
⑫ 산란하지 않게 설하라.
⑬ 뜻에 합당하게 설하라.
⑭ 진정으로 설하라.
⑮ 설하고 교만하지 말라.
⑯ 설하고 세상의 보답을 바라지 말라.

2) 공자의 설득

공자의 '말에 대한 말' 중 자주 인용되는 말은 '교언영색(巧言令色)'이라는 말이다. 이 말은 '자왈교언영색선의인(子曰巧言令色鮮矣仁) : 말을 교묘하게 하고 얼굴빛을 상냥하게 꾸미는 사람치고 어진 사람은 드물다'에서 나온 말이다.

공자의 언행을 기록한 논어의 전체 20편 499절 중 51절, 약 10퍼센트가 개인화법에 관한 것이다. 커뮤니케이션 행위에 비교한다면 연설·토의·토론 등 집단 커뮤니케이션이 아닌 대인 커뮤니케이션에 관한 내용이다(이주행, 2002).

현대 커뮤니케이션 학자들이 언어를 의사소통의 도구로 간주하는 바와 같이 공자도 언어를 의사소통의 도구, 즉 사람이 인간관계를 맺기 위한 도구로 본 것이다.

공자는 '말을 알지 못하면 사람을 알지 못한다.(不知言 無以知人也 부지언 무이지인야<논어 학이편>)'라고 했다. 이 말은 사람들이 사용하는 말은 그의 사람됨을 드러내는 통로가 된다는 것으로 해석할 수 있다. 말이나 언어를 통해 사람을 안다는 것은 말이나 대화 속에 화자의 마음이 드러나고, 청자는 그 마음의 옳고 그름을 화자의 언행을 통해 판단하기 때문이다.

공자는 '예가 아니면 말하지 말라.(非禮勿言 비례물언)'고 했다.

그는 또 말을 하더라도 적절한 말을 해야 한다고 권한다.

"더불어 말할 수 있는데도 말하지 않으면 사람을 잃고, 더불어 말하지 말아야 하는데 말을 하면 말을 잃게 된다." <논어 위영공편>

"자신이 말해야 할 때가 아닌데 말을 하는 것은 조급해 하는 것이요, 말해야 하는데 말하지 않는 것은 회피하고 숨기는 것이요, 상대의 안색을 살피지 않고 말하는 것은 눈치 없는 것이라 한다." <논어 계씨편>

언어생활에서 부적절한 말을 하지 말도록 권한 내용은 다음과 같다.

"공자께서 전혀 하지 않는 일 네 가지가 있다. 지레짐작으로 억측하지 않으며, 반드시 틀림없다고 장담하지 않았으며, 자기 의견만을 고집하지 않았으며, 매사를 자기중심으로 처리하지 않으셨다." <논어 자한편>

"공자께서 괴이한 일, 힘쓰는 일, 도리에 어긋난 일, 그리고 귀신에 대해서는 말하지 않으셨다." <논어 술이편>

"공자는 이익과 천명과 인에 대해서 말하는 일이 드물었다." <논어 자한편>

"제자가 죽음에 대해서 물었다. 공자는 '아직 삶을 알지 못하는데 어떻게 죽음을 알겠는가.'라고 했다." <논어 선진편>

공자는 말하는 자세, 즉 커뮤니케이션적인 면에서 본다면 비언어 커뮤니케이션적으로도 신중한 모습을 보였다. 그는 말하는 대상에 따라, 혹은 장소에 따라 성량을 달리 하고 좁은 공간에서는 조용하게 말을 했다.

"공자가 조정에서 하대부들과 말할 적에는 강직한 모습이었고, 상대부들과 말할 적에는 화기애애한 모습이었으며, 임금이 나오면 공경하는 태도로 위의(威儀)를 세워 태연한 모습이었다."(이주행, 2002)

"군자는 아홉 가지 생각하는 것이 있다. 사물을 볼 때는 분명히 볼 것을 생각하고, 들을 때는 분명히 들을 것을 생각하고, 표정은 온화하게 할 것을 생각하고, 태도는 공손하게 할 것을 생각하고, 말은 성실히 할 것을 생각하고, 행위는 신중히 할 것을 생각하고, 의심나는 것에는 물어보기를 생각하고, 화가 날 때는 환난당할 것을 생각하고, 이득에 임해서는 정당한가를 생각한다." <논어 계씨편>(고대혁, 2006 재인용)

'화가 날 때는 환난 당할 것을 생각하라'는 말은 아무리 옳은 말을 하더라도 화가 난 상태에서는 환난을 당할 염려가 있다는 지극히 현실적인 생활인의 자세를 강조한 말이다.

공자는 또 나라에 도가 있느냐, 없느냐에 따라 말을 달리해야 한다고 했다. 나라에 도가 있어서 받아들이면 직언을 해도 좋지만 도가 없는 나라에서는 오히려 직언이 화를 입게 되니 조심해야 한다는 것이다.

"나라에 도가 있을 때에는 대담하게 말하고 대담하게 행동해야 하지만 나라에 도가 없을 때에는 행동은 대담하되 말을 겸손해야 한다.(子曰 邦有道 危言危行 邦無道 危行言遜(자왈 방유도 위언위행 방무도 위행언손))" <논어 헌문편>

공자의 이 말은 한비자(韓非子)의 역린(逆鱗)에 관한 비유와도 통한다. 역린이란 '제왕의 노여움'을 일컬으며 한비자의 세난편(說難篇)에 나오는 말이다.

용(龍)은 잘 길들이면 올라탈 수도 있지만, 목 아래 다른 비늘과 반대 방향으로 나 있는 직경 한 자쯤 되는 역린이 있는데, 이것을 건드리면 목숨을 잃는다고 한다. 용과 비유할 수 있는 제왕도 역린이 있어 말하는 사람이 이 역린만 건드리지 않으면 목적을 달성할 수 있다고 했다.

한비자의 '역린론'은 때와 장소에 따라 말을 삼가라는 스피치 커뮤니케이션의 원칙을 강조한 말이다.

3) 예수의 설득

예수[29]는 사람들에게 관심이 많았다. 그래서 예수의 교훈 중 상당 부분이 사람들과의 관계를 어떻게 유지할 것인가에 대해 가르치고 있다.

29) 예수 그리스도(Jesus Christ, BC 4?~AD 30) : 그리스도교의 개조(開祖). 별칭 하느님, 야훼. 예수라는 이름은 헤브라이어이며, '하느님(야훼)은 구원해 주신다'라는 뜻이고, 그리스도는 '기름부음을 받은 자', 즉 '구세주"를 의미함. 예수(Jesus)는 고대 그리스어 이에수스(Ἰησους)의 라틴어 표기이며, 이에수스는 다시 히브리어 여호수아(Jehoschua) 혹은 예슈아(Jeschua)를 고대 그리스어로 옮긴 말.

예수의 군중에 대한 가르침은 대부분 비유적 표현을 사용하고 있다.

성경에는 수사학이라는 개념은 나타나 있지 않지만, 그 속에는 은유법, 과장법, 활유법 등 수사법의 모든 영역이 동원돼 있음을 알 수 있다. 예수는 자신이 친히 세운 제자들에게는 자신의 말에 대한 지속적인 피드백[30)]을 요구하면서 반응을 물어보고 있다. 당일의 가르침을 조용한 시간에 제자들에게 다시 질문함으로써 어떻게 이해하고 있는지 파악하는 형태로 설득력에 대한 확인을 했었다.

"예수께서 가이사랴 빌립보 지방에 이르러 제자들에게 물어 가라사대 사람들이 인자는 누구라 하느냐. 가로되 더러는 세례 요한, 더러는 엘리야, 어떤 이는 예레미야나 선지자 중의 하나라 하나이다. 가라사대 너희는 나를 누구라 하느냐. 시몬 베드로가 대답하여 가로되 주는 그리스도시오 살아계신 하나님의 아들이시니이다. 예수께서 대답하여 가라사대 바요나 시몬[31)]아 네가 복이 있도다. 이를 네게 알게 한 이는 혈육이 아니요 하늘에 계신 내 아버지시니라. <마태복음 12:13~17>"

예수는 당시 로마의 식민통치로 인해 고통 받은 이스라엘 민족의 마음을 대화를 통해 치유하는 데에 집중했다. 그의 대화는 심리치료 화법과 육체적인 질병을 치료하는 화법이었다. 그래서 '예수는 역사상 최고의 심리학자'라고 하는 학자도 있다.

예수는 자신의 말에 대한 피드백에 관심을 가지면서, 제자들에게 반응할 기회를 제공하고 있다. 또한 제자들을 비롯한 자신을 따르는

30) 피드백(feedback) : 어떤 원인에 의해 나타난 결과가 다시 원인에 작용해 그 결과를 줄이거나 늘리는 '자동조절 원리'를 말함.

31) 바요나는 요나의 아들이라는 말.

사람들이 성취한 일에 대한 피드백도 확실히 한다. 제자들이 성취한 일에 대해 칭찬하는 것은 제자들의 성과와 행동을 인정하는 행위이다. 그것으로 제자들에게 동기유발의 기회를 주는 것이다.

예수는 수많은 군중을 상대로 대화할 때는 대화상대에 완전히 집중했다. 상대와 대화하는 순간만은 그 사람이 이 세상에서 가장 소중한 존재로 인정한 것이다. 예수의 대화는 대화자체를 넘어서 서로 공존하고 살아가는 삶의 영역을 다루며, 그 당시 시대상황에서 민중들이 가장 고민하고 아파하던 문제들을 대화를 통해 해결하는 공생의 매개물이었다(안인숙, 2003).

제 4 장

스피치 커뮤니케이션의 이론과 실제

1. 스피치의 불안감 해소
2. 대화형 스피치
3. 연설형 스피치

제4장

스피치 커뮤니케이션의 이론과 실제

1. 스피치의 불안감 해소

우리 생활의 모든 활동은 일종의 커뮤니케이션이다. 동물 중에서 인간만이 말하는 재능을 가지고 있으며, 자신의 개성적인 표현은 스피치를 통해 가장 잘 나타낼 수 있다. 뜻하는 바를 분명하게 나타내지 못하고, 긴장하고 겁먹고 당황하게 되면, 개성을 발휘하지 못하고 자신을 잘못 이해시키게 된다.

인간이 가장 두려워하는 것 중의 하나가 대중 앞에서의 연설이라고 한다. 특히 마이크에 대한 공포와 카메라에 대한 공포는 스피치를 위축시키는 가장 큰 요인이 된다. 스피치에 대한 공포증으로는 마이크와 카메라뿐만 아니라 배우들의 무대 공포증(stage fright)도 있다.

화법이나 스피치에 관한 이론서의 대부분은 마이크 공포증(michrophone phobia, mike fright)을 없애는 방법을 다양하게 제시하고 있다. 그 중에는 인간 이하의 커뮤니케이션을 권하는 내용도 있다.

- ✔ 청중을 아무 것도 아니라고 생각하라.
- ✔ 청중을 사람이라 생각하지 말고 콩나물 대가리라고 생각하라.
- ✔ 청중을 마네킹이라고 생각하라.
- ✔ 마이크나 카메라를 단순한 쇳덩어리라고 생각하라.

이런 마음으로 청중과 관중을 대하게 된다면 공포는 없어질지 모르지만 효과적인 스피치를 하기는 어려울 것이다. 스피치는 콘텐츠도 중요하지만 그 콘텐츠를 전달하는 자세, 즉 비언어적 커뮤니케이션도 중요한 요소이기 때문에 청중을 존경의 대상으로 삼지 않고 무시하는 자세를 가진다면 좋은 스피치가 될 리 없다.

마이크 공포를 없애기 위해서는 커뮤니케이션에 대한 대상을 어떻게 보느냐 하는 것에서 한 걸음 나아가 예식장이나 동창회 모임 등 자신과 친근한 사람들이 많이 모이는 곳에서 공포증을 없애는 실습이 훨씬 좋은 훈련이 될 것이다. 많은 하객이 모여 있는 예식장에서 사회자석의 마이크를 잡고 몇 마디 안내를 하는 것이다.

"하객 여러분께 안내말씀 드리겠습니다. 잠시 후 ○○○군과 ○○○양의 혼인예식을 거행하겠습니다. 뒤에 서계시는 하객 여러분께서는 자리에 앉아주시기 바랍니다."

이 정도의 안내방송이라면 예식장 측 진행요원과 사회자의 양해를 받아 해 볼 수 있을 것이다. 너무 짧다고 느껴지거나 자신이 붙으면, '다시 한번 말씀 드리겠습니다' 하고 나서 몇 번 더 안내방송을 할 수 있다.

화법과 연설의 달인인 데일 카네기(D. Carnegie)는 연설을 수영에 비유했다(Carnegie, 1993; 최염순 역, 1993).

카네기는 '물에 들어가지 않으면 헤엄을 칠 수 없는 것과 마찬가지로 실제로 사람들 앞에서 말을 해보지 않고는 화술을 습득할 수 없다.'고 말하고, 연설연습에 대한 버나드 쇼[1]의 예를 들었다. 버나드 쇼는 설득력 있는 연설에 대해 '그것은 스케이트를 배우는 요령과 같다. 아무리 남이 웃더라도 겁내지 않고 연습을 끈기 있게 하면 된다.'라고 했다는 것이다.

쇼는 젊었을 때 내성적인 사람이었는데, 어느 토론회에 가입해서 런던 시내에서 공개 토론의 프로그램이 있는 회합에는 반드시 출석해 적극적으로 참가하는 등 노력한 결과 자신에 차고 재치 있는 웅변가의 한 사람으로 바뀌었다는 것이다.

카네기는 무대 공포증을 극복하고 자신감을 얻기 위해 다음과 같은 충고를 하고 있다.

첫째, 대중연설 공포증에 대한 실체를 알아야 한다.

대중 앞에서는 누구나 공포증을 느낀다. 미국 대학의 화술과정 학생들의 80~90%가 연단 공포증으로 고민하고 있다는 것이다.

둘째, 어느 정도의 무대 공포증은 유익할 수도 있다.

무대나 연단에서 심장의 고동이 빨라지고 숨결이 거칠어진다는 것

---

1) 버나드 쇼(George Bernard Shaw, 1856~1950) : 영국 아일랜드 출신 극작가 겸 소설가, 비평가. '인간과 초인(Man and Superman)'으로 세계적인 극작가가 됐으며, 노벨문학상 수상. '피그말리온(Pygmalion, 1913)'은 영화 'My Fair Lady'의 원작. 영화는 1964년 G. 큐커 감독, A.헵번과 R.해리슨 주연으로 8개 부문의 아카데미상 수상. 언어학자 히긴스 교수가 런던의 꽃파는 소녀에게 언어교육을 시켜 6개월 만에 귀부인으로 만들고, 그녀와 맺어지는 이야기.

은 당연한 일이다. 그것은 외부의 자극에 대해서 민감한 육체가 활동을 개시할 준비를 하고 있는 것이다. 이런 생리적인 준비가 적당히 갖춰져야만 평상시보다 민첩하게 두뇌를 작동시켜 거침없이 말할 수 있다.

셋째, 연설이나 강연의 전문가도 무대 공포증은 있다.

전문가도 무대 공포증은 있게 마련인데, 오히려 항상 자신만만하고 냉정한 사람일수록 청중과의 친화력이 떨어지는 경우가 있다.

넷째, 연설이 두려운 것은 타인 앞에서 이야기하는 것이 익숙하지 않기 때문이다.

'무대 공포증은 무지와 불안의 사생아이다.'라는 말이 있다. 수영이나 테니스, 자동차 운전에 익숙하려면 연습에 연습을 거듭하는 길밖에 없다. 그리고 연설에 대한 성공의 기억을 쌓아가는 것이다.

대중 앞에서 연설할 때 두려운 일의 하나는 연설 중 다음 말이 생각나지 않으면 어떻게 할 것인가에 대한 두려움이다. 이때는 '침묵도 메시지'라는 말을 생각해야 한다. 침묵은 기대심리를 자극하고, 카리스마를 창조하며, 신뢰감과 권위를 높일 수도 있다.

나폴레옹은 침묵의 효과를 잘 활용했다. 그는 출정에 앞서 병사들을 모아놓고 처음 수십 초 동안 아무 말도 하지 않고 주위를 둘러보곤 했다. 짧은 시간이지만 병사들은 나폴레옹이 매순간마다 커지는 느낌을 받았다고 한다. 그는 세계역사상 가장 강력한 리더십을 갖춘 인물 중 한 사람이다(Humes, 2002).

방송 초창기에는 모든 방송이 녹음·녹화가 아닌 생방송이었기 때문에 제작진들은 출연자들에게 자연스런 스피치나 행동을 할 수 있도록 많은 배려를 했다. 미국에서는 방송하는 사람들이 스튜디오나 방송 기자재, 혹은 기술진들로부터 겁을 먹고 주눅 들지 않도록 하기 위해 스튜디오를 가구가 갖추어져 있는 거실처럼 꾸몄다고 한다. 특히 마이크는 종종 큰 가정용 나무화분에 숨기는 경우가 많았다. 그래서 그 시대를 '화분에 심겨진 야자수의 시대(potted palm era)'라고도 불렀다는 것이다.

북한의 방송원을 위한 교본인 '방송원화술'에서는 '지나친 긴장과 긴장을 푸는 방도'라는 제목으로 화술(화법, 스피치)에서의 공포에 대해 자세하게 안내하고 있다(박재용 · 김영황, 1988).[2] 요점만 간추리면서 가능하면 한글맞춤법에 맞도록 일부 수정해서 소개한다.

> "긴장은 사람들의 의식영역에서 반드시 동반하여야 할 정신적인 작용이다. 화술은 자기의 머리로 창조하는 정신노동이다. 의식적인 긴장이 높아야 화술형상의 목적을 성과적으로 수행할 수 있지만, 긴장성을 늦추면 무슨 말을 하는지조차 의식하지 못하고 글자만을 읽게 된다. 긴장이 지나치면 대뇌피질에도 경련상태가 조성돼 육체적으로 경련이 일어나 자기 기능을 수행하지 못한다. 지나친 긴장은 일반적으로 주의집중이 지나쳤을 때, 위구심, 공포감에 사로잡혔을 때, 준비정도에 비해 욕망이 지나칠 때 오게 된다. 방송원의 경우를 놓고 보면 생방송할 때 틀리지 않으려고 주의집중이 지나치면 오히려 발음이 더 굳어지고 글자가 더 부옇게 보이는 때가 있다. 사전준비 없이 마이크 앞에 앉았을 때나 대중무대에 나섰을 때 준비부족에 대한 두려움과 그 후과에 대한 공포심으로 해서 숨이 턱에 닿고 온 몸이 떨린다."

2) '방송원화술'의 집필자 박재용은 조선중앙방송위원회 심사자이며 박사, 김영황은 평양연극영화대학 방송화술강좌 박사. 이 책은 인민방송원 준박사 리상벽과 부교수 김수희, 공훈방송원 신덕홍 등 방송화술전문가들이 참가했다고 소개하고 있음.

이렇게 긴장에 대해 소개하고, 이어서 긴장을 푸는 방법을 다음과 같이 소개하고 있다.

> "지나친 긴장을 푸는 방법은 사람마다 다르다. 무엇보다 중요한 것은 자신심(자신감)을 가지는 것이며 자신이 있도록 준비를 잘 하는 것이다. 지나친 긴장이 올 때 누구나 숨이 차고 힘살이 굳어지며 떨린다. 심한 경우에는 오한까지 날 수 있다. 이런 때에 한숨과 같은 숨을 여러 번 쉬면서 기지개를 켜는 것처럼 가슴을 쩍 벌리면 턱 밑에 뭉쳤던 숨이 내려간다. 따라서 굳어졌던 근육도 풀리기 시작한다. 또한 지나친 긴장을 푸는 방법의 하나는 심장안정제와 같은 약을 먹고 출연하는 것이다. 원고 없이 대중 앞에 나서는 방송원은 적중한 상비약을 가지고 다니는 것도 좋을 것이다. 긴장이 극도에 이르면 졸도할 수 있기 때문이다."

긴장을 푸는 방법을 소개하면서 '상비약'이 필요하다고 했으나, 이것은 지나친 처방이라 할 수 있다. 이것은 언어를 의사소통의 도구로 보는 자유세계의 언어관과는 달리 언어를 혁명의 도구로 보고 방송원들에게 전투적인 기백이 넘치게 방송해야 한다고 교육하는 북한의 처지를 엿볼 수 있는 내용이다. '방송원화술'에서는 '화술창조는 혁명적이며 전투적인 억양과 어조로 말에서 당성, 로동계급성, 인민성을 구현하는 것'이라고 규정하고 있다.

홀초이(Holzheu, 2003)는 긴장해소를 위한 호흡법을 권하고 있다.

① 코를 통해 폐에 공기가 가득 찰 때까지 숨을 깊이 들이 마신다.
② 가득 찬 공기를 한꺼번에 쏟아 내듯 입으로 내쉰다.
③ 그런 다음 평상시처럼 자연스럽게 호흡할 때까지 기다린다.
④ 이렇게 3·4회 반복하면 평정을 찾게 된다.

대중연설이나 무대에서의 공포는 바로 남들 앞에서 망신 당하기 싫은 본능이나 자존심 때문이다. 우리는 남들 앞에서 잠시 바보가 되더라도 내 인생이 끝장나는 것이 아님에도 겁을 먹게 된다. 그러나 이 정도의 두려움은 무시하면 스스로 물러나기도 한다.

'두려움이 오면 그저 무시하라. 그저 해보라.(Feel the fear, and do it anyway!)'고 권하는 퍼블릭 스피킹 전문가들도 있다.(http://blog.daum.net/jh3choi)

이렇게 하더라도 청중에 대한 두려움이 완전히 가시지는 않을 것이다. 그러나 두려움을 완전히 떨쳐버릴 수 있다는 자만심은 금물이다. 고양이 앞에서 겁을 먹지 않는 생쥐는 수명이 짧다는 말이 있다.

디즈니사의 TV 만화 '슈퍼 마우스'에 등장하는 작은 슈퍼맨 복장을 한 까만 꼬마 생쥐 슈퍼 마우스, '톰과 제리'라는 프로그램에서 장난스러운 동작과 뛰어난 재치를 발휘하는 작은 쥐 제리 등은 자연을 거스르는 인위적인 캐리커처(caricature)들이다.

집안의 어른, 존경하는 스승, 사랑을 고백해야 할 사람, 회사제품을 계약해야 할 구매자, 나의 연설을 기다리는 청중 등을 대상으로 슈퍼 마우스와 제리처럼 손뼉치며 깔깔거릴 수는 없다.

어떤 경우이거나 나의 말을 들어줄 청자에게는 꽃다발을 안기는 마음으로 대해야 한다. 사람이 곧 하느님이라고 보는 천도교의 중심교리인 인내천(人乃天[3])의 자세로 상대방을 존중한다면, 상대방은 바다처

3) 인내천(人乃天) : 사람이 곧 하느님이며 만물이 모두 하느님이라고 보는 천도교(天道教)의 중심 교리. 경천(敬天) · 경인(敬人) · 경지(敬地)를 주장함으로써 하늘과 땅과 사람을 일체로 보는 것임.

럼 넓은 도량으로 나의 허물까지도 해량해 줄 것이라는 안도감을 느끼도록 해야 할 것이다.

2. 대화형 스피치

1) 대화의 개념

대화는 스피치 커뮤니케이션의 기본이 되는 의사소통의 한 형태로써, 면대 면으로 마주하거나 전화를 비롯한 온라인을 통해 서로 말을 주고받는 것을 말한다.

일반적으로 스피치 커뮤니케이션이라 하면 퍼블릭 스피킹(public speaking)이나 연설(address)을 생각하기 쉽다. 퍼블릭 스피킹도 '퍼블릭'은 '공중의, 일반 국민의, 공공의, 공공에 속하는' 등으로 해석하고 있으며, '스피킹'은 '담화, 연설' 등으로 해석하는 경향이 있다. 그러나 스피치(speech)는 이야기라는 의미로 쓸 때는 '담화(talk), 회화'라는 의미로 사용하고, 연설이라는 의미로 사용할 때는 '인사, 강연'이라는 말로 해석한다.

그러나 스피치의 기본은 대화이다. 대화를 나타내는 말도 여러 가지가 있다. 예를 들면 대화 이외에 '회화, 담화, 담소, 환담'이라는 말이 의미나 뉘앙스를 달리하면서 사용되고 있다. 대화를 지칭하는 낱말에 상응하는 영어로는 'conversation, discourse, dialogue' 등이 있다(박용익, 2001).

'대화'의 사전적 설명은 '마주 대해 이야기함. 또는 그 이야기'로

돼 있다.

'회화'는 한국어 일상어에서 일상적인 사람과 사람의 의사소통 행위를 지칭하는 경우는 거의 없고, '외국어로 말하기'라는 의미를 가지고 있다.

'담화'는 '서로 이야기를 주고받음'이라는 뜻과 '한 단체나 개인이 어떤 일에 대해 그의 의견이나 태도를 분명히 하기 위해 하는 말'을 뜻한다.

'담소'는 특히 '웃으면서 이야기함'이라는 뜻으로 쓰인다.

이상의 대화들은 음성언어적 기호를 주고받는 것을 말한다. 그러나 온라인상에서 PC로 주고받는 문자언어적 대화는 채팅(chatting)으로 정착되고 있다. 이것은 말을 주고받듯이 키보드로 메시지를 입력하는 방법으로 인터넷 네트워크상에서 실시간(real time)으로 하는 대화이다.

가장 효과적인 대화는 유머가 있는 대화라 할 것이다. 정서적으로 부드럽고 명랑하게 웃음거리를 만들어 내는 기분 또는 표현을 유머라 한다. 유머의 유형을 영문학의 테두리 안에서 살펴보면 다음과 같다.

① 새타이어(satire) : 풍자, 야유, 모순
② 미미크리(mimicry) : 모방, 모조, 모의
③ 아이러니(irony) : 반어, 예상외의 전개
④ 사캐섬(sarcasm) : 야유, 조롱
⑤ 파스(farce) : 골계, 익살
⑥ 패러디(parady) : 조롱적 풍자, 서툰 모방
⑦ 슬랩스틱(slapstick) : 골계극
⑧ 버푸너리(buffoonery) : 광대놀이
⑨ 벌레스크(burlesque) : 해학

프로이트(Freud)[4]는 과도한 에너지나 긴장을 풀어주는 기지(wit)를 유머라고 정의했다. 그에 따르면 웃음이 즐겁게 느껴지는 또 다른 이유는 물리적인 감각이 수반되기 때문이다.

대화는 항상 웃음을 동반하면서 진행되지는 않는다. 대화의 목적과 상황, 대상 등에 따라 다양하게 이루어진다. 또한 대화의 목적에 따라 대화의 방법도 달라져야 하는데, 칭찬과 질책, 부탁, 거절, 격려, 사랑, 설득 등에 따라 적절하게 구사돼야 한다. 최근에는 경영에도 웃음을 강조하는 경우가 많다. 권위를 내던지고 웃음을 회사에 퍼트린 것은 '신바람 나는 직장' 분위기를 창조하기 위한 것으로 '펀(fun)경영'이라는 말도 유행되고 있다.

2) 대화의 원리와 규칙

대화의 원리나 규칙은 그라이스(Grice, 1975)의 협동의 원리(co-operative principle)와 리치(Leech, 1983)의 공손의 원리 등이 있다(이주행, 2006).

그라이스는 대화참가자가 지켜야 할 규칙을 격률(maxim)이라 일컫고 있다.

① 양에 관한 격률(the maxim of quantity) : 대화의 목적에 필요한 만큼의 정보를 제공한다.
② 질에 관한 격률(the maxim of quality) : 거짓이라고 생각하는 것과 타당한 증거가 없는 것은 말하지 않는다.

---

4) 프로이트(Sigmund Freud, 1856~1939) : 오스트리아의 심리학자 · 신경과 의사 · 정신분석학의 창시자로, 잠재의식을 바탕으로 한 심층 심리학을 수립했음. 저서에 '꿈의 해석', '정신 분석학 입문'

③ 관련성에 관한 격률(the maxim of relevance) : 대화의 목적달성에 대한 것이나 주제와 관련이 있는 것을 말한다.

리치는 대화의 원리로 공손의 원리(politeness principle)를 주장하고 있다. 공손의 원리는 대화자들이 서로 상대의 인격을 존중하고 예의를 제대로 갖추면서 대화를 해야 한다는 것을 뜻한다.

리치의 대화의 격률은 다음과 같다.

① 요령에 관한 격률(tact maxim) : 청자에게 부담을 주는 표현은 최소화하고, 혜택을 베푸는 표현은 최대화한다. 듣기 좋고 이익이 되거나 도움이 되는 말은 간접적이고 우회적으로 표현한다.
② 아량에 관한 격률(generosity maxim) : 자신에게 혜택이 돌아가는 표현은 최소로 하고, 부담이 되는 표현은 최대화한다.
③ 칭찬에 관한 격률(approbation maxim) : 청자에 대한 비방은 최소화하고 칭찬을 최대화한다.
④ 겸양에 관한 격률(modist maxim) : 자신의 칭찬은 최소화, 비방은 최대화한다.
⑤ 동의에 관한 격률(agreement maxim) : 청자와 불일치하는 표현은 최소화, 일치하는 표현은 최대화한다.
⑥ 동정에 관한 격률(sympathy maxim) : 화자와 청자 사이 나쁜 감정은 최소화, 동정심은 최대화한다.
⑦ 표현 양식에 관한 격률(manner maxim) : 대화할 때 부적절하게 끼어들거나, 부적절한 침묵을 하지 않는다(이주행, 2006 재인용).

3) 대화의 사례

(1) 장자

01 초나라 왕이 대부 두 사람을 장자[5]에게 보냈다.

"우리나라의 정치를 맡길 터이니 부디 왕림해주시기 바랍니다."

복수 강가에서 낚시를 하고 있던 장자는 이 말을 듣고 왕의 사자인 대부에게 이렇게 말했다.

"당신에게 이야기 하나를 하지요. 나는 초나라에 죽은 지 3천년이 된 신령스러운 거북이가 있다는 얘기를 들었소. 그대들의 초왕은 명주수건으로 그 거북이를 싸서 상자에 넣어 묘당에 모셔두고 국가에 변고가 생길 때마다 그 거북이에게 길흉을 물었다지요? 그런데 그 신령스러운 거북이는 도대체 자기가 죽은 뒤에 뼈를 남겨 사람들에게 떠받들리고 싶어 할 것 같소? 아니면 꼬리를 늘어뜨리고 질펀한 진흙 속에서 살아가기를 원하겠소?"

두 대부는 한동안 서로의 얼굴을 바라보다가 대답했다.

"반드시 진흙 속에서 살고 싶어 할 것입니다."

장자가 말했다.

"그렇다면 그대들은 돌아가서 초왕에게 고하시오, 나 역시 꼬리를 늘어뜨리고 진흙 속에서 살아가고 싶노라고."

02 혜자(惠子) : 우리집에 큰 나무가 있는데 사람들은 모두 그것을 저목

5) 장자(莊子, BC 369~BC 289?) : 중국 고대의 사상가, 제자백가(諸子百家) 중 도가(道家)의 대표자. 도(道)를 천지만물의 근본원리로 봄. 도는 어떤 대상을 욕구하거나 사유하지 않으므로 무위(無爲)하고, 스스로 자기존재를 성립시키며 절로 움직이므로 자연(自然)하다고 주장함. 장자의 소요유편은 장자사상을 대표하고 있음. 서시(序詩) "天衾地席山爲枕(천금지석산위침) 月燭雲屛海作樽(월촉운병해작준) 大醉遽然仍起舞(대취거연잉기무) 却嫌長袖掛崑崙(각혐장수괘곤륜) 하늘 이불 땅 자리 산을 베개하고, 달 촛불 구름 병풍 바다를 술잔 삼아, 거연히 취해 일어나 춤추나니, 긴 소매는 왜 이리 곤륜산에 걸리는고."

(樗木)[6]이라고 부르네. 그 큰 둥치는 꾸불꾸불해서 먹줄에 맞지 않고, 그 잔 가지들은 꼬불꼬불해서 잣대에 맞지 않네. 그래서 그것을 네거리에 세워두었으나 목수들은 아무도 그것을 돌아보지 않았네. 이제 자네의 말이 이와 같이 크기는 하나 쓸 데가 없어서 여러 사람들이 돌아보지 않을 것일세.

장자(莊子) : 자네는 살쾡이를 보지 않았는가? 몸을 땅에 착 엎디어 놀아나는 짐승을 겨누고 이리저리 대중없이 날뛰어 높은 곳 낮은 데를 가리지 않다가 혹 덫에 치이기도 하고 혹 그물에 걸리지 않던가? 그러나 저 이우(犛牛)는 그 크기는 하늘에 드리운 구름과 같으나 한 마리의 쥐를 잡지는 못하거든. 이제 자네는 큰 나무를 가지고도 그것이 쓸 데 없는 것을 걱정하지마는 왜 그것을 무하유향(無何有鄕)[7]의 광막한 들에 심어 놓고 그 곁에서 감돌아 하염이 없고, 그 밑에 소요하게 누워 있지 못하는고? 그러면 그 나무는 도끼날에도 찍히지 않을 것이요, 아무 것도 그것을 해치지 않을 것일세. 아무 데도 쓰일 바가 없거니 또 무슨 괴로움이 있을 것인가? (김달진, 1966)

(2) 혜자

01 한번은 맹자의 제자인 광장이 양혜왕에게 다음과 같이 혜자[8]를 비난했다.

"왕께서는 농부들이 왜 메뚜기떼를 없애려고 하는지 생각해 보셨습

6) 저목(樗木) : 가죽나무의 일종. 재목이 되지 못하는 나무.

7) 무하유향(無何有鄕) : 무위무작(無爲無作) 절대자유의 경지. 유토피아(utopia). 생사, 시비, 지식, 마음, 하는 것도 없는, 아무 것도 없는 행복한 곳.

8) 혜자(惠子, BC370?~BC309?) : 본명 혜시(惠施). 중국 전국시대 송의 사상가. 양(梁) 혜왕(惠王)·양왕(襄王) 때 재상. 제자백가 중 명가(名家)의 대표적 인물.

니까? 그것은 분명 농작물을 해치기 때문이겠지요. 지금 혜시에게는 수레를 타고 따라다니는 사람, 걸어서 따라다니는 사람들이 모두 합해 수백 명이나 됩니다. 바로 혜시와 그를 따르는 사람들은 일은 안 하면서 말솜씨만으로 밥을 먹고 있으니, 메뚜기떼와 다를 것이 무엇이겠습니까?"

곰곰이 생각해 본 양혜왕은 광장의 말이 옳은 듯해서 혜시를 불러 스스로 해명해 보도록 했다. 혜시는 전혀 굽히지 않고 광장을 향해 이야기를 시작했다.

"지금 성을 만들고 있다고 해 봅시다. 어떤 사람은 성 위에서 돌을 쌓을 것이고 어떤 사람은 성 밑에서 흙을 나르겠지요. 그런데 어떤 사람은 설계도를 들고 여러 일을 감독하기도 합니다. 나 혜시는 바로 설계도를 들고 감독하는 사람입니다. 그런 내가 메뚜기라니요. 만약 실을 짜는 여공이 실이 되어 버린다면 다시는 실을 짤 수 없지 않을까요? 나무를 다루는 목수가 나무가 되어 버리면 그 목수는 나무로 된 도구를 만들어 낼 수 없겠지요. 마찬가지로 성인이 농부와 함께 밭을 일군다면 그 성인은 농부를 다스릴 시간이 없을 것입니다. 내가 농부들과 같이 일하지 않는 까닭은 농부들을 다스려야 하기 때문입니다. 이처럼 할 일이 많은 나를 가리켜 감히 메뚜기떼라고 하다니요."

일찍이 맹자는 공동체 노동을 강조한 허행의 제자들로부터 농부들과 함께 일하지 않는다고 비난받은 적이 있었다. 그때 맹자는 다스리는 사람과 일하는 사람은 서로 할 일이 다르다는 분업의 논리를 폈다. 혜시는 광장의 스승인 맹자의 논리를 빌려다가 광장을 비판한 것이다.

(http://historia.tistory.com/1220)

02 언젠가 혜시(혜자)의 뛰어난 비유를 문제 삼아 양혜왕에게 혜시를 헐뜯은 사람이 있었다. 그가 양혜왕에게 다음과 같은 청을 했다.

"혜시는 말할 때 항상 비유를 씁니다. 임금께서 혜시에게 비유를 쓰지 말고 말하라고 하신다면 아마도 혜시는 한 번도 입을 열 수 없을 것입니다."

재미있는 제안이라고 생각한 양혜왕은 다음날 혜시를 불러 말했다.

"그대는 언제나 비유를 즐겨 쓰는데, 앞으로는 비유를 쓰지 않고 말할 수 있겠소?"

"만일 어떤 사람이 한 번도 활을 본 적이 없다고 해보지요. 그 사람이 임금께 활이 무어냐고 물었다고 합시다. 임금께서 활은 활처럼 생겼다고 하신다면 그 사람이 활이 어떻게 생긴 것인지 알 수 있겠습니까?"

"그야 물론 알 수 없겠지요."

"그렇다면 그 사람에게 활은 대나무를 구부려서 그 양쪽 끝에 줄을 맨 것이라고 설명해 준다면 어떨까요?"

"그러면 알 수 있겠지요."

"우리가 말을 하는 까닭은 내가 이미 알고 있는 것을 가지고 잘 설명해서, 아직 모르고 있는 다른 사람을 이해시키기 위함입니다. 지금 임금께서 제게 비유를 쓰지 말라고 하시는 것은 제가 이미 알고 있는 것을 말하지 못하게 하는 것입니다. 그렇다면 저는 더 이상 말을 꺼낼 필요도 없겠지요."

"그대의 말이 맞소. 비유를 쓴다는 것은 옳은 일이요."

양혜왕과의 대화에서 혜시는 벌써 활로 비유를 들어 양혜왕을 설복시키는 데 성공했다. (http://historia.tistory.com/1220)

(3) 벤자민 프랭클린

필라델피아에서 인쇄공을 하던 프랭클린(Benjamin Franklin, 1706~1790)은 불과 19세에 자본금을 조성하는 공식을 발견했다. 프랭클린은 펜실베이니아 주지사인 윌리엄 케이스가 대략 5시 정도에 시청 식당에서 저녁을 먹는다는 것을 알았다. 프랭클린은 케이스 주지사가 식사를 마칠 때쯤 찾아가서 말을 걸었다.

"지사님은 펜실베이니아의 주지사이시며 주의 수도 필라델피아는 조지 2세의 대영제국 도시 가운데 런던 다음으로 큰 도시입니다. 그러니 주지사님의 법령이나 법률, 공고문이나 선언문들이 주지사님의 격에 맞는 우아하고 멋들어진 스타일로 인쇄돼야 하지 않겠습니까?"

주지사는 고개를 끄덕이며 말했다.

“무슨 말을 하고 싶은 건가?”

“제게 영국으로 갈 여비를 허락해 주십시오. 세상에서 가장 발달된 인쇄법을 배워서 돌아오겠습니다. 지사님.”

프랭클린은 영국으로 갈 수 있는 여비를 마련했다. 그는 4년 동안 런던에 거주하면서 최신 인쇄기술을 익혔다. 필라델피아로 돌아왔을 때 그는 최고의 인쇄업자가 될 수 있었다. (Humes, 2002)

(4) 한규설

조선조 말 1910년 이또오 히로부미가 조선의 대신들을 모아 놓고 일본에 모든 권한을 위임하는 것이 어떠냐는 논의를 한 적이 있다. 그때 총리 대신 한규설[9]의 대답이 걸작이다.

한규설은 ‘불가불가(不可不可)’ 네 글자로 답했다. 이 말은 세 가지로 해석할 수 있다. ‘불가 불가’라고 끊으면, ‘안돼 안돼’라는 뜻이다. 또 ‘불가불 가’로 끊으면, 어쩔 수 없지만 그렇게 할 수도 있다는 뜻이 된다. 마지막으로 ‘불 가불가’로 끊으면, 할 수 있는 것도 아니고 할 수 없는 것도 아니라는 어중간한 뜻이 된다. 이 말은 한자어와 같은 고립어의 특성으로 같은 말인데도 엉뚱한 해석이 나올 수 있다는 것을 보여준다.

(5) 이상재[10]

수주 변영로[11]는 소년 시절 YMCA 회관에 영어를 배우러 다녔다. 하

9) 한규설(韓圭卨, 1848~1930) : 조선후기 무신. 참정대신(參政大臣)으로 을사조약에 반대하다 파면됨. 당시 일본정부의 남작(男爵)이 됐으나 거절. 1920년 이상재 등과 함께 조선교육회를 창립하고 이를 민립대학 기성회로 발전시킴.

10) 이상재(李商在, 1850~1927) : 충남 서천 출생. 아호 월남(月南). 본명 계호(季皓). 한말 정치가 · 사회운동가. 서재필과 독립협회 조직, 부회장으로 만민공동회 개최. 개혁당 사건으로 복역. 헤이그 만국평화회의 밀사파견 준비. 소년연합척후대 초대 총재, 조선일보사 사장 등 역임.

루는 종로의 큰 길을 지나는데 누군가 뒤에서 큰 소리로 자신의 부친 함자를 자꾸 부르는 것이었다.

"변정상씨! 변정상씨!"

수주는 이상하게 생각하면서 뒤를 돌아보니 월남 이상재 선생이 자기를 바라보며 이렇게 부르고 있는 것이었다.

수주는 어린 마음에 너무 화가 나서,

"아니 선생님, 노망이 나셨습니까? 아버지와 자식의 이름도 구별 못 하십니까?"

하고 대들었다.

그랬더니 월남 선생이 껄껄 웃으면서 이렇게 말하는 것이었다.

"이놈, 그럼 네가 변정상의 씨(종자)가 아니고 무어냐? 아니거든 아니라고 해라!"

듣고 보니 자기는 분명 변정상씨의 아들이니 그 '씨'임에 틀림없었다.

(전영우, 2002)

02 월남 이상재 선생은 평소에 옷을 입어도 모양을 내지 않고 매우 검소하게 지냈다. 추운 겨울에도 예로부터 내려오던 남바위 위에다 새로 들어온 중산모를 쓰고 다니기도 했다. 어느 날 종로회관에서 한 청년이 월남 선생의 모습이 하도 신기하게 생각됐던지 이렇게 물었다.

"선생님, 중산모 아래다가 남바위를 쓰십니까?"

그랬더니 월남은 껄껄 웃으면서 이렇게 대답했다.

"그럼 중산모 위에 남바위를 쓰랴?"

주위에서 보던 모든 청년들이 한바탕 큰 웃음보를 터뜨렸음은 물론이다. (전영우, 2002)

11) 변영로(卞榮魯, 1897~1961) : 3・1운동 때 독립선언서를 영역해 해외로 발송한 시인. 수필집 '명정(酩酊) 40년'을 비롯해서 '두만강 상류를 끼고 가며', '정계비(定界碑)', '논개' 등이 있음

3. 연설형 스피치

스피치 커뮤니케이션은 크게 두 가지로 나눌 수 있다. 첫 번째는 상황에 따른 분류이며, 두 번째는 목적에 따른 분류이다. 임태섭(2003)은 Lucas(1989)의 분류를 인용해 설득, 정보제공, 유흥, 격려 스피치 등 네 가지로 분류했다. 한편 김영임(1999)은 공중 커뮤니케이션의 한 분야로 스피치를 설득적, 정보적, 오락적, 격려적 스피치로 나눴다.

임태섭과 김영임의 분류를 참고해서 설득과 정보제공, 오락, 격려 스피치로 나누어 그 개요와 사례를 알아본다.

1) 설득 스피치

(1) 설득을 위한 연설

설득(說得 persuasion) 스피치는 화자가 청자를 설득하기 위한 스피치를 말한다. 설득 스피치 중에서도 청중으로 하여금 자신이 주장하는 바를 믿도록 하는 연설을 대표적인 것으로 꼽을 수 있다. 정치가들이 행하는 대중연설, 각급 선거 출마자들의 선거연설, 토론이나 회의 참여자들의 소견발표는 강력한 설득이 필요하다.

영어권에서는 연설을 스피치(speech)와 어드레스(address)로 나눈다. 스피치는 일반적인 연설, 혹은 연설에서의 말을 의미하며, 어드레스는 스피치보다 격식을 차려 미리 준비한 것으로 내용을 중요시한 연설을 말한다.

연설은 그 성격에 따라 의사당 연설, 선거유세 연설, 시민대회 연설, 종교집회 연설 등으로 나눌 수 있고, 목적에 따라 보고연설, 설득

연설, 환담 연설 등으로 나눌 수 있다. 또한 어떻게 준비하느냐에 따라 원고연설, 암기연설, 메모연설, 즉석연설 등으로 분류하기도 한다. 그 밖에 법정의 검사 논고와 변호사 변론 등도 연설의 일종이다(전영우, 2005).

대통령의 취임사도 국민을 향한 감사의 마음을 전하고, 우방 각국에 대한 협조, 정치, 경제, 사회, 문화, 외교, 국방 분야에 대한 비전을 제시하고, 앞으로 재임기간에 국민들의 국정에 대한 협조를 구한다는 면에서 보면 설득을 위한 연설에 포함시킬 수 있을 것이다.

이밖에도 국회를 통한 법안이나 정책의 통과, 직장에서 자신의 기획안을 상사에게 보고해 결심을 얻도록 하는 설명, 상품의 판매와 구매, 건설공사에 대한 낙찰, 국가간의 외교적인 협상 등 설득이 필요한 스피치는 헤아릴 수 없이 많다.

이렇게 많은 스피치 중에서도 연설은 가장 상위개념의 설득을 위한 스피치에 해당한다. 연설은 연사가 많은 청중을 상대로 자신의 평소 지론이나 견해 등을 말하는 화법이다.

오늘날 연설은 자신의 신념이나 주장을 많은 사람에게 전달하는 중요한 화법이므로, 민주주의 사회에서 없어서는 안 될 중요한 의사전달의 구실을 한다. 더 나아가 훌륭한 지도자의 진실하고 충정어린 명연설은 국가와 민족의 운명에 큰 영향을 끼치기도 하는데, 이러한 예는 인류의 역사에서 얼마든지 찾을 수 있다. 따라서 민주사회의 지도자가 되기 위해서는 훌륭한 연사로서의 능력을 기르는 것이 무엇보다 중요하다(전영우, 2005).

오늘날 스피치에 관한 연구서들의 대부분은 스피치를 함에 있어서 가장 중요한 것으로 콘텐츠(contents), 즉 내용을 강조하는 경우가 많다.

그것도 진실해야 한다는 것이다.

그러나 오늘날 사람들은 진실에 대한 말, 또는 이해할 수 있는 말만으로는 만족하지 않는다. 왜냐하면 진실이란 대개 그다지 세련되지 못하고, 진실의 정확한 정의 또한 찾기 힘들기 때문이다(Holzheu, 2003).

그래서 다양한 콘텐츠에 대해 세련되게 설명하고, 간단명료하게 말하는 것이 중요하다. 세련미를 갖추려면 짜임새 있는 구성을 통한 흥미로운 도입, 주장에 대한 충분한 설명과 문제제기, 절정으로의 유도를 위한 또 한 번의 상승, 그리고 가능하면 예상하지 못했던 결말로 청중을 사로잡아야 한다.

이것은 시문(詩文)을 지을 때의 격식을 원용한 기승전결(起承轉結)의 구성으로, 첫머리의 문제제기는 '기', 이것을 되받아 차분하게 풀면서 강조하는 도입부는 '승', 뜻을 한 번 바꾸어 절정으로 유도하면서 상승하는 '전', 전편에 걸친 합리성을 주장하면서 결실을 맺도록 정리하는 마무리를 '결'이라 할 수 있다. 이러한 구성을 기승전락(起承轉落)이라고도 한다.

(2) 연설의 전개과정

설득연설은 청중에게 어떤 사실을 설명해서 이해시킴은 물론 설득해서 납득시키는 연설이다. 즉 청중이 연설자와 다른 견해를 가지고 있으면 그 견해를 바꾸도록 하고, 같은 견해를 가지고 있으면 자신의 견해를 확신할 수 있도록 하거나, 청중으로 하여금 어떤 행동을 하도록 유도하는 연설이다.

청중설득의 방법에는 논리적 호소와 감정적 호소가 있다. 논리적 호소는 청중의 이성에 호소하는 것으로, 사실의 옳고 그름을 분명하게 가려서 확신을 가지도록 하는 것이다. 감정적인 호소는 선거연설이나 추모(追慕) 연설처럼 청중에게 정서적 만족을 주어 태도변화를 유도하는 방법이다. 그러나 실제 설득연설에서는 이 두 가지 방법을 적절히 혼용하는 것이 좋다.

연설의 전개과정에 따른 요점은 다음과 같다(전영우, 2005).

① 도입부

도입부, 즉 말머리는 청중의 주의와 관심을 끌 수 있는 것으로 꾸미면서 연설자와 청중 사이에 즉시 공통기반이 확립되도록 노력한다. 이때는 말하고자 하는 현안(懸案)의 중요성을 강조하고, 연설에 수반되는 모든 자료를 상대가 분명히 이해하도록 하기 위해 적절한 정의와 설명을 덧붙인다. 이어서 특정목적 이외의 것과 부적절한 견해를 제거하고 연설의 방향을 제시한다.

특히 도입부에서는 전개부에서 논의할 요점을 미리 발표하고, 전개부로 빨리 전환해야 한다.

② 전개부

전개부에서 우선 고려할 것은 연설자가 주장할 요점인 논쟁점과 아이디어 등을 잘 정리해서 배열해야 한다. 전개부에서 가장 중요한 것은 연설목적에 부응하고 주어진 상황에 적응하는 일이다. 연설자와 청중, 그리고 주제가 무엇이냐에 따라 구성방법이 달라져야 한다.

전개부에서는 주제에 대한 증거, 논거, 일반례, 특정례 등을 들어나간다.

③ 종결부

발표 내용을 명확히 하기 위해 주장하는 논점을 요약하면서 연설자가 기대하는 반응을 얻기 위해 청중의 마음이 움직이도록 강력히 호소한다. 어떤 경우라도 연설자 개인의 성실성과 정직성, 윤리관 등이 설득의 효과를 높인다는 사실을 잊지 말아야 한다.

(3) 자연스러운 연설의 요령

로널드 레이건(Ronald w. Reagan, 1911~2004) 대통령은 달변가였다. 그러나 그도 첫 직장에서는 쫓겨났다고 한다. 그는 일리노이주 유레카 대학을 졸업하고 아이오와주 라디오 방송국에 광고담당 성우로 취직했는데, 굵은 바리톤에 쾌활하고 유려한 목소리로 방송을 했었다. 그러나 기업광고를 할 때는 원고를 책 읽듯이 읽으면서 부자연스럽고 생기가 없어 실직을 했다.

레이건은 루스벨트(Franklin D. Roosbelt, 1882~1945)의 연설을 듣고 크게 느낀 게 있었다. 그는 연설할 때 어떤 구절이나 문장을 확인하고 나서 고개를 들고 말함으로써 편하고 듣기 좋은 목소리를 만들어 내는 것이었다. 결국 원고를 읽듯이 하면 딱딱한 연설이 되는 것이다. 자연스럽고 부드러운 연설을 위해서는 고개를 숙이고 원고만 계속해서 읽지 않도록 해야 한다.

그러기 위해서는 '보고—멈추고—말하기(See-Stop-Say)'를 연습해야 한다(Humes, 2003).

연습방법은 다음과 같다.

① 일단 고개를 숙이고 원고를 보면서 몇 구절이나 한 문장을 외운다.
② 위를 보고 잠시 멈춘다.
③ 청중을 보면서 그 문장을 전한다.

이밖에도 '연출된 연설, 짧은 연설, 시적인 리듬감이 있는 연설, 핵심어를 강조하는 연설, 적절한 일화를 소개하는 연설, 인상적인 맺음말' 등을 염두에 두고 자연스럽게 이끌면 성공적인 연설이 될 것이다.

연설과는 다른 형태이지만 설득을 위한 문장으로 대표적인 것이 상소문(上疏文)일 것이다. 상소는 신하나 백성들이 임금에게 올리는 글을 말한다. 전제주의 군주시대의 상소는 목숨을 건 글이다. 중국에서는 황제에게 올리는 글을 표(表)라 하고, 그보다 아래인 제후 즉 왕에게 올리는 글을 상소라 했다. 특히 표는 군대를 움직일 때 아뢰는 것을 말한다. 표 중에서는 제갈량(諸葛亮)[12]의 출사표(出師表)가 예로부터 명문으로 내려오고 있다.

특히 사람을 가려서 임용해야 한다는 다음과 같은 구절은 국가의 경영에 필요한 말이다.

"어진 신하를 가까이 하고 소인을 멀리함은 이것이 선한이 흥하고 융성한 까닭이요 소인을 친근히 하고 어진 신하를 멀리함은 이것이 후한이 기울어지고 쇠한 까닭입니다. 親賢臣遠小人(친현신원소인), 此先漢所以興隆也(차선한소이흥륭야), 親小人遠賢臣(친소인원현신), 此後漢所以傾頹也

12) 제갈량(諸葛亮, 181~234) : 중국 삼국시대 촉한의 정치가 겸 전략가. 자는 공명(孔明). 오나라 손권과 연합해 조조의 대군을 적벽전투에서 대파, 형주·익주를 점령하고, 221년 한의 멸망을 계기로 유비가 제위에 오르자 재상이 됐음. 유비 사후 후주 유선(劉禪)을 보필 위(魏)와 항쟁, 위와 싸우기 위해 출진할 때 올린 '전출사표(前出師表)', '후출사표(後出師表)'는 명문으로 일컬어지고 있음.

(차후한소이경퇴야)".

다음 출사표는 필자가 몇 가지 문헌을 참고해서 재구성한 것이다.

출사표

선제께서 한의 황실을 다시 일으키는 대업을 시작하신 지 아직 반에도 미치지 못했는데 중도에 돌아가시고, 이제 천하가 위와 오, 촉한의 셋으로 나뉘었는데 촉의 영토인 익주가 오랜 싸움으로 지쳐 있습니다.

이는 진실로 위급해서 흥망의 기로에 서있습니다. 그러나 폐하를 모시는 신하들이 게으르지 않고 충성스런 무사들이 신명을 바치고 있는 것은 선제의 두터웠던 은덕을 잊지 않고 마음에 새겨 폐하에게 보답하고자 함입니다.

진실로 폐하의 총명한 귀를 열어 선제가 남기신 덕을 빛내시고 나라를 걱정하는 지사들의 의기를 키우는 것이 옳은 일입니다. 아뢰옵건대 폐하께서 스스로 덕이 없다 하시고 사리에 맞지 않는 비유로 변명하시면서 충성된 말씀을 막는 것은 옳지 못한 일입니다.

궁중과 조정은 일체이니 관직을 맡고 있는 자는 선량한 자의 벼슬을 높이고 악한 자에게 벌을 줌으로써 상벌에 틀림이 있어서는 아니 됩니다. (중략)

신은 본디 미천한 백성으로 남양 땅 융중에서 밭이나 갈며 어지러운 세상에 생명을 보존하고 살면서 제후에게 알려져 출세할 것을 구하지 않았습니다. 선제께서는 신을 비천하다 않으시고 외람되게도 몸을 낮추시어 세 번이나 신을 초옥으로 찾으시어 신에게 당세의 일을 물으심에 마침내 감격하여 힘써 일하리라 다짐했습니다. (중략)

선제께서는 신이 삼가고 조심함을 아시는지라 임종시에 적군의 토벌과 한실의 부흥을 당부하셨습니다. (중략)

지금은 남쪽이 평정되고 병력과 군량이 풍족하니 삼군을 독려해서 북으로 중원을 평정하고 간악한 무리를 쳐없애 다시 황실을 일으켜 옛

도읍지로 돌아가는 것이야말로 신이 선제께 보답하는 길이요 폐하께 충성하는 것입니다.

손해와 이익을 미리 예측하고 충성스러운 말을 마다하지 않는 것은 곽유지, 비위, 동윤의 임무입니다. 폐하께서는 신에게 한실을 부흥시키는 일을 맡기시되 효과가 없으면 곧 신의 죄를 다스리시어 선제의 영앞에 고하시고 곽유지, 비위, 동윤 등의 허물을 꾸짖어 그것으로써 그 태만을 밝히십시오.

폐하께서도 또한 마땅히 스스로 꾀하시어 좋은 방도를 자문하시고, 선제께서 남기신 말을 깊이 따르시옵소서.

신이 은혜 받은 감격을 이기지 못하는지라, 지금 멀리 떠나면서 표를 올리오니 눈물이 나서 말할 바를 알지 못하겠습니다(황견 편, 최인욱 역, 1971).

(4) 연설의 사례

① 기미독립선언서

한국에서의 연설, 즉 설득을 위한 스피치로는 강력한 호소와 선언문 형식인 육당 최남선[13]의 기미독립선언서를 들 수 있을 것이다. 이 문장으로 분위기를 살려 낭독연습을 하면 대중연설에 효과를 볼 것이다.

육당의 기미독립선언서는 힘이 넘치는 강건체 문장이다. 민중의 마음을 불러일으키기 위한 호소와 일제의 식민정책 포기를 이성적으로 설득하기 위한 다양한 수식어가 감동적으로 이어진다. 장단음을 적절하게 배합해 강약과 완급의 조화를 이뤄 낭독의 묘미를 극대화 하고

13) 최남선(崔南善, 1890~1957) : 사학자 · 문인. 잡지 '소년'을 창간, '해에게서 소년에게'를 발표. 독립선언문을 기초하고 민족대표 48인 중 1인이었으며, 신문화 수입기에 언문일치(言文一致)의 신문학운동과 국학(國學) 관계의 개척에 선구자적 역할을 했고, 이원(利原)의 진흥왕순수비(眞興王巡狩碑)를 발견했음. 저서에 '백팔번뇌(百八煩惱)', '시조유취(時調類聚)', '단군론(檀君論)' 등이 있음.

있으며, 악센트와 억양, 인토네이션까지도 염두에 두고 작성한 것으로 보인다(김상준, 2005).

이렇게 우리들을 감동시켰던 독립선언서가 2004년 3·1절부터는 최남선의 원문이 아닌 이희승[14]이 쉽게 풀어 쓴 문장으로 낭독되면서 감동이 줄어들었다.

> "오등은 자에 아 조선의 독립국임과 조선인의 자주민임을 선언하노라. 차로써 세계만방에 고하야 인류평등의 대의를 극명하며, 차로써 자손만대에 고하야 민족자존의 정권을 영유케 하노라."

이렇게 시작되는 선언서 원문을 이희승이 쉽게 풀어쓴 문장은 다음과 같다.

> "우리는 이에 우리 조선이 독립한 나라임과 조선사람이 자주적인 민족임을 선언한다. 이로써 세계만국에 알리어 인류평등의 큰 도의를 분명히 하는 바이며, 이로써 자손만대에 깨우쳐 일러 민족의 독자적 생존의 정당한 권리를 영원히 누려 가지게 하는 바이다."

이렇게 쉽게 풀어 썼다고 해서 낭독에 10여분이나 걸리는 선언서를 다 이해하고 기억할 수는 없을 것이다. 그래서 기념식장에서는 '내용의 이해'가 목적이 아니라 '감동의 전달'이 필요하기 때문에 원문을 낭독하는 것이 좋을 것이다.

14) 이희승(李熙昇, 1896~1989) : 경기도 시흥. 호는 일석(一石). 시인, 국어학자, 수필가. 경성제국대학 졸업, 서울대학교 교수. 저서 한글맞춤법통일안강의, 중등글본, 고등문법, 국어대사전 편찬. 대표작 '벙어리냉가슴', '딸깍발이정신'

기미독립선언문은 1919년 3월 1일 오후 2시 서울 탑골공원 팔각정 단상에 태극기가 내걸리고 군중들의 감격과 흥분이 절정에 달한 순간에 낭독됐다. 민족대표들이 탑골공원에는 나오지 않았기 때문에 경신학교 졸업생 정재용(鄭在鎔)이 선언서를 낭독했다.

같은 시각 서울 태화관에서는 긴장이 넘치는 가운데 만해 한용운이 독립선언서를 낭독했다. 탑골공원의 선언문 선포가 성공적으로 이뤄지도록 일본 관헌들의 관심을 태화관으로 돌리기 위해 33인은 태화관으로 모인 것이다.

탑골공원의 낭독이 끝날 무렵 대한독립만세 소리가 터져 나왔다. 선언문의 내용은 물론이요 정재용의 낭독 솜씨 또한 군중을 움직이는 힘이 넘쳤을 것이다. 그래서 '수무족도 풍탕조용(手舞足蹈 風蕩潮湧)', 몸을 솟구쳐 회오리바람에 성난 파도와 같은 기세로 거리를 휩쓸었을 것이다.

우리들의 언어생활은 시류에 따른 스타카토(staccato)의 경박단소형이 아니라, 유장하면서도 힘있는 레가토(legato)의 장강대하와 같은 말과 글이라야 품위가 높아질 것이다.

다음은 낭독연습을 위해 장단음과 적절하게 끊어 읽을 부분을 표시한 것으로 1분에 278음절인 선언문 낭독에 맞춰서 설계한 문장이다. 특히 '세:계개:조의 대:기운에'부터 '공:존 동:생권의 정:당한 발동이라'까지는 장음을 많이 배치해서 웅장한 느낌이 들도록 구성했기 때문에 연설이나 웅변을 위한 연습에 도움이 될 것이다.

★★★

오등(吾等)은 자에 아:(我) 조선의 독립국임과 조선인의 자주민임을

선언하노라.(29)/

차로써 세:계 만:방에 고:하여 인류평등의 대:의(大義)를 극명하며/ 차로써 자손 만:대에 고:하여 민족자존의 정:권(正權)을 영:유케 하노라.(47-76) /

반:만년 역사의 권위를 장:(仗)하여 차를 선언함이며,/ 이:천만 민중의 성충(誠忠)을 합하여 차를 포명함이며,/ 민족의 항구여일한 자유발전을 위:하여 차를 주장함이며,/ 인류적 양심의 발로에 기인한/ 세:계개:조의 대:기운에 순:응병:진하기 위:하여 차를 제기함이니,/ 시:(是) 천의 명명이며, 시대의 대:세이며,/ 전 인류 공:존 동:생권의 정:당한 발동이라./천하 하물(何物)이든지 차를 저:지 억제ㅎ지[치] 못할지니라./ (147-223)

구:시대의 유물인 침략주의, 강권주의의[강권주이에] 희생을 작(作)하여,/ 유:사이:래 누:천년에 처음으로/ 이:민족 겸제의 통:고(痛苦)를 상한지 금에 십년을 과:한지라,/ (55-278, 1분) 아 생존권의 박상(剝喪)됨이 무릇 기하ㅣ며, 심령상 발전의 장애됨이 무릇 기하ㅣ며, 민족적 존영의 훼손됨이 무릇 기하ㅣ며, 신예와 독창으로써 세계 문화의 대조류에 기여보비(寄與補裨)할 기연(機緣)을 유실함이 무릇 기하ㅣ뇨.(82-360)

② 도산 안창호의 연설

전영우(2002)는 현대 한국사에서 두드러지게 부각되는 연사는 도산 안창호[15]이고, 월남 이상재, 남강 이승훈, 우남 이승만, 백범 김구, 설산 장덕수, 몽양 여운형 등이 그 뒤를 잇는 연사의 인맥이라고 한다.

도산 안창호는 1920년을 전후해서 한국 독립운동의 선봉에 섰고 고매한 인격과 진실한 성품을 바탕으로 무실역행(務實力行)의 독립실천 정신을 열변으로 토로한 선각자이다.

15) 안창호(安昌浩 1878~1938) : 독립 운동가. 호는 도산(島山). 신민회, 청년 학우회, 흥사단을 조직하고, 평양에 대성학교를 설립했다. 3·1 운동 후 상하이(上海) 임시정부의 내무총장이 돼 독립운동을 했음.

주요한(1993)은 '도산선생의 추억'에서 도산의 연설에 대해 다음과 같이 말하고 있는데(전영우, 2002), 요점을 소개한다.

"도산의 음성은 부드럽고 깊이가 있어 대양이 우러나는 것 같은 인상을 준다. 어조는 불급불완(不急不緩)하고 격렬하다기보다 약간 침통미가 있는 영탄조다. (중략) 도산은 현대 한국이 낳은 최고의 웅변가요, 아마도 유일의 웅변가라고 할 수 있다. 도산은 제스처를 많이 사용하지 아니하고 미사여구를 섞지 아니하였으나, 내용과 문자의 구성에 있어서, 또는 표현의 억양에 있어서 침착하면서도 독창적이다."

1919년 5월 26일 중국 상해 북경로 예배당에서 도산의 환영회가 열렸는데, 그 자리에서 행한 연설 후반부의 일부는 다음과 같다(전영우, 2002).

우리의 오늘날 약함은 다만 우리에게 교화가 늦게 시작됨에 있고 우리 민족이 열등한 데 있지 않습니다. 대한민족은 남에게 져서 살려고 아니하는 민족이외다. 그러므로 대한민족은 독립하고야 말 민족이외다. 또 일본이 타민족을 통치할 자격이 없음은 사실이외다.

어떤 이는 대한이 강력한 일본에게 합방을 당한 것을 한탄하나 나는 오히려 이것을 다행으로 압니다. 3월 이후로 우리는 갱생했습니다. 우리는 갈 곳으로 갈 수밖에 없습니다. (중략)

우리는 이제부터 외교를 잘 해야겠습니다. 우리의 뜨거운 피를 흘려야겠습니다. 옥에 갇힌 이의 유족도 건져야겠습니다. 재정문제도 급합니다. 여러 가지 급한 것이 많지만 무엇보다도 우리는 통일돼야 합니다. 대한민국 전체가 단합해야 합니다. 세계가 지금은 우리를 주목하여 노서아보다 중국보다 나은가 보려 합니다.

우리가 무엇을 희생하더라도 여기 이 정부를 영광스런 정부로 만들어야 하겠고 세상의 조소를 받지 않도록 해야 하겠습니다.

나는 여러분의 머리가 되려 하지 않습니다. 여러분을 섬기러 왔습니다. (후략)

③ 이승만의 '미국의 소리' 방송 연설

1942년 미국의 소리 방송(VOA)[16]을 통해 이승만[17]은 일본의 멸망이 멀지 않았다. 임시정부가 합심해 독립운동을 하고 있으며, 광복군이 총사령부를 세우고 항거하는 중이다. 모든 동포들은 일본의 군기창을 파괴하고 철로를 파괴하고 병력수송로를 차단하라고 요구하고 있다. 또한 우리의 독립은 일본을 패망케 한 후에 이루어질 것이다. 다수의 동포들에게 이 같은 소식이 두루 전해지기를 간곡히 당부하면서 이승만의 방송은 다음과 같이 끝을 맺고 있다(전영우, 2002).

우리 독립의 서광이 비치나니 일심합력으로 왜적을 파하고 우리 자유를 우리 손으로 회복합시다. 나의 사랑하는 동포여! 이 말을 잊지 말고 전해 준행하기 바랍니다. 일후에 또다시 말할 기회가 있으려니와 우리의 자유를 회복하는 것이 이때 우리 손에 달렸으니 분투하며 싸웁시다! 우리가 피를 흘려야 자손만대의 자유기초를 회복할 것입니다. 싸웁

---

16) 단파방송사건 : 1942년 우리나라 몇몇 방송인들이 일제의 감시와 통제 속에서 '미국의 소리'(VOA) 단파방송을 몰래 들었음. 일제의 언론 탄압이 극심하던 때 경성방송국(현 KBS 전신) 소속 조선인들은 이승만이 보내는 국제정세와 김구가 전해주는 독립운동 소식을 몰래 들었다. 일본의 패망이 멀지 않았다는 복음과도 같은 소문이 퍼져나가면서 방송국 직원 등이 결국 일제 경찰에 체포돼 고문을 받았음. 사건 관련자는 재판기록에서 확인되는 사람만 징역 34명, 벌금 7명, 증인으로 불려간 사람이 100여명이며, 고문으로 6명이 옥사했음. 같은 시기 '조선어학회 사건'에 버금가는 큰 사건.

17) 이승만(李承晩 1875~1965) : 정치가·독립운동가, 초대 대통령. 독립협회, 한성임시정부, 상하이 임시정부에서 활동했음. 광복 후 우익 민주진영 지도자로 1948년 대한민국 초대 대통령에 당선됐으며, 4선 후, 4·19 혁명으로 사임했음.

시다! 나의 사랑하는 2천 3백만 동포여!

④ 대통령 취임사

1998년 2월 25일 국민의 정부라는 기치를 내걸고 제15대 대통령에 취임한 김대중 대통령[18]은 IMF 상황을 잘 이겨낸 대통령으로 평가받고 있으며, 2000년에는 북한 김정일 국방위원장과의 남북정상회담을 성사시켜 노벨평화상을 받기도 했다.

그는 국회의원 시절부터 달변으로 말을 잘 했다는 말을 들었으며, 15분 연설을 위해 10시간을 준비했다고 할 정도로 스피치에 많은 정성을 쏟기도 했다고 한다.

연설연습의 자료로 활용할 수 있도록 김대중 대통령의 취임사 일부를 소개한다.

★★★

존경하고 사랑하는 국민 여러분!

오늘 저는 대한민국 제15대 대통령에 취임하게 됐습니다. 정부수립 50년만에 처음 이루어진 여야간 정권교체를 여러분과 함께 기뻐하면서 온갖 시련과 장벽을 넘어 진정한 '국민의 정부'를 탄생시킨 국민 여러분께 찬양과 감사의 말씀을 드리는 바입니다.

그리고 저의 취임을 축하하기 위해 이 자리에 함께 해 주신 김영삼 전임 대통령, 폰 바이체커 독일 전대통령, 코라손 아키노 필리핀 전 대통령, 후안 안토니오 사마란치 IOC위원장 등 내외 귀빈을 비롯한 참석자 여러분께도 깊이 감사드립니다.(중략)

친애하는 국민 여러분!

---

18) 김대중(金大中 1926~) : 전남 신안 출생. 제15대 대통령, 노벨평화상(2000)을 수상했으며, 저서로 '한국의 통일'(1993), '대중참여경제론'(1997) 등이 있음.

우리는 3년 후면 새로운 세기를 맞게 됩니다. 21세기의 개막은 단순히 한 세기가 바뀌는 것만이 아니라 새로운 혁명의 시작을 말합니다.

지구상에 인간이 탄생한 인간혁명으로부터 농업혁명, 도시혁명, 사상혁명, 산업혁명의 5대혁명을 거쳐 인류는 이제 새로운 혁명의 시대로 들어서고 있는 것입니다.

세계는 지금 유형의 자원이 경제발전의 요소였던 산업사회로부터 무형의 지식과 정보가 경제발전의 원동력이 되는 지식정보 사회로 나아가고 있습니다.

정보화혁명은 세계를 하나의 지구촌으로 만들어 국민경제시대로 부터 세계경제시대로의 전환을 이끌고 있습니다. 정보화시대는 누구나, 언제나, 어디서나, 손쉽고 값싸게 정보를 얻고 이용할 수 있는 시대를 말합니다. 이는 민주사회에서만 가능합니다. (중략)

존경하고 사랑하는 국민 여러분!

지금 우리는 전진과 후퇴의 기로에 서 있습니다. 우리를 가로막고 있는 고난을 딛고 힘차게 전진합시다. 국난극복과 재도약의 새로운 시대를 열어갑시다. 반만년 역사가 우리를 지켜보고 있습니다. 조상들의 얼이 우리를 격려하고 있습니다. 민족수난의 굽이마다 불굴의 의지로 나라를 구한 자랑스러운 선조들처럼 우리 또한 오늘의 고난을 극복하고 내일에의 도약을 실천하는 위대한 역사의 창조자가 됩시다. 오늘의 위기를 전화위복의 계기로 삼읍시다.

우리 국민은 해낼 수 있습니다. 6.25의 폐허에서 일어선 역사가 그것을 증명합니다. 제가 여러분의 선두에 서겠습니다. 우리 다같이 손잡고 힘차게 나아갑시다. 국난을 극복합시다 재도약을 이룩합시다. 그리하여 대한민국의 영광을 다시 한 번 드높입시다. 감사합니다.

⑤ 기타 세계적인 명연설

가. 링컨의 게티스버그 연설

링컨[19]은 미국 남북전쟁이 진행되고 있던 1863년 11월 19일 전쟁의 전환점이 된 혈전지인 펜실베이니아 주 게티스버그의 전몰자 국립 묘지 봉헌식에 참석했다.

그 식전에서 그는 2분간의 짧은 연설로 266단어에 불과한 이른바 '게티스버그 연설'을 했다. 이 연설은 '새로운 자유의 탄생(A new birth of freedom)'이라는 제목으로 미국의 기념비적 연설 텍스트의 하나로 전해지고 있다.

이 연설문은 많은 일화를 갖고 있다. 링컨에 앞서 두 시간 연설했던 웅변가 에드워드 에버렛(Edward Everett)이 '나는 두 시간 연설했고 당신은 2분 간 연설했습니다. 그러나 나의 두 시간 연설이 묘지 봉헌식의 의미를 당신의 2분 연설처럼 그렇게 잘 포착할 수 있었다면 얼마나 좋았겠습니까?'라고 탄식했다는 일화도 있다.

지금도 인구에 회자되고 있는 이 연설의 마지막 부분을 원문과 함께 소개한다.

신의 가호 아래 이 나라는 새로운 자유의 탄생을 보게 될 것이며, 인민의, 인민에 의한, 인민을 위한 정부는 이 지상에서 결코 사라지지 않을 것입니다.(This nation, under God, shall have a new birth of freedom— and that government of the people, by the people, for the people, shall not perish from the earth.) (http://kin.naver.com)

19) 링컨(Abraham Lincoln, 1809-1865) : 미국 제16대 대통령. 1832년 블랙호크 전쟁에서 인디언 토벌에 참가. 1846년 연방하원의원에 당선. 1856년 공화당 입당. 1860년 대통령 당선.

나. 맥아더 원수의 미국 상하원합동회의 연설

한국 전쟁시 연합군 사령관이었던 맥아더 원수[20]는 트루먼 대통령과의 대립으로 사령관의 지위에서 해임된 뒤인 1951년 4월 19일 미국 상하양원 합동회의에서 연설한다. 이 연설에서 군가를 인용한 '노병은 결코 죽지 않는다, 다만 사라질 뿐이다(old soldiers never die, they just fade away)'라는 마지막 말이 유명하다.

그 연설의 후반부를 소개한다.

전쟁에서는 승리 이외에 아무 대안이 없습니다.

여러 가지 이유를 들어 중공에 대해 유화책을 쓰려는 사람들이 일부 있습니다. 이들은 역사의 명백한 교훈에 무지한 사람들입니다. 유화정책은 더욱 새롭고 처참한 전쟁을 초래할 뿐이라는 교훈을 역사는 분명하게 강조하고 있습니다.(중략)

한국의 비극은 한반도 밖에서는 군사적 행동을 할 수 없다는 사실 때문에 더욱 심각해지고 있습니다. 이것은 우리가 구원하려고 하는 그 나라가 해군과 공군의 전면적인 폭격으로 인해 초토화되는 참상을 겪도록 형벌을 내리는 것과 같습니다. 적군의 성역은 이런 공격과 참화로부터 안전하게 보호받고 있는데도 말입니다.

전세계 국가들 중에서 한국만이 지금까지 모든 위험을 무릅쓰고 공산주의에 대항해 싸워 온 유일한 나라입니다. 한국국민들이 보여준 그 대단한 용기와 불굴의 의지는 말로는 다 표현할 수 없습니다. 그들은

20) 맥아더(Douglas MacArthur, 1880~1964) : 웨스트포인트 사관학교졸업. 1950년 6·25 전쟁시 UN군 최고사령관으로 부임. 9월 15일 인천상륙작전을 지휘해 전세역전, 9월 28일 서울수복, 적을 한만(韓滿)국경까지 퇴각시킴. 중공군 개입으로 다시 후퇴, 중공에 대한 반격 강력히 주장. 이로 인애 트루먼 대통령과의 대립으로 1951년 사령관 해임. 그는 군사전략가로서만이 아니라 설득력을 갖춘 유려한 문체의 글을 많이 남긴 문장가이기도 함.

노예상태를 택하느니 차라리 죽음을 무릅쓰고자 했습니다. 그들이 내게 한 마지막 말은 '태평양을 포기하지 말라'는 것이었습니다.(중략)

저는 지금 52년간의 군복무를 마치려고 합니다. 제가 처음 군에 입대할 때, 20세기가 시작되기도 전이었습니다만, 그것은 제 소년시절의 모든 희망과 꿈의 실현이었습니다. 제가 웨스트포인트 연병장에서 임관하던 그 날 이후로 세상은 여러 번 바뀌었습니다. 그리고 저의 희망과 꿈도 오래 전에 사라졌지만, 저는 그 시절 가장 즐겨 부르던 어느 군가의 후렴 한 구절을 기억하고 있습니다.

그 노래는 '노병은 죽지 않는다, 다만 사라질 뿐이다'라고 당당하게 선언하고 있습니다. 그리고 그 노래 속의 노병처럼 이제 저는 제 군생활을 마감하고 사라지려 합니다. 신께서 의무에 대한 깨달음을 주신 바에 따라, 자신의 의무를 다하려고 애쓴 한 노병으로 말입니다. 감사합니다.(http://blog.naver.com)

다. 케네디 대통령의 취임연설

미국의 제35대 대통령 케네디[21]는 1960년 닉슨과의 TV 대선토론에서 승리하면서 대통령에 당선됐다고 할 정도로 스피치에 능했다. 당시 뉴프런티어 정신을 기치로 내걸고 대통령이 된 케네디의 1961년 1월 20일 취임연설 중 다음 구절은 이전 대통령들이 사용했던 말을 다시 인용한 것이지만 미국국민들의 사랑을 받고 있다. 국민의 의무를 다해야 한다는 요청을 하는데도 케네디에 대한 신뢰를 가지고 있는 미국국민들은 감동을 느끼고 있는 것이다.

21) 케네디(John F.Kennedy, 1917~1963) : 미국의 제35대 대통령. 미국 매사추세츠주 출신. 하버드대학 졸업. 퓰리처상(1957) 수상. 저서 '용기 있는 사람들 Profiles in Courage (1957)'을 남겼음. 1963년 11월 22일 텍사스주 댈러스에서 자동차 퍼레이드 중 오즈월드의 피격으로 사망.

친애하는 미국 국민여러분, 조국이 여러분을 위해 무엇을 할 수 있을 것인지 묻지 말고, 여러분이 조국을 위해 무엇을 할 수 있는지 물어보시기 바랍니다.(And so, my fellow Americans, ask not what your country can do for you, ask what you can do for your country.)

라. 킹 목사의 워싱턴 평화행진 연설

마틴 루터 킹 목사[22]는 세상의 불의에 대해 폭력이 아닌 사랑으로 맞선 비폭력 무저항운동가였다. 비교적 부유한 중류가정에서 태어난 그는 백인의 심한 인종차별을 그리 많이 경험하지 않으며 자랄 수 있었으나, 인종화합을 위한 비폭력 무저항운동으로 일관하면서 반전운동에도 참여하기 시작했다.

킹 목사는 1960년대 미국이 치르고 있는 월남전은 명분이 없는 전쟁이므로 불필요한 젊은이들의 희생을 줄여야 한다고 주장했다. 1963년 8월 23일 노예해방 100주년을 맞아 워싱턴에서 열린 평화행진에서 킹 목사는 흑인 인권운동사에 길이 남을 의미 있는 연설을 했다. '나에게는 꿈이 있습니다'라는 구절로 유명한 이 연설은 미국인들에게 인종차별 문제의 심각성을 일깨우고, 인권을 신장시키는 데 크게 기여했다는 평가를 받는다.

다음은 1963년 8월 23일의 '워싱턴 평화행진 연설(Peaceful March Speech)' 중 후반부이며, 영문번역 부분이 많이 인용되고 있다.

22) 킹(Martin Luther King, Jr. 1929~1968) : 보스턴대학교대학원 졸업. 1963년 공민권 운동(워싱턴 대행진)의 지도자로 활약. 1954년 앨라배마주 몽고메리 침례교회 목사. 1964년 노벨평화상(비폭력저항운동). 1968년 4월 흑인 청소부 파업지원중 암살당함.

저에게는 꿈이 있습니다. 언젠가 이 나라가 모든 인간은 평등하게 태어났다는 것을 자명한 진실로 받아들이고, 그 진정한 의미를 신조로 살아가게 되는 날이 오리라는 꿈입니다.

언젠가는 조지아의 붉은 언덕 위에 예전에 노예였던 부모의 자식과 그 노예의 주인이었던 부모의 자식들이 형제애로 식탁에 함께 둘러앉는 날이 오리라는 꿈입니다.

언젠가는 불의와 억압의 열기에 신음하던 저 황폐한 미시시피주가 자유와 평등의 오아시스가 될 것이라는 꿈입니다.

오늘 저에게는 꿈이 있습니다. 나의 네 자녀들이 피부색이 아니라 인격에 따라 평가받는 그런 나라에 살게 되는 날이 오리라는 꿈입니다(I have a dream that my four little children will one day live in a nation where they will not be judged by the color of their skin but by the content of their character(Stephen, 2004).

2) 정보제공 스피치

정보제공(情報提供 informant) 스피치는 청중에게 지식이나 정보를 전달하기 위한 스피치로 강의와 강연, 설교, 정치연설 등이 있으며, 대표적인 유형은 프레젠테이션(presentation)이라 할 수 있다.

프레젠테이션은 원래 광고 캠페인에 있어서 광고회사가 광고주에게 제출하는 광고계획서를 말하는데, 학교에서의 강의와 강연은 물론 학회나 세미나에서의 발표, 회사에서의 브리핑, 보고, 지시, 회의나 토론, 연회 스피치(entertainment speech)까지도 포함된다. 청중을 가르치거나 정보를 제공하기 위해 어떤 문제에 대해 정성을 들여 준비한 강의나 강연에서의 스피치는 렉처(lecture)라고 한다.

2005년 6월 취업포털 잡링크(Job Link)가 직장인 1,256명을 대상으로 한 설문조사에서 '업무상 능력을 인정받기 위해 직장인에게 가장 필요하다고 생각하는 것이 무엇이냐'하는 질문에 프레젠테이션 능력이라는 응답이 33.7%로 가장 많았다고 한다.[23)]

스피치 능력이 충분하면 정보는 효과적으로 전달되고, 그에 대한 신뢰도와 능력은 높이 평가된다. 프레젠테이션이라는 말은 과거에는 브리핑(briefing)이라는 말을 사용했다. 브리핑이란 요점을 간추린 간단한 보고, 어떤 일에 대한 배경이나 사정, 상황 등을 설명하는 것을 말한다.

프레젠테이션을 잘하려면 무엇보다도 준비를 철저히 해야 한다. 전달할 내용을 조직의 원리에 따라 효과적으로 조직하고, 청중에 대한 정보도 사전에 알아두어야 하고, 시간, 장소, 상황 등에 어울리는 언행과 옷차림을 해야 한다.

실제로 프레젠테이션을 할 때는 다음 사항에 유념해야 한다.

시작할 때는 허리를 곧게 펴고, 부드러우면서도 당당하게 연단으로 걸어 나가서 적당한 위치에 선다. 이때 설명할 자료가 있다면 자신의 오른쪽에 스크린이나 화이트보드가 오도록 하는 것이 좋다. 즉 청중이 볼 때 오른쪽에 서서 하는 것이 좋다. 자리에 설 때는 너무 경직되지 않은 상태로, 발은 자신의 뒤꿈치가 10센치 정도 떨어지게 한다.

마이크 사용법은 대단히 중요하다. 핸드 마이크는 자신의 턱 근처에 오도록 하고, 수직으로 바로 세우는 것이 좋다. 핀 마이크를 사용할 때 본체를 벨트에 걸고, 마이크 케이블이 외부로 노출되지 않도록

23) 조선일보, 2005. 10. 26.

한다. 마이크 핀은 상의 왼쪽 깃, 혹은 넥타이에 고정하되, 가능하면 입 쪽으로 향하게 한다. 미리 준비된 마이크를 시험할 필요는 없다.

상의 주머니나 깃이 없는 여성들의 경우는 미리 도착해서 적절한 위치에 마이크를 걸 수 있도록 세심하게 준비해야 한다. 마이크 헤드는 옷에 스치지 않도록 해야 잡음을 방지할 수 있다.

프레젠테이션의 주의사항은 다음과 같다.

- ✔ 서너 개의 요지를 간단하고 쉬우며, 명료하게 제시한다.
- ✔ 발표순서는 서론－본론－결론 순서로 구성한다.
- ✔ 내용은 시간적, 공간적, 주제별로 조직해서 제시한다.
- ✔ 청중의 반응을 보면서 적절한 속도로 말한다.
- ✔ 4・5분마다 청중의 관심을 끌 수 있는 표현을 사용한다.
- ✔ 한글 파일이나 파워포인트 등 시청각 자료를 적절히 사용한다.
- ✔ 주어진 시간을 맞추거나 가능하면 약간 빨리 끝낸다.

다음은 프레젠테이션용 자료이다(김상준 외, 2005).

〈표 1〉 자료－보도문장의 문체

소 제 목	내 용
방송보도문장의 문체	－강건체(nervous style)가 아닌 부드럽고 우아한 우유체(feeble style) －화려체(flower style)가 아닌 건조체, 혹은 평명체(plane style) －만연체(loose style)가 아닌 간결체(concise style)
문체(sytle)의 어원	－라틴어 스틸루스(stilus)[24]에서 유래한 말이 수사학과 결부되면서 문장의 유형과 같은 의미로 사용 －신문이나 방송의 보도문장은 정확성(accuracy), 객관성(objectivity), 공정성(fairness)을 기본으로 구성

24) 라틴어 'stilus'는 뾰족한 필기구인 갈대, 펜, 붓 등, 후대에 '글 쓰는 법', 또는 '글이나 말로 자신을 표현하는 방법', '문체를 구분하는 특징' 등으로 쓰이고 있음.

소 제 목	내 용
독창적인 문체개발의 필요성	─언어는 상황에 따라 변하게 마련, 따라서 독창성 있는 문체를 개발하기 위해 자기 계발이 필요함
결론	─방송문장은 간결하고, 평이하면서도 우아한 품격을 지니도록 해야 함 ─아울러 어떤 경우에도 냉정함을 잃지 않아야 공정성과 객관성을 유지할 수 있음

위의 자료를 프레젠테이션용 문장으로 구성한 것을 소개한다. 1분에 340음절이면 약간 속도감이 있을 것이다. 그러나 속도는 적절히 가감하는 것이 좋을 것이다.

프레젠테이션－보도문장의 문체

지금부터 문체론적인 면 : 에서/ 방 : 송 보 : 도 문장의 특성에 대 : 해 말씀드리겠습니다.//(32)

방 : 송 뉴스문장은/ 강건체가 아닌 우아한 품 : 격을 지닌 우유체입니다,//(27-59)

그리고 화려체가 아닌 건조체며,/ 수식어를 많 : 이 사 : 용하는/ 만연체가 아닌 간결체입니다. //(35-94)

문체론에서는√ 부드럽고 우아한 문장을 우유체라고 합니다.//(24-118)

여기에 상대되는 씩씩한 문체를√ 강건체라고 합니다.//(21-139)

그리고 꾸밈말이 적 : 고√ 이 : 지적인 문체를 건조체,/ 혹은 평명체라고 하겠습니다.//(31-170, 30초 지점)

반 : 대로 호화스런 색채와√ 운율을 담은 문체를 화려체라고 하죠.//(25-195)

그리고 말 : 을 절제하면서도√ 명쾌한 필치로 쓴 글은 간결체,/ 많 : 은 관형어나 부 : 사어 등 수식어를 써서/ 길 : 게 늘여 놓은 글을 만연체라 합니다.//(54-249)

방：송의 보：도문장은/ 정：확성과, 객관성,√ 그리고 공정성을 기본으로 구성해야 합니다.//(33-282)

그러나 언어는 상황에 따라 변：하게 마련입니다.//(19-301)

위와 같은 기본원칙에 따라/ 독창성 있는 문체를 개발하기 위：해/ 끊임없：는 자기 계：발이 필요합니다.//(39-340, 1분)

다음 자료도 프레젠테이션 연습용으로 활용할 수 있다.

◈ 글로벌 전략추세 보고서(동아일보, 2007.4.10)

영국 국방부의 2007~2036년 글로벌 전략 추세 보고서

세계 환경의 변화	경제	2020년까지 매년 2~3% 성장(지역별 불균등).
	인구	2007년 65억 명에서 2035년 85억 명으로 증가. '노령 선진국' 대 '청년 후진국' 간 격차 심화.
	자원	2035년 에너지 수요 50% 이상 증가.
	질병	결핵 말라리아 콜레라 재확산, 에이즈 미해결.
	도시화	2035년 60%가 도시 거주, 빈민가 확대.
주요국의 전략 환경 변화	미국	유일 강대국에서 다극 체제로 변화. 아시아로부터 도전과 계속되는 반미주의 직면.
	중국	경제적 수요와 노동시장에 결정적 영향력 행사. 경제성장과 사회환경 개선으로 미국 헤게모니에 도전.
	북한	북한의 붕괴에 따른 대규모 난민 발생과 남북통일.
	한국	중국 인도 브라질 등과 함께 연구개발 주도국가로 성장.

3) 오락 스피치

오락(娛樂 entertainment) 스피치는 유흥 스피치라고도 하는데, 즐거운 분위기를 조성하고 청중을 유쾌하게 만들기 위한 스피치이다. 동창회나 계모임, 연회나 파티 등에서 호스트나 주빈은 참석자들을 대상으로 스피치를 하는 경우가 많다.

이럴 때의 스피치는 초대측의 인사말과 참석자의 축사를 비롯한 다양한 스피치가 이어지게 된다. 특히 연말연시를 비롯해서 각종 축하모임 등에서 빠지지 않는 스피치가 건배사일 것이다.

건배사(toast)는 건강을 축하하는 건배의 말로 세계적인 문화라고 한다. 원래 건배의 기원은 고대 그리스에서 사람들이 모여 술을 마실 때 서로 상대방이 따라준 술잔에 가볍게 입술을 대고 한 모금씩 마시는 습관이 있었다고 한다. 그 이유는 술에 독성이 있을지도 모른다는 불신에서 형성된 것이다. 서양사회는 유목과 교역이 빈번해서 항상 낯선 사람과 공존할 수밖에 없어 경계와 불신으로 인한 경계심을 늦춰서는 안 되기 때문에 이러한 문화가 형성됐다(http://blog.naver.com).

건배문화는 서구문명과 함께 들어오면서 우리의 술자리 문화와 섞여지게 됐다. 건배를 할 때는 건배사라고 해서 그날의 자리에 대한 의의와 자리를 마련한 사람에 대한 고마움, 모임의 주인공에 대한 축하, 함께 한 사람들 모두의 건강과 행운 등을 바란다는 내용으로 간단하면서도 분위기를 밝게 하는 스피치를 한다.

짧고도 멋진 건배사는 제창자의 인격이나 지적수준, 평소의 매너 등을 나타낸다. 그리고 건배사에 이어 제창은 마지막에 모두가 함께 외쳐야 하기 때문에 짧고 힘있는 구호성 건배를 해야 한다. 건배제의를 할 때는 자신의 눈높이 정도로 잔을 올리되 잔이 얼굴을 가리지 않도록 한다.

나라별로 건배할 때 나누는 말이 다르다. 한국에서는 흔히 '건배!', 혹은 '위하여!'를 외치는 것이 보통이지만, 경우에 따라 특색 있는 구호를 외치는 경우도 있다. 한국어 건배(乾杯)는 술잔을 비우라는 뜻인데, 중국어로는 '깐뻬이', 일본어로는 '간빠이'라고 한다. 미국과 영국은 '치어스(Cheers)', 혹은 '토스트(Toast), '바텀스 업(Bottoms up)'이라고 한다. 제창이 끝나면 옆 사람들과 덕담을 나누면서 잔을 부딪치고, 한 모금씩 마신 뒤 잔을 내려놓고 박수하는 것이 순서이다.

일반적으로 건배사는 너무 길지 않게 하는 것이 좋다. 30초에서 1분 내외이면 적당하리라 생각한다.

오락 스피치는 다양한 종류의 스피치가 있겠으나 어떤 자리에서나 꼭 빠지지 않는 건배사의 예문을 들어본다. 특히 청와대의 국빈초청 만찬 건배사를 비롯해서 필자가 작성한 송년회와 결혼식장에서의 건배사를 예문으로 제시한다. 대통령의 건배사는 외교관례에 맞춰 약간 길게 돼 있다.

① 국빈초청 만찬 건배사

존경하는 아베 신조 총리대신 각하 내외분,

그리고 내외귀빈 여러분,

각하의 총리대신 취임을 다시 한 번 축하드립니다. 취임 이후 바쁘신 가운데도 우리나라를 방문해주신 데 대해 진심으로 감사드립니다.

우리 두 나라는 서로 친구가 되지 않으면 불편할 수밖에 없는 숙명적인 이웃입니다. 이미 양국 국민은 비자 없이 두 나라를 오가고 있으며, 경제 · 사회 · 문화 · 스포츠를 비롯한 각 분야의 교류협력도 그 어느 때보다 활발합니다.

이러한 발전이 있기까지 김대중 대통령과 오부치 총리는 '새로운 한일 파트너십'을 선언했고, 2003년에는 나와 고이즈미 총리가 '평화와 번영의 동북아 시대를 위한 공동선언'을 발표했습니다.

그러나 과거사가 불거질 때마다 양국관계는 많은 어려움을 겪는 일을 되풀이해 왔습니다. 이제야말로 신뢰와 실천을 통해 이를 극복해야 합니다. 과거사의 올바른 인식과 청산, 주권의 상호존중 그리고 국제사회의 보편적 가치를 토대로 평화와 번영의 동북아시대를 함께 열어가야 합니다.

그런 점에서, 오늘 정상회담을 통해 깊이 있고 진지한 대화를 나누게 된 것을 뜻깊게 생각합니다. 평소 한일협력의 중요성을 누차 강조하고, 우리 문화에 대한 관심도 각별하신 각하께서 양국의 미래지향적 관계 발전에 크게 기여해 주실 것으로 기대합니다.

내외귀빈 여러분,

각하 내외분의 건강과 한일 양국의 무궁한 발전을 기원하는 축배를 들어주시기 바랍니다. 건배! 감사합니다.

<청와대 http://www.president.go.kr 2006.10.9>

② 송년 만찬 건배사

★★★

여러분! 모두 함께 잔을 높이 들어주시기 바랍니다.

이제 몇 시간 후면 ○○년 한 해가 가고, ○○년 새해가 시작됩니다. 다사다난했던 한 해를 보내면서 감회가 깊으시리라 생각합니다. 다가오는 ○○년에는 복 많이 받으시고 이루고자 하시는 일이 모두 잘 이뤄지기를 빌겠습니다. ○○회의 무궁한 발전과 함께, 우리 모두의 건강과 행복을 위해 건배를 제창하겠습니다. ○○회와 우리 모두의 건강과 행복을 위해 건배!

③ 결혼식 축하 건배사

★★★

○○○군과 ○○○양의 혼인예식에 이처럼 많이 찾아주신 하객 여러분 대단히 감사합니다. 오늘 신랑·신부는 하늘이 맺어주신 성스러운 인연으로 한 쌍의 부부로 탄생했으며, 서로가 백년해로할 것을 맹세했습니다. 신랑·신부의 앞날에 건강과 행복, 그리고 양가의 가족을 비

롯해서 여기 모이신 하객 여러분의 건강과 행복을 위해 건배를 제의하겠습니다. 신랑 · 신부와, 가족, 그리고 일가친척과 하객 여러분의 건강과 행복을 위해 건배!

4) 격려 스피치

격려(激勵 encourage) 스피치란 청중에게 활력과 영감을 불어넣어 주기 위해서 행하는 스피치이다. 격려 스피치는 결혼식의 주례사, 시무식 등의 식사나 치사, 입학식과 졸업식의 격려사나 축사 등을 들 수 있다. 스포츠 팀의 코치가 경기를 앞두고 선수들을 상대로 행하는 펩 토크(pep talk)도 일종의 격려사인데, 코치의 실력은 펩 토크에서 판가름 난다는 말이 있을 정도로 중시된다.

전쟁에 나가는 군인들을 향한 격려사는 장병들에게 피끓는 열정으로 적진을 향하게 하는 마력이 있어야 할 것이다. '지배하는 것은 쉽다. 그러나 통솔하는 것은 어렵다'라는 명구가 있듯이 연설과 덕망을 통한 리더십은 군대통솔의 좋은 규범이 될 수 있을 것이다.

오래된 전쟁의 경우 출전을 앞둔 장병들을 상대로 한 격려의 스피치가 전해지고 있는 경우는 별로 없다. 그러나 단편적으로 전해지는 지휘관들의 말과 당시의 상황을 상상하면서 격려 스피치를 재구성할 수도 있을 것이다. 여기서는 줄리어스 시저와 을지문덕, 나폴레옹, 아이젠하워, 그리고 세계적인 해군제독으로 인정받고 있는 충무공 이순신 장군 등의 격려 스피치를 비롯한 연설을 소개한다.

대학을 졸업하고 사회로 나가는 젊은이들에게 주는 격려의 말도 대단히 중요한 의미가 있다. 그래서 서울대학교 총장의 격려사와 필자의 주례사를 참고로 실었다.

(1) 을지문덕 장군

전쟁에서는 싸우지 않고 이기는 것이 가장 좋은 전략이라고 한다. 이 말은 고구려 을지문덕 장군[25]이 수나라 장수 우중문에게 시 한 편을 보내 철군하게 한 것을 대표적인 사례로 꼽을 수 있을 것이다.

서기 612년 고구려 영양왕 23년 수(隋)나라가 수륙 양군 100만 대군으로 침공해 왔을 때, 지금의 청천강인 살수(薩水)까지 추격해 온 적장 우중문(于仲文)을 희롱하면서 시를 지어 보냈다. 우중문이 이 시를 받았다는 소식이 퍼지자 피로하고 굶주린 수나라 군사들이 싸울 기력을 잃었으므로 회군을 시작했다. 을지문덕 장군은 이를 추격해 크게 이겼는데, 이것이 곧 살수대첩(薩水大捷)이다.

이 시는 오언고시(五言古詩)로서 한국 최고(最古)의 것이며, 삼국사기(三國史記)에 실려 전해지고 있다. 시의 제목은 여수장우중문시(與隋將于仲文詩)이다.

✔ 神策究天文 妙算窮地理 戰勝功旣高 知足願云止(신책구천문 묘산궁지리 전승공기고 지족원운지)

➡ 귀신 같은 꾀는 천문을 구명하고, 신묘한 셈은 지리에 통달했네. 전승의 공이 이미 높으니 만족함을 알았으면 그치기를 바라오.

(http://100.naver.com)

---

25) 을지문덕(乙支文德, 출생년월 불명) : 고구려 명장. 서기 612년 수(隋)나라 군이 고구려를 침범하자 적진에 가서 형세를 정탐하고, 후퇴작전을 이용해 적군을 지치게 만든 다음, 적장 우중문에게 시 한 수를 보내 거짓 항복을 함으로써 후퇴하는 수나라 군을 살수에서 공격해서 대승을 거둠.

(2) 줄리어스 시저

줄리어스 시저[26]에 관한 에피소드는 '루비콘 강을 건넜다(Crossing the Rubicon)'라는 말과 '왔노라 보았노라 이겼노라', '주사위는 던져졌다'라는 말 등 많은 일화를 남기고 있다. '루비콘 강을 건넜다'는 말은 '돌아올 수 없는 강을 건넜다'라는 의미이다.

기원전 49년 줄리어스 시저는 갈리아 총독으로 갈리아 전 지역을 정복해 로마에서 끝없는 인기와 명망을 누리고 있었다. 이러한 시저를 두려워 한 로마 원로원과 폼페이우스는 그를 제거하기 위해 갈리아총독 임기연장을 거부하고 로마로 돌아오도록 했다. 당시는 속주 총독이 이탈리아 본토로 들어올 때 원로원의 허락이 없으면 총독이 인솔한 병사들은 자기의 지역에 두고 수행원 몇 명만 데리고 들어올 수 있다는 법률이 있었다.

갈리아와 이탈리아 본토의 경계를 이루는 강이 루비콘 강이고 카이사르는 이 루비콘 강을 앞두고 법에 따라 병사를 두고 강을 건너 로마에 갈 것인가, 아니면 병사를 이끌고 로마로 들어가 반역자가 되더라도 자신의 의지대로 로마를 통치할 것인가를 결정해야 할 상황에 놓이게 된 것이다.

시저는 결국 군대를 이끌고 루비콘강을 건너는 선택을 함으로써 1천년 가까이 지속된 로마 공화정은 붕괴되고, 황제가 다스리는 로마제국 시대를 열게 됐다. 루비콘 강을 앞에 두고 시저는 로마 시민인

---

26) 시저(Julius Caesar, BC 100~BC 44) : 라틴어로 율리우스 카이사르. 로마 공화정 말기 정치가이자 장군. 로마의 사회정책, 역서 개정 등 개혁사업을 추진했으나 브루투스 등에게 암살됨. 저서로 '갈리아 전기(戰記)', '내란기' 등이 있음. 시저는 고유명사가 아닌 황제라는 의미로 쓰이는데, 로마식으로 카이사르・케사르・케자르, 영어식은 시저, 러시아는 차르・짜리・짜르, 독일은 카이제르, 기독교는 가이사로 부름.

병사들에게 열변을 토한다.

시오노 나나미(1998)[27]의 '로마인 이야기'를 토대로 연설을 재구성한다.

★★★

"나는 여러분과 더불어 그동안 숱한 승리를 거두었다. 갈리아를 평정하고 게르만족을 몰아내 국가에 크나큰 공훈을 세웠다. 그런데 폼페이우스 일파는 나를, 여러분의 총사령관을 제거하려 하고 있다. 그들의 음모로부터 나의 명예와 존엄을 지켜 달라. 나가자, 신들이 기다리는 곳으로, 우리의 명예를 더럽힌 적이 기다리는 곳으로, 주사위는 던져졌다!"

"장군의 뒤를 따르자!"

병사들도 일제히 우렁찬 함성으로 응답했다. 그리고 앞장서서 말을 달리는 시저를 따라, 한 덩어리가 돼 루비콘 강을 건넜다. 기원전 49년 1월 12일 시저가 50세 6개월 되던 날 아침이었다. 이미 엎질러진 물이고, 주사위는 던져졌다. 언론이나 법률이 아니라 무기로 결판을 낼 때가 온 것이다(시오노 나나미 저, 김석희 옮김, 1998).

'왔노라 보았노라 이겼노라(veni, vidi, vici)'라는 말은 시저가 소아시아와의 전쟁에서 이긴 뒤 대중들 앞에서 외친 말이다. 시저는 복잡한 말을 대중들 앞에서 호소력 있는 한 마디로 줄여서 말하는 데에 천재였다고 한다.

---

27) 시오노 나나미(鹽野七生, 1937~) : 일본 도쿄 태생. 가쿠슈인대학 철학과 졸업. 고교 시절 '일리아드'를 읽고 이탈리아에 심취. 1964년 이탈리아로 간 뒤 30년간 로마사를 천착. '르네상스의 여인들'로 등단. 1992년부터 15년에 걸쳐 '로마인 이야기'를 1년에 한 권씩 발표하겠다고 공표하고 2006년에 15권 완성함.

(3) 충무공 이순신

충무공 이순신 장군[28]은 임진왜란 때 일본군을 물리치는 데 큰 공을 세운 명장이다. 특히 그는 1592년 한산도 앞 바다에서 학익진을 이용해 일본의 함선 47척을 격침시키고 12척을 나포했으며, 겨우 13척의 배로 적선 112척을 수장시킨 명량대첩, 도망가는 적을 거의 전멸 시킨 노량해전 등은 세계해전사에 유례가 드문 일이다. 이상의 해전은 임진왜란 때에 삼대첩으로 꼽히고 있다.

이순신을 영국의 해군제독 넬슨[29]과 비교하는 학자들이 많다. 임진왜란 중 이순신은 항상 승승장구한 것만은 아니었다. 모함을 받아 통제사에서 물러난 뒤, 원균의 패전으로 다시 삼도수군통제사로 기용되기도 했다. 이때 이순신은 '신에게는 아직 12척의 배가 남아있다'는 유명한 말을 남겼다.

장군은 명량해전 하루 전인 1597년 음력 9월 15일 여러 장수를 모아놓고 '必死卽生, 必生卽死(필사즉생 필생즉사)'라는 말로 격려하면서 적을 기다린 끝에 다음 날 대승을 거두고 해상권을 회복했다. 그는 진도와 화원반도 사이에 있는 울돌목 즉 명량이 수로가 협소하고 조류가 국내에서 가장 빠른 점을 이용해 쇠줄을 설치하고 일자진을 펴서

---

28) 이순신(李舜臣, 1545~1598) : 서울 출생 자 여해. 시호 충무. 임진왜란 때 일본군을 물리치는 큰 공을 세운 명장. 옥포, 사천포, 당포, 안골포, 부산포, 명량, 한산도, 노량해전 등에서 승리. 그와 관련된 많은 유적이 사적으로 지정돼 있으며, 그의 삶은 후세의 귀감으로 남아 오늘날에도 문학·영화 등의 예술작품의 소재가 되고 있음.

29) 넬슨(Horatio Nelson, 1758~1805) : 영국 노퍽 출생. 영국의 제독(提督). 미국 독립전쟁, 프랑스 혁명전쟁에 종군, 코르시카 섬 점령, 세인트 빈센트 해전승리. 나폴레옹 대두와 더불어 프랑스 함대와 대결하는 중심인물로 트라팔가르 해협에서 프랑스-에스파냐 연합 함대를 격퇴시킴. 이때 적의 저격을 받고, '하느님께 감사한다. 우리는 우리의 의무를 다했다'라는 최후의 말을 남기고 기함 빅토리아호에서 전사.

왜군을 유인해 함포공격을 퍼부어 승리했다. 이는 세계해전사에 유례를 찾아볼 수 없을 만큼 완전한 승리였다. 명량해전은 해상권을 상실한 칠천량해전 이후 남해안에서 승승장구하던 왜군의 수륙병진 계획을 송두리째 격파한 해전으로 정유재란의 전환점을 마련해 준 싸움이었으나, 장군은 겸손하게 '이번 싸움은 천행이었다(此實天幸 차실천행)'고 난중일기에 적고 있다.

이순신의 삼대첩 중 노량해전은 1598년 선조 31년 노량 앞바다에서 조선 수군이 일본 수군과 벌인 마지막 해전이다. 도망가는 적을 쫓으며 벌인 이 해전을 마지막으로 7년간 계속된 조선과 일본의 전쟁은 끝났고, 이순신도 이때 적의 유탄에 맞아 전사했다. 이순신은 죽는 순간까지 자기의 죽음을 알리지 말고 추격을 계속해 적을 격파하라고 유언했기 때문에 왜군을 격파한 후에야 조선군은 이순신의 전사소식을 들었다. 이 추격전에서 왜군은 다시 50여 척의 전선이 격파당하고, 겨우 50여 척의 남은 배를 수습해서 퇴각했다.

이순신은 유명한 어록들을 남기고 있다.

✔ 신에게는 아직 12척의 배가 남아있습니다.

➡ 장군이 모함을 받아 투옥됐다가 복귀되면서 선조 임금에게 '이제 신에게도 아직 전선 열 두 척이 있으니, 죽을 힘을 내어 항거해 싸우면 오히려 할 수는 있는 일입니다. 비록 전선은 적지만, 제가 죽지 않는 한 적이 우리를 업신여기지 못할 것입니다.'라고 했다.

✔ 죽고자 하면 살 것이요, 살고자 하면 죽을 것이다.

➡ 必死卽生 必生卽死(필사즉생필생즉사)

✔ 내 죽음을 적에게 알리지 마라.

충무공의 난중일기에는 주요 해전을 앞두고 장병들에게 한 연설이 충분히 기록되지는 않았지만 명량해전 하루 전인 음력 9월 15일 장군이 여러 장병에게 한 연설의 일부는 다음과 같다.

"병법에 이르기를 죽으려고 하면 살고 살려고 하면 죽는다 했다. 또 한 명이 길목을 지키면 천 명도 두렵게 만들 수 있다는 말이 있다. 이는 모두 우리를 두고 한 말이다. 여러 장수들이 조금이라도 명령을 어기고 행동한다면 규율대로 시행함으로써 작은 일일지라도 용서하지 않겠다." 〈난중일기, 정유년〉

(4) 나폴레옹

나폴레옹[30]은 연설로 부하들의 마음을 사로잡는 데에 특별한 수완을 발휘했다. 전투에 앞서 연설로 장병들을 용기를 북돋아 주고, 전투 중에는 항상 앞에 나가 지휘를 했으며, 싸움이 끝난 다음에는 과감한 논공행상을 했다. 이탈리아 원정군 사령관에 새로 부임한 나폴레옹은 니스에 본부를 설치하고 병영을 시찰한 뒤, 보급이 제대로 이루어지고 있지 않음을 알고는 다음과 같은 부임 연설로 장병들의 사기를 북돋운다.

30) 나폴레옹 1세(Napoleon Bonapart, 1769~1821) : 코르시카섬 아작시오 출생. 군사·정치적 천재. 알렉산더 대왕과 시저에 비견됨. 1784년 파리육군사관학교 입학. 1799년 원로원이 제1통령 임명 후 군사독재. 1804년 12월 인민투표로 황제 즉위 제1제정. 1812년 6월 러시아 원정 실패. 1814년 영국·러시아·프러시아·오스트리아군에 의해 파리함락, 엘바섬 유형. 1815년 3월 탈출 다시 황제취임. 의회 요구로 1815년 6월 22일 퇴위, 대서양 세인트 헬레나섬 유배 후 사망.

★★★

여러분! 여러분에 대한 지원은 말할 수 없이 나쁘다. 나는 여러분을 이 세상에서 가장 기름진 평원지대로 이끌고 갈 것이다. 풍요로운 여러 고을과 광대한 여러 도시가 제군들의 권력 밑으로 들어올 것이고, 여러분은 그곳에서 명예와 영광, 그리고 재물과 부를 발견하게 될 것이다. 이탈리아 원정군 병사들이여! 모름지기 여러분은 여러분의 용기와 강하고 끈기 있는 정신을 잃지 않을 것으로 나는 믿는다.

나폴레옹에게는 '전쟁의 천재', '위대한 정복자' 등의 수식어가 따라다닌다. 또한 그가 전쟁에서 거둔 승리의 수는 알렉산더 대왕과 카이사르, 징기스칸을 합한 것보다 많다는 말이 있을 정도이다.

(5) 아이젠하워 장군

제2차 세계대전에서 연합군 총사령관 아이젠하워 원수[31)]가 지휘하는 연합군은 1944년 6월 6일 승리의 전기를 마련하는 노르망디 상륙작전을 감행했다. 연합군은 프랑스 노르망디에 교두보를 확보한 후 파죽지세로 독일로 진격, 제2차 세계대전을 종결하는 데 결정적인 역할을 했다. 노르망디 상륙작전이 있는 날, 아이젠하워 원수는 라디오를 통해 연합군을 '위대한 십자군(the Great Crusade)'으로 승화시켰다. 그는 독일로의 진군을 '승리의 진군(marching to victory)'으로 정의하며

31) 아이젠하워(Dwight David Eisenhower, 1890~1969) : 미국 텍사스 출신. 정치가. 제34대 대통령. 아이크(Ike)라는 애칭으로 불림. 1943년 유럽연합군 최고사령관으로 연합군의 승리에 크게 기여했으며, 1945년 육군참모총장, 1948년 컬럼비아대 총장, 1950년 나토 최고사령관. 1952년 대통령 선거에서 한국전쟁을 정전으로 끝내겠다는 공약을 내걸고 당선됨. 한국전쟁을 종결하기 위해 '내가 한국으로 가겠다(I shall go to Korea)'라는 선거 슬로건을 내걸었음.

병사들을 독려했다. 이 연설은 약 2분간의 짧은 것이었지만 전쟁의 명연설로 평가받고 있다.

(전략)연합 원정군의 육·해·공군 장병 여러분! 지금 세계의 시선(視線)은 여러분에게 쏠려 있다. 자유를 사랑하는 사람들은 어디에 있든지 그들의 희망과 기도는 여러분과 함께 진군(進軍)할 것이다. 다른 전선의 우방, 그리고 동맹군과 함께 여러분은 모든 자유 세계인의 안전을 확보해야 한다. 여러분의 임무는 결코 쉽지 않다. 여러분의 적은 잘 훈련돼 있고 잘 무장돼 있으며 전투경험으로 단련돼 있다. 적은 처절하게 대항할 것이다. (중략)

그러나 우리의 항공전술에 의해 그들의 항공전력과 지상에서의 전쟁수행 능력은 크게 약화됐다. 우리의 조국 후방전선은 우리에게 압도적으로 우세한 무기와 탄약을 제공하고 있으며 훈련된 예비전투 병력을 준비해 두고 있다. 대세는 바뀌었다. 세계의 자유민들도 승리를 향해 함께 진군하고 있다. 나는 여러분의 용기, 임무에 대한 헌신성, 그리고 전투역량에 무한한 자신감을 갖고 있다. 우리는 완전한 승리 이 외에는 아무것도 인정하지 않는다.(후략)

(6) 졸업식 축사

한국의 초중고등학교 졸업식장은 재학생의 '송사', 졸업생의 '답사'에 이어, '빛나는 졸업장을 타신 언니께 꽃다발을 한 아름 선사합니다.'로 시작된 졸업식 노래가 흘러나오는 순간 울음바다가 될 정도로 감동을 연출한다. 대학의 졸업식은 졸업생 거의 모두가 사회로 나가는 순간이기 때문에 초중고보다 더 무거운 분위기가 된다. 학교라는 온실 속에서 세찬 풍랑과 파도가 몰아치는 인생이라는 항해를 시작해야 할 졸업식에서의 축사는 격려사의 성격이 강하다.

2006년에 취임한 서울대 제24대 이장무 총장의 제61회 학위수여식 식사 일부를 옮긴다.

★★★

오늘은 우리가 새로운 서울대학교 졸업생 동문을 배출하는 뜻 깊은 날입니다. 서울대학교 구성원 모두를 대신해서 오늘 이 자리에 선 자랑스러운 졸업생 여러분, 그리고 이들을 서울대학교에 맡겨 주신 학부모님께 진심으로 감사와 축하의 인사를 드립니다. 또한 어려운 걸음을 하시어 이 자리를 빛내주시는 존경하는 전임 총장님, 총동창회장님, 내외귀빈 여러분, 그리고 졸업생들의 오늘이 있기까지 지도와 편달을 아끼지 않으신 친애하는 교수님들과 직원 여러분께 깊은 감사의 마음을 전하고자 합니다.

친애하는 졸업생 여러분!

여러분은, 지난 2년, 길게는 6년여에 이르는, 결코 짧지 않은 기간동안 서울대학교에 다녔습니다. 이제는 뿌듯한 마음으로 이 자리에 모였지만, 그 동안 얼마나 노고가 많았는지 우리는 잘 알고 있습니다. 수고 많았습니다. 그리고 그동안 모든 어려움을 잘 견뎌내고 영예의 졸업을 하게 된 것에 대해 박수를 보냅니다.

입학 때의 환희를 뒤로 하고 영예로운 졸업을 맞아 우리는, 지금 이 순간의 기쁨과 보람으로 들떠 있기보다는 입학 당시 자신이 가졌던 포부와 야망을 실현했는지, 그리고 그 목표를 달성하기 위해 열심히 잘 준비했는지 스스로에게 물어야 합니다. (중략)

개방적 태도 즉, 열린 마음이야말로 여러분이 전개할 미래의 성패를 좌우하는 가장 중요한 전제조건이 될 것입니다. 도전과 자기계발, 이 모든 것은 여러분의 마음가짐에 달려 있습니다. 과거에 얽매이지 말고 선입견에 사로잡히지 말고 넓은 시야와 밝은 안목으로 멋진 인생을 개척해 나가기 바랍니다. (중략)

이제 여러분은 교문을 나서지만, 모교인 서울대학교는 졸업생 여러분이 만들어 나가는 것이기도 합니다. 이제 졸업생 여러분도 여러분을 키워준 서울대학교를 육성하는 데 적극적으로 동참하기 바랍니다. 여러분의 모교 역시 세계 일류의 대학, 사회적 책임을 다하는 대학이 되기 위해 혁신적 변화를 이루고 있습니다.

자랑스러운 서울대학교 졸업생 여러분!

우리 교직원들은 전국 최고의 인재를 가르치고 함께 연구할 수 있는 기회를 가진 데 대해 많은 자부심을 느끼고 있습니다. 앞으로도 졸업생 여러분들이 이루어나갈 장래의 모습에서 더 크고 뿌듯한 자부심을 가질 수 있을 것이라고 믿어 의심치 않습니다. 오늘 영예로운 학사, 석사 그리고 박사학위를 내걸고 새로이 출항하는 졸업생 여러분의 배가 한반도, 동북아를 넘어 5대양, 6대륙을 누비는 모습을 보는 것은 여러분의 가족, 그리고 우리 서울대학교 가족 모두가, 그리고 우리 국민 모두가 희구하는 위대한 세대에 대한 아름다운 꿈입니다.

사랑하는 서울대학교 졸업생 여러분!

다시 한 번 여러분의 졸업을 축하합니다. 여러분의 앞날에 행운과 영광이 늘 함께 하기를 빕니다. 감사합니다. <서울대 총장 연설모음 (http://www.snu.ac.kr)>

(7) 그룹 회장 신년사

★★★

국내외 삼성가족 여러분!

2007년의 새아침이 밝았습니다. 희망찬 새해를 맞아 여러분과 여러분의 가정에 건강과 행복이 가득하기 바랍니다. 더불어 지난 한 해 많은 어려움 속에서도 글로벌 일류기업 만들기에 온 힘을 다해 주신 임직원 여러분에게 감사드립니다.

지난해 세계 각국은 전쟁과 테러가 그치지 않는 와중에도 성장을 멈추지 않았습니다. 특히 기술강국 일본은 활력을 되찾아 더 앞서 나가고 있고 생산대국 중국은 뒤를 바짝 쫓아오고 있습니다.

반면 우리는 제자리 걸음을 계속하고 있으며, 산업 경쟁력마저 점차 약화되고 있습니다. 우리 경제가 이렇게 된 데는 정치 사회적 요인도 있지만 무엇보다 기업의 책임이 크다고 하지 않을 수 없습니다. (중략)

삼성가족 여러분!

오늘날은 생산력이 중심이던 20세기와는 달리 마케팅, 디자인, 브랜드와 같은 소프트 역량이 한데 어우러진 복합창조력을 요구하는 시대입니다.

따라서 우수한 인재를 모으고 연구개발에 집중해서 새로운 기술과 제품, 시장을 만드는 데 더 많은 힘을 쏟아야 할 것입니다.(중략)

이와 함께 신수종사업을 찾는 일도 서둘러야 합니다. 디지털 시대 1년의 변화는 아날로그 시대 100년의 변화에 맞먹습니다. 더 이상 머뭇거릴 시간이 없습니다. 지금 우리를 대표하는 산업들은 순환의 고리를 따라 가까운 장래에 중국이나 인도, 동남아로 옮겨가게 될 것입니다. 고객과 시장의 흐름, 우리의 핵심역량을 살펴 사업구조와 전략을 다시 점검하고 반도체, 무선통신의 뒤를 이을 신사업의 씨앗을 뿌려야 합니다.

아울러 삼성의 오늘이 있기까지는 주주와 고객, 이웃 사회의 도움이 적지 않았음을 잊지 말고 사회적 책임을 다하는 데 정성을 기울여야 합니다. 특히 우리와 한 몸이자 경쟁력의 바탕이 돼온 협력업체와는 공동체 관계를 꾸준히 발전시켜 나가야 합니다. 이렇게 해 나간다면 머지않아 우리 삼성은 어떠한 위기에도 흔들림없는 기업, 미래에 도전하고 창조하는 기업, 고객과 사회에 믿음을 주는 기업이 될 것이며, 마침내 세계의 정상에 우뚝 서게 될 것입니다.

존경하는 임직원 여러분!

미래는 꿈꾸는 자의 것입니다. 지금부터 20년 전 저는 회장에 취임하면서 위대한 내일을 창조할 삼성의 가능성을 확신했으며 삼성가족의 열정과 헌신을 믿고 끊임없이 도전해 왔습니다.

세계를 향한 우리의 목표는 크고 원대합니다. 저와 여러분의 미래에 대한 신념과 열정, 창조적 혁신과 도전이 계속되는 한 우리의 앞날은 더욱 힘차고 밝을 것입니다. 미래를 준비하는 한 해가 되기를 바라면서, 오늘 다짐한 새해의 약속이 알찬 결실을 맺고 여러분이 뜻하신 모든 소망 또한 바람대로 이루어지기를 기원합니다. 2007년 1월 2일 회장 이건희[32] (http://www.samsung.co.kr/about/chairman_keynote.jsp)

(8) 결혼식 주례사

결혼식 주례사는 5분 내외에서 7분을 넘지 않는 것이 좋겠다. 주례사의 앞부분은 의례적인 축하인사로 시작한다. 인사부분에서는 신랑과 신부, 부모님에 대한 축하인사와 참석한 하객에 대해 고맙다는 인사에 이어 신랑과 신부에 대한 소개 등으로 구성한다.

주례를 부탁 받으면 신랑과 신부에게 장래 결혼생활에 대한 각오와 서로가 서로를 어떻게 아낄 것인가를 간단하게 써보라는 부탁을 하고, 그 내용을 주례사에 요약해 앞부분에서 소개하기도 한다. 이렇게 축하인사와 두 사람의 장래희망 등을 전체의 3분의 1 정도로 구성하고, 두 사람에게 당부하는 말을 3분의 2 정도 분량으로 배분한 뒤, 다시 한 번 축하의 말을 하면서 마친다.

주례사 중 앞부분 축사와 인사, 신랑 · 신부의 각오 등을 제외하고, 신랑 · 신부에게 당부하는 말 부분을 소개한다.

★★★

이제 하나의 가정을 이루면서 설레는 마음으로 새로운 인생을 출발하는 신랑신부에게 몇 가지만 당부합니다.

첫째, 부드러운 말과 행동으로 서로 아끼며 부부화합에 전심전력하기 바랍니다.

사람은 일생 동안 두 번 태어난다고 합니다. 한 번은 부모로부터 태

32) 이건희(李健熙, 1942~) : 이병철 삼성그룹 창업자의 셋째 아들, 삼성그룹 회장.

어나는 것이고, 또 한 번은 결혼을 통해서 태어납니다. 첫 번째 탄생은 운명적이지만 두 번째 탄생은 선택적입니다. 스스로 선택한 사랑에는 반드시 책임이 따른다는 것을 명심하기 바랍니다.

사랑은 항상 상대적인 것입니다. 남편이 사랑스러운 것은 남편이 나를 진정으로 사랑하기 때문이며, 아내가 사랑스러운 것은 아내가 나를 진정으로 사랑하기 때문인 것입니다.

또한 사랑하는 사람과 사는 데에는 하나의 비결이 있다고 했습니다. 상대를 달라지게 하려고 해서는 안 된다는 겁니다. 서로가 상대방에게 자신을 맞추려고 노력해야 한다는 말과도 통합니다.

둘째, 근면성실한 생활로 모범을 보이고, 이웃에 덕을 베푸는 삶을 살아가기 바랍니다.

처음부터 지나친 욕심을 부리지 말고, 작은 것부터 차근차근 이뤄나가는 기쁨을 느끼면서 살아가기 바랍니다. 인생에 성공하는 비결은 부지런하고 성실하며, 이웃 간에 믿음을 주는 생활에서 온다는 것을 잊지 말기 바랍니다.

두 사람은 앞으로 큰 뜻을 품고 있기 때문에 어느 누구보다 근면, 성실, 그리고 봉사하는 삶에 대한 투철한 의지를 가지고 있으리라 생각합니다.

셋째, 두 사람은 가정을 하나의 회사처럼, 그리고 자녀를 교육하는 학교처럼 만들면서, 직장을 경영하듯 가정경영에 최선을 다해야 합니다.

독일의 시인이면서 소설가였던 괴테는, "결혼생활은 참다운 뜻에서 연애의 시작"이라고 했습니다.

두 사람은 오늘부터 '진짜 연애, 참다운 연애'를 시작하기 바랍니다.

오늘 이 자리에 함께 해주신 하객 여러분, 대단히 감사합니다.

2014년 7월 12일

주례 김상준

제 5 장

방송 커뮤니케이터

1. 커뮤니케이터의 정의
2. 방송 커뮤니케이터의 정의
3. 방송 커뮤니케이터의 직명
4. 방송 커뮤니케이터의 기능
5. 방송 커뮤니케이터의 역할
6. 방송 커뮤니케이터의 덕목
7. 방송 커뮤니케이터의 교육

제5장

방송 커뮤니케이터

1. 커뮤니케이터의 정의

커뮤니케이터(communicator)란 사전적인 의미로 커뮤니케이션을 하는 사람이다. 한국어에서의 사전적인 의미는 '전달자, 통보자'이다.

그러나 커뮤니케이터라는 말은 그렇게 단순한 의미로 사용할 수 없는 특수한 용어이다. 인간생활에서 빼놓을 수 없는 기본적 수단의 하나인 커뮤니케이션은 여러 기능을 수행하고 있다. 그것은 세상이 어떻게 돌아가고 있는가를 서로에게 알려주는 정보적 기능, 서로 즐거움을 나누는 오락적 기능, 문화를 전수해 주는 문화적 기능, 서로를 설득하는 수단으로서의 설득적 기능을 들 수 있다.

커뮤니케이터를 커뮤니케이션의 기능과 관련해서 정의하면 '사람들에게 정보를 알리고, 문화를 전수하며, 오락을 통해 즐거움을 느끼도록 하거나, 설득하는 사람'이라 할 수 있다.

서양에서는 일찍부터 설득 내지 설득 커뮤니케이션을 매우 중시했다. 그래서 고대 그리스에서는 이를 연구하고 교육하는 이른바 수사학(rhetoric)이라는 학문이 발달했다. 오늘날에는 수사학을 문체에 관한 것으로 알고 있는 경우가 많으나, 그것은 본래 설득에 관한 학문이었다(차배근 · 리대룡 · 오두범 · 조성겸, 2001).

이상의 레토릭과 설득이라는 말을 종합해서 개인이나 집단, 또는 조직이라는 뜻을 가진 커뮤니케이터를 정의하면 '어떤 목적을 달성하기 위해 주어진 상황(situation)에서, 언어나 그림 등으로 구성된 메시지라는 기호적 자극을 매체(channel)를 통해 수용자(receiver)에게 전달해서 의도한 반응(response)을 유발하는 자'라 할 수 있다.

2. 방송 커뮤니케이터의 정의

미국의 경우 방송 초창기에 방송인들은 능력 있는 사람들로 쇼 비즈니스에 근거해 자신의 전문성을 키워 나가면서 전통을 만들어 갔다. 방송진행자에게 붙여진 이름인 아나운서는 세일즈맨이기도 하고, 의식의 전문가이며, 세련된 통역관이기도 했다. 초기 라디오 아나운서들은 다양한 업무를 수행했다. 아나운서는 광고를 전하고, 뉴스를 낭독할 뿐만 아니라, 외국이름을 발음하고, 클래식 음악에 정통해야 하며, 유명배우와 최신의 음악경향에 대해 풍부한 지식을 가지고 있어야 했다.

하우스만 등(Hausman et al., 2000)이 저술한 '아나운싱'은 방송 매체에 있어서 커뮤니케이터(communicator)에게 필요한 자질연마와 직업인으로서의 길잡이에 초점을 맞추고 있다. '아나운싱'에서는 또 '커뮤니케이터'란 용어 대신 '아나운서'를 사용하기도 하는데, 그 이유는 아직도 통상적으로 음성언어를 사용해서 메시지를 전달하는 커뮤니케이터의 대표적인 직종이 아나운서이기 때문이다.

방송 초창기부터 방송인(on-air performer)들은 방송을 통해 단순한 지식의 전달(announce)만을 하지는 않았다. 오늘날의 커뮤니케이터들은 즐거움을 선사하고, 이야기를 들려주고, 정보를 전달하며, 사교의 장을 제공하는 동반자와 같은 역할을 하고 있으면서, 구시대 아나운서가 그랬듯이 단순히 정형화된 방식대로 틀에 박힌 프로그램의 내용만을 전달하는 현상은 드물어졌다.

미국에서의 초창기 아나운서는 재치 있고 세련돼야 했으며, 방송 중에는 수신자로 하여금 단지 말한다는 느낌이 아닌 일종의 공연을 한다고 인식하도록 요구됐다. 1930년 중반까지의 라디오 방송은 좋은 목소리를 가진 아나운서의 시대였다. 라디오 방송에서 성공하려면 남성들의 경우 깊은 울림을 가진 음성이 필수였다. 메시지를 전달하는 화법은 정형화된 어구 등이 강조됐다. 미국의 방송 초창기에는 아나운서만의 독특하면서도 금방 구별할 수 있는 말을 사용했다. 그래서 라디오 방송 이외에서는 들을 수 없는 특이한 어투를 구사한다는 비판을 받기도 했었다.

한국언론재단의 홈페이지(2004)는 '아나운서란 협의의 개념으로는 뉴스 전달자를 말하고, 광의의 의미로는 방송에 출연하는 비연예계 인사, 좁게는 방송사에 사원으로 고용돼 있음을 함축한다.'고 정의하고 있다.

그리고 'MC(master of ceremonies), 뉴스캐스터, 스포츠캐스터, 앵커, DJ, 리포터, 내레이터 등이 포함되며, 더 넓게 보면 방송을 진행하는 기자, 프로듀서, 소설가, 주부, 어린이까지 이 범주에 든다고 할 수 있다.'고 소개하고 있다.

이러한 정의들을 종합하면 아나운서는 뉴스 전달자이기 때문에 방송 메시지 전달을 위한 표준어 구사와 정확한 발음 등 필수적인 자질이 요구된다고 할 수 있다. 과거 라디오 방송시절에는 미성(美聲)이 강조되기도 했으나, 지금은 굳이 미성을 강조하지는 않고 있다.

그러나 목소리로 방송하는 직업인 이상 미성은 아니라도 시청자가 듣기 좋은 목소리는 필수적이다. 아울러 표준어의 능숙한 구사를 비롯한 외래어나 외국어의 바른 사용, 음성표현의 기술, 프로그램의 성격에 맞는 의상, 지나치지 않는 분장, 문장력과 기사작성 능력, 교양과 식견, 방송현장에서의 균형감각을 비롯한 판단력, 상황에 대처하는 순발력 등이 필요할 것이다.

좁은 의미의 아나운서라는 개념과, 넓은 의미의 아나운서를 나눠 다시 정리하면 다음과 같다.

1) 협의의 정의

한국방송의 아나운서는 지상파 방송[1)]과 케이블 TV,[2)] 인터넷 방송[3)] 등 라디오와 텔레비전 방송사 직원으로서 뉴스를 기본으로 TV와 라

1) 송신탑을 통해 수용자에게 보내는 방송. 한국은 KBS, MBC, SBS 등 방송사. 상대적으로 통신위성을 통해 보내는 방송을 위성방송이라 함.

2) 케이블로 연결돼 가정으로 보내는 방송으로, 셋톱박스를 이용해 일부방송을 제한할 수 있음.

3) 인터넷(internet)과 방송(broadcast)의 합성어로 intercast임. 1995년 인텔사가 소개. 1996년 애틀랜타 올림픽 때 미국 NBC방송국이 처음 시험방송.

디오 프로그램의 MC나 DJ, 스포츠 중계방송을 비롯한 각종 행사의 의식중계방송[4] 등을 주임무로 하는 사람이나 그 직업을 말한다(김상준 외, 2005).

2) 광의의 정의

방송사를 포함해 학교와 기업, 공항이나 역의 터미널, 경기장 등에서 안내방송을 하는 사람이나 그 직업을 말하며, 야구장, 농구장, 경마장, 경륜장 등의 현장중계 아나운서와 전자게임의 중계를 하는 사람들을 아우르는 명칭이다.

3. 방송 커뮤니케이터의 직명

1) 한국

아나운서의 정의에서 정리한 것처럼 한국에서는 방송사의 직명으로 아나운서라는 명칭을 쓰고 있다. KBS의 경우는 과거 정부에 소속된 공무원일 때 아나운서라는 일반적인 직명 외에 정부의 발령사항으로 방송원, 혹은 방송원보 등 공무원의 직제로 부르기도 했다.

4) 의식중계 방송은 정부주관의 경축일과 각종 기념일, 선수단이나 국가원수 등의 환영식 중계방송을 들 수 있음.

2) 일본

한국처럼 아나운서로 부르고 있다. 물론 일본어로는 아나운사(アナウンサ)로 부르고, 영어로는 아나운서(Announcer)로 쓰고 있다. NHK의 경우는 아나운서들이 소속된 부서명은 '아나운스(Announce)실'로 하고 있다(김상준 외, 1997).

3) 영국

영국 BBC의 경우는 1970년대까지 아나운서라는 직명을 사용해 왔으나, 80년대 이후 지금은 프리젠터(presenter)라는 직명을 사용하고, 일반적인 호칭으로 아나운서라는 말도 사용하고 있다(김상준 외, 1999).

4) 미국

미국은 1960년대까지 아나운서라는 직업명을 사용했다. 그러나 지금은 아나운서, MC, DJ, 캐스터 등 전문화된 명칭을 사용하는 것이 관례로 돼 있다. 칼 하우스만 등이 저술한 Announcing에는 아나운서라는 직업명을 다양하게 사용하고 있다.

5) 중국

중국은 파음원(播音員)이라는 직명으로 사용하고 있다. 특히 중국 전매대학(Communication University of China)은 아나운서 학과(播音系)를 개설

해서 운영하고 있다. 중국 전매대학은 중국 교육부 산하 국가정책 종합방송 대학으로 북경시내 조양구에 위치하고 있으며, 아나운서학과는 1980년 설립 후 방송분야에 2천여 명의 졸업생을 배출했다.

2천여 졸업생들은 현재 중국의 여러 방송매체에서 전문 아나운서, 혹은 사회자로 근무하고 있으며, 중국의 지상파 방송사(CCTV, B-TV)사장, PD, 연기자 등 방송인의 80%를 배출하고 있다.

6) 조선족 방송

중국 연변을 비롯한 하얼빈, 북경 등 조선족 방송에서 아나운서는 중국식으로 파음원과 북한식 명칭인 방송원(放送員), 한국식 명칭인 아나운서라는 직명을 함께 사용하고 있다.

7) 북한

북한은 방송원이라 하고 있다. 특히 북한에서는 예술인들에게 주는 칭호인 인민방송원[5]과 공훈방송원 칭호를 주어 이들의 국가에 대한 기여도를 높이 평가하고 있다. 이 제도는 1966년 7월 1일 제정됐는데, '정치사상적으로 견실하며 방송선전사업에서 튼튼한 공훈을 세워 인민의 사랑과 존경을 받는 재능있는 방송인들에게 수여하는 칭호'라 설명하고 있다.

5) 북한은 혁명과 주체사상으로 무장하고, 김일성·김정일에게 충성하며, 김일성교시의 구현인 당정책을 관철하기 위한 투쟁에서 혁명적 열의와 창조적 적극성으로 공훈을 세운 '일군'들에게 인민·공훈칭호와 노력훈장을 수여하고 있음.

북한의 박재용 · 김영황(1988)은 '방송원화술'의 머리말에서 '방송원들은 친애하는 지도자동지께서 내놓으신 방송화술에 관한 사상과 리론을 전면적으로 깊이 있게 연구학습함으로써 우리 당의 목소리를 내외에 널리 선전하는 선전원, 당정책을 견결히 옹호하고, 그 관철에로 인민대중을 힘있게 불러일으키는 투사로서의 사명과 역할을 다하여야 할 것'이라고 함으로써 방송원, 즉 아나운서의 사명과 역할을 강조하고 있다.

북한의 아나운서들은 화술에 능통하면서 실력 있고 당성이 강한 최고의 엘리트들이다. 이들은 주로 김일성대학 어문학부나 영화연극대학 방송학과 출신 중 언변이 뛰어나고 총명한 학생들이 선발되는 것으로 알려져 있다.

방송원은 라디오 · 텔레비전 · 외국어전문 방송원으로 나뉘고, 전문분야에 따라 정치 · 경제 · 문화예술 담당 방송원으로 구분된다.

북한에서 방송원을 하기 위해서는 발음의 정확성과 속도감, 교양 등 3가지 기본원칙을 가져야 하며 상황에 따라 억양과 말투를 자유자재로 바꿀 수 있어야 한다. 미국과 남한에 대한 부정적인 보도를 할 때는 전투적인 기백으로 격앙되고 분노에 찬 어조로, 김일성이나 김정일에 관한 보도를 할 때는 장엄하고 존경심어린 목소리로 바꾸어야 한다.

북한의 이상벽,[6] 이춘희 같은 유명한 아나운서들은 오랫동안 주민들의 기억 속에 남아있다. 해마다 명절이 되면 방송원들은 김정일로

6) 리상벽(1997년 사망) : 준박사(한국의 석사급), 인민방송원으로 조선 중앙방송위원회 위원장과 동격의 대우를 받았으며, 1966년 잉글랜드 월드컵 때 북한이 8강전에서 포르투갈과 맞붙게 되자 이상벽을 급파했으며, 한국전쟁 때 북한의 서울점령시 북한군 사령부에서 선무방송을 한 것으로 전해지고 있음. 저서로 '화술통론', '조선말화술' 등이 있음.

부터 과일과 시계, 옷가지 등을 선물로 받고 있으며, 이상벽이나 이춘희 같은 방송원들에게는 예술인들의 최고명예인 인민 방송원 칭호도 수여됐다. 방송원들은 뉴스보도 때 자신의 이름을 전혀 밝히지 않지만 주민들은 유명 아나운서의 이름은 대개 알고 있다고 한다.

4. 방송 커뮤니케이터의 기능

1) 방송진행

일반적으로 아나운서는 방송사에서 콜사인(call sign)이라고 하는 방송국의 국명고지[7]와 방송순서 소개와 같은 방송법이나 전파관리법에 의한 ID 멘트(identification announcement)는 스태프 개념의 아나운서가 주로 한다.

그리고 뉴스, 음악방송(DJ), 스포츠 중계(caster), 의식 중계, 사회(MC), 내레이터, 일기예보를 비롯한 각종 정보전달 등 방송의 핵심기능을 하고 있다.

2) 방송제작

최근에는 방송사의 효율적인 인력관리의 필요에 따라 아나운서와

7) 국명고지(局名告知, ID, identification) : 방송국의 국명, 호출부호, 채널, 위치, 출력 따위를 알려 주는 것. 라디오에서는 '여기는 ○○ 방송국입니다.'라고 아나운스하며, TV에서는 화면의 3/4에 국명이나 콜 사인(call sign)을, 나머지 부분에 광고를 넣어 5~10초간 방송함.

프로듀서의 기능을 함께 하기도 한다.

방송형식과 내용이 많이 분화되고, 제작기법과 방송기술의 발전에 따라서 방송업무가 다양화함에 따라 라디오와 TV 방송의 기획, 구성, 제작을 아나운서가 직접 담당하는 경우가 많다.

3) 아나운서의 적성 및 능력

아나운서의 적성은 방송인의 직업의식과 인간에 대한 애정을 필요로 한다. 그리고 세계화 시대에 맞는 폭넓은 교양과 지식, 외국어 사용 능력, 표준한국어를 포함한 올바른 방송언어 사용, 시청자에게 호감을 주는 외모와 격무를 감당할 만한 건강을 필요로 한다.

5. 방송 커뮤니케이터의 역할

한국의 방송사 아나운서는 다양한 역할을 하고 있다. 먼저 정확한 방송언어로 시청자들에게 신뢰감을 주는 전달자(communicator) 역할을 하고 있다. 하는 일도 라디오와 TV에서 뉴스를 전달하는 앵커, 혹은 캐스터, 리포터의 역할을 비롯해서 MC, DJ, 스포츠와 의식중계 방송의 캐스터 등 다양한 분야의 활동을 하고 있다.

방송사에서 정식 아나운서로 자리 잡으면 인터뷰와 중계방송을 통해 사건, 사고의 원인과 진행과정, 결과 등을 상세히 보도하면서 프로그램을 진행한다. 뉴스 프로그램에서는 새로운 소식의 내용을 정확하면서도 알기 쉽게 전달해야 하고, 인터뷰나 사회 프로그램에서는 주제와 분위기에 따라 진행하는 기술이 필요하다.

한국의 지상파 방송에서는 KBS한국어연구회[8]와 같은 연구모임을 만들어 올바른 언어사용을 위한 프로그램 제작과 연구, 교육에도 중요한 역할을 하고 있다.

한국에서 아나운서를 프로그램의 장르에 따라 달리 부르는 말은 다음과 같다.

1) 앵커

앵커(anchor)란 방송의 종합 뉴스를 전달하는 아나운서를 가리키는 말이다. 뉴스 프로에서는 앵커맨, 앵커우먼, 혹은 프리젠터(presenter)로 불린다. 앵커라는 말은 '닻, 확보'라는 뜻과 함께 앞서 달린 주자(前走者)의 기록을 확보한다는 의미로 릴레이의 최종 선수(the anchor in a relay team)를 뜻한다.

등산용어로 쓰이는 앵커라는 말은 암벽(岩壁)이나 빙설(氷雪)을 그룹으로 올라갈 때, 자일로 몸을 묶고 서로 안전을 확보하는 일을 말한다. 이때 안전을 확보하는 사람은 상대가 실족해서 추락하는 경우, 여기에 끌려들지 않게 나무나 바위, 하켄, 피켈 등에 자일을 걸고 자신을 확보하는 사람을 말한다(김상준 외, 2005).

미국의 아침은 NBC, ABC, CBS의 모닝 뉴스쇼의 경쟁으로 시작된다는 말이 있을 정도로 뉴스의 경쟁이 치열하다. 특히 미국의 빅3 네

8) KBS한국어연구회는 1983년 4월 23일 발족한 연구 및 교육, 연수, 출판, 한국어 능력 시험 등을 시행하고 있음.

트워크의 아침뉴스 시청률 경쟁은 자명종 울리는 소리와 함께 시작한다는 의미에서 '자명종 전쟁(alarm clock wars)'이라고도 불리고 있다.

오늘날 한국의 방송사 저녁 종합뉴스 앵커는 방송사를 대표하는 '얼굴' 역할을 하고 있다. 방송사마다 이들의 이미지 관리를 위해 각별한 신경을 쓰는 이유도 바로 여기에 있다. 각종 보도 프로그램을 진행하는 앵커들의 일거수일투족이 바로 그들이 속한 방송사의 이미지와 위상을 설정하는 데 결정적인 역할을 하기 때문이다(김기태, 2003).

한국방송의 앵커시스템은 KBS, MBC, SBS 3사 모두 남녀가 짝을 이루어 진행하는 공동앵커 시스템을 채택하고 있다.

방송의 앵커 시스템은 다음과 같이 크게 세 가지 유형으로 나눠볼 수 있다.

첫 번째 유형은 앵커가 강력한 권한을 가지는 시스템이다.

즉 미국 CBS 뉴스가 처음 월터 크롱카이트를 앵커로 기용할 때부터 채택한 방식인데, 크롱카이트식의 앵커제도는 명실 공히 CBS 뉴스의 편집과 진행권을 동시에 관장하는 유형이다. 크롱카이트 이후 미국의 3대 네트워크는 모두 비슷한 앵커 시스템을 정착시켰고, CBS의 댄 래더나 ABC의 피터 제닝스, NBC의 탐 브로코 등 네트워크 앵커들은 20년 이상 지속적으로 뉴스를 진행한 케이스이다.

두 번째 유형은 단순한 전달자 역할에 머무는 앵커 시스템이다.

즉 영국식 뉴스 리더(reader)에 가까운 모델인데 뉴스의 진행은 앵커제도처럼 운영되지만 실제로 뉴스를 진행하는 앵커는 철저하게 프로듀서의 기획의지와 큐시트의 틀 속에서 그야말로 진행자로서 기능적인 앵커 역할을 수행하는 방식이다.

세 번째 유형은 위의 두 유형을 절충해 놓은 형식으로 현재 한국방송의 저녁 종합뉴스에서 채택하고 있는 형식이다.

이 유형은 미국식 앵커와는 달리 조직적으로 보도국을 관장할 수 있는 힘을 가지지 못한다. 또 미국 네트워크처럼 가까이에서 앵커를 보좌하는 프로듀서나 에디터가 있는 것도 아니다. 단지 작가라는 이름으로 자료를 모으고 멘트를 작성하는 데 도움을 주는 비정규 직원의 배치 정도가 최선의 배려인 것이 현실이다.

그러나 두 번째 유형과 다른 점은 뉴스의 선택과 배열을 판단하는 보도국장 중심의 편집회의에 참석해 흐름을 파악하고, 의견을 개진할 수 있는 기회가 있다는 점이다.

세계적인 앵커로 이름을 날린 사람들로는 '세기의 앵커맨'이라는 별칭이 있는 월터 크롱카이트(Walter Cronkite, 1916~2009)와 저널리즘계의 프리마돈나라는 바바라 월터스(Barbara Ann Walters, 1931~)를 비롯해서 댄 래더(Dan Rather, 1931~), 피터 제닝스(Peter Jennings), 테드 코펠(Ted Koppel, 1940~), 탐 브로코(Thomas Brokaw, 1940~), 다이앤 소여(Lila Diane Sawyer, 1945~), 코니 정(Connie Chung, 1946~), 케이티 쿠릭(Katherine Anne Couric, 1957~), 스콧 펠레이(Scott Pelley, 1957~), 브라이언 윌리엄스(Brian Williams, 1959~) 등을 들 수 있다.

2) MC

MC란 'master of ceremonines'의 준말로 어떤 의식이나 행사, 대담과 좌담 프로그램 등의 진행자를 뜻한다. Master에는 제사장, 누군가를 지배하거나 통치하는 사람, 기구의 장, 고용주나 선장, 학교교사 중

종교나 철학을 가르치는 남자교사, 미술이나 스포츠 분야에서 위대한 경지에 이른 사람 등 여러 가지 뜻이 담겨 있다. 즉 어느 분야에서든 매우 중요한 역할을 하는 사람이 바로 Master, MC라 할 수 있다.

시청자는 MC를 보기 위해서가 아니라 출연자의 이야기와 사연, 혹은 프로그램의 내용을 보기 위해 텔레비전을 보는 것이다(이금희, 2000).

MC는 주연이 아니라 주연을 빛나게 해주는 조연이고, 상대의 움직임을 늘 관찰하고 거기에 따라 자신의 행동반경을 조절해 나가는 사람이다. 즉 MC란 '말을 잘 하는 사람'이 아니라, '말을 잘 하도록 도와주는 사람'이라는 것이다.

이금희(2000)에서는 또 MC는 프로그램을 파악하고, 프로그램을 제작진과 함께 만들어야 하고, 그러기 위해 리허설에 참여하면서 작은 것도 꼼꼼히 챙겨야 한다고 말한다.

유능한 MC는 프로그램 진행을 위해 설계도를 준비하고, 출연자와 마음을 맞춰야 하며, 자료를 점검하고, 돌발 사태에 대비하는 유연한 자세와 나만의 이야기를 가지면서도 겸손한 대표역, 즉 프로그램에서 주인의 마음도 강조한다.

이금희는 방송 프로그램은 하나의 Ceremony가 아니라 Communication이라고 말한다. 따라서 MC도 프로그램에서 적극적인 역할을 하는 Master of Communication을 지향해 나가야 한다고 강조한다.

미국을 중심으로 한 세계적 MC들은 자니 카슨(John w. Carson, 1925～2005)을 비롯해서 데이비드 레터맨(David M. Letterman, 1947～), 오프라 윈프리(Oprah G. Winfrey, 1954～) 등을 들 수 있다.

3) 리포터

리포터(Reporter)는 신문, 통신, 잡지, 방송 등에서 보도나 논평을 하는 사람으로, 한국방송에서는 현장소식을 전달하는 기능을 하는 사람들을 말한다. 방송사의 직종인 기자는 리포터라고는 하지 않지만, 그들의 방송은 리포트라고도 한다.

외국에서는 취재 담당자를 리포터(reporter), 편집과 논평 담당자를 에디터(editor)라 하고, 양자의 총칭으로는 저널리스트(journalist)라는 호칭으로 불린다.

최근에는 시사적이거나 관심과 흥미를 모을 방송을 리포트하는 사람들이 있으며, 이들은 주로 한시적 채용이지만 인기직업으로 떠오르는 경우도 있다.

4) DJ

DJ(Disk Jockey)는 라디오 프로그램이나 디스코텍 따위에서 가벼운 이야기와 함께 음악을 들려주는 사람이다.

DJ 프로그램은 방송에 따라 그 전달 양상이 달라지는데, 크게는 클래식 음악방송과 팝계열의 음악방송으로 나누는 것이 일반적이다. 팝계열 음악 방송의 진행은 톡톡 튀는 개성이 요구된다면, 클래식 음악 프로그램 진행자에게는 정감 있고 풍부한 소리, 따뜻한 음색과 친밀하고 신뢰감 있는 목소리가 요구된다(이미선, 2000).

거부감 없는 편안하고 자연스러운 어조, 전달력 있는 분명한 발음, 다양한 언어구사력과 더불어 클래식과 조화되는 음악적인 울림이 있는 소리, 거기에 자신만의 분위기와 색깔, 개성을 표현할 수 있다면 그 진행자는 청취자와 오랜 만남을 가질 수 있을 것이다.

5) 내레이터

내레이터(narrator)는 남성을 말하고, 여성은 내러트리스(narratress)라 하며, 영화나 TV프로그램에서 화면에 맞춰 해설을 담당하는 사람이다.

방송기술이 발전하면서 비디오와 일치하도록 내레이션을 하는 더빙 기술과 방법이 빠르게 발전해 일반회사 등에서도 비디오테이프와 슬라이드, 파워포인트 등을 발표용으로 사용하는 일이 많아지고 있다.

다큐멘터리의 내레이션은 내레이터가 화면에 등장하기도 하지만, 대부분은 목소리만 삽입된다. 이런 경우를 보이스 오버(voice-over)라고 하며, 광고나 뉴스에 많이 사용되기 때문에 내레이션은 화면에 나오지 않는 상태의 대본낭독을 의미한다.

방송이나 영화를 비롯한 미디어뿐만 아니라 정부기관이나 단체, 각 기업 등에서 홍보물을 제작할 때는 내레이터를 활용하는 경우가 많다. 한국에서는 이러한 일들을 과거에는 아나운서와 성우들이 주로 맡았었다. 그러나 최근에는 탤런트와 가수 등 연예인들이 맡는 경우가 늘어나고 있다.

일반적인 의미에서의 내레이터 이외에 최근에는 내레이터 모델(narrator model)이라는 직업인도 인기를 얻고 있다.

내레이터 모델은 여성의 사회진출이 활발해지고 직업이 다양해지면서 자신의 능력을 마음껏 발휘하고 그에 상응하는 보수를 받는 전문직으로 인식되면서 1980년대 말부터 각광받는 직업으로 떠오르고 있다.

6) 캐스터

캐스터(caster)는 뉴스와 스포츠 중계방송에서의 아나운서를 부르는 명칭인데, 한국에서는 일기예보를 담당하는 사람을 기상 캐스터라고도 한다.

캐스터라는 호칭은 방송보도의 기능이 다양하게 됨에 따라 제작을 담당하는 프로듀서와 편집자, 기사 작성자와 구별해서 방송에서 최종적으로 전달하는 방송인에게 붙여진 이름이다. 한국에서는 뉴스만 전담하는 아나운서를 뉴스캐스터라 했으나, 방송기자도 이 역할을 맡게 됐다.

6. 방송 커뮤니케이터의 덕목

방송인의 길에 들어가기 위해서는 자신의 재능, 품성, 지적능력 등에 관한 냉철한 자기 평가를 거친 뒤 진로를 결정해야 한다. 자신의 장점과 단점은 진지하게 평가하면서 커뮤니케이터로서 성공하기 위해 필요한 덕목을 자신이 가지고 있는지, 그렇지 못한지를 발견하기 위한 노력을 기울여야 한다.

방송에는 여러 특수한 분야가 있다. 하우스만 등(Hausman et al., 2000)의 '아나운싱'에서 커뮤니케이터의 업무분야를 참고로 소개한다. 다음에 열거된 일 중에 자신의 적성을 고려해 맞는 일을 찾을 수 있을 것이다.

① 라디오 아나운서로서 라디오 방송 진행자인 DJ
② 취재 기능을 가진 리포터와 뉴스 앵커
③ 스포츠 아나운서 또는 스포츠 앵커
④ 기상 리포터와 앵커
⑤ 토크쇼 진행 MC
⑥ 광고 음성 더빙 등 특수한 분야의 내레이터와 VJ

'아나운싱'을 참고로 미국의 방송인들을 중심으로 해서 한국방송에서 요구하는 커뮤니케이터가 갖춰야 할 조건과 자신의 능력을 고려한 점검사항을 다음과 같이 정리한다.

① 방송에 맞는 자질 Do You Have What It Takes?

자신을 솔직하게 바라보아서 자신이 방송 일에 적합하지 않다고 인정하는 것은 결코 불명예스러운 것이 아니다.

각종 아카데미를 비롯한 입사 후의 연수과정을 이수하면서 성과가 두드러지게 훌륭하다면 치열한 경쟁 속에서도 기회를 잡을 것이다.

② 신체적인 덕목 Physical Requirements

세련된 어조와 깊고 울림이 좋은 목소리는 더 이상 필수적인 것이 아니다. 그러나 아나운서라면 어느 정도의 힘이 있고 듣는 이에게 즐거움을 줄 수 있는 다양한 목소리를 가져야 한다.

지나친 비만이거나 고르지 못한 치열, 피부 트러블 등 외모에 문제가 있다면, 텔레비전 방송출연에 장애가 될 수 있다. 방송업무는 육체적으로 고되고 많은 시간을 필요로 하므로 건강이 좋지 못하다면 이 역시 부정적인 요인으로 작용할 것이다.

③ 학력 조건 Educational Requirements

효율적인 커뮤니케이터가 되기 위해서는 다양한 교육과 훈련을 통해 토론할 줄 알고, 전체적인 일의 개념을 파악할 수 있어야 한다. 정치학이나 역사를 소홀히 한 뉴스 리포터는 때로는 기사를 오해하거나, 방송 중에 중대한 실수를 할 수도 있을 것이다.

어떻게 발음을 해야 하는지 단어의 사용법에 대해 알지 못하는 아나운서는 지각없는 사람으로 오해받을 수도 있다. 정규교육을 통해서 이건 독서나 인생경험을 통해서 지식을 얻었거나 간에 교육은 방송분야에 있어서 성공의 지름길이나 다름없다.

④ 안정적 정서 Emotional Requirements

뉴스원고의 마감 시간이 다가오거나, 뮤직 프로그램에서 재미있는 애드립을 해야 한다면 당연히 스트레스를 받게 될 것이다. 불특정 다수를 대상으로 수행해야 하는 일이라는 것 또한 스트레스를 유발한다. 또한 방송에 있어서 시간은 돈이다.

따라서 때로는 이와 같이 심한 스트레스가 정서장애로까지 발전할 수 있으므로, 스트레스를 통제할 수 있는 능력은 필수적이다.

⑤ 방송에 맞는 적성 Is Broadcasting for You?

방송산업으로 진출하는 것이 자신의 경륜을 펼치기에 적당한 것인지를 냉정하게 살펴야 한다. 왜냐하면 방송현장은 간혹 정신병원이라고 불릴 만큼 사람의 정신을 빼놓는 복잡다단한 곳이기도 하기 때문이다.

⑥ 방송사업의 속성 Nature of the Business

공영방송을 제외한 상업적인 방송에서 시청률은 돈이다. 시청률과 시장 조사는 방송사업자와 광고주에게 있어서 매우 중요하다. 상업방송의 방송인은 반드시 시청률을 높여야 하고, 시청률을 올리지 못한다면 새로운 일을 찾아야 할 것이다.

발군의 방송능력을 가진 방송인이라 할지라도 프로그램의 성격과 편성 시간대에 따라 낮은 시청률을 기록할 수도 있다.

⑦ 보수의 문제 Benefits and Drawbacks

직업의 측면에서 보면 방송직의 장점은 중요한 일에 종사한다는 자부심과 유명인사가 된 듯한 느낌을 받을 수 있다는 것이다. 또한 성취감을 맛 볼 수 있는 일이기에 보수가 열악해도 흔쾌히 일하는 사람들이 많다.

프리랜서 중 많은 보수를 받는 사람들은 마치 산 정상이나 피라미드의 꼭대기에 있는 존재들과 같고, 그에 반해 수많은 방송인들은 아직도 낮은 보수를 감내하면서 기회가 오기를 기다리고 있다.

⑧ 냉철한 현실 인식 A Realistic Evaluation

힘들게 일을 해도 반드시 그에 맞는 보상이 따라온다는 보장이 없다. 매일매일 새롭게 도전한다는 흥분과 기대가 즐거움을 갖게 하지만 반대급부로 매일매일 쌓이는 스트레스도 그에 못지않다. 따라서 자신의 강점과 단점이 무엇인지를 빨리 파악할 수 있어야 한다.

7. 방송 커뮤니케이터의 교육

아나운서는 한국방송이 1927년 첫 전파를 발사한 당시부터 같은 직명(職名)으로 불려온 직업중의 하나이다. 한국방송의 출범 이후 아나운서는 인기직업인으로 선망의 대상이 되는 직종으로 자리 잡았다.

그러나 이러한 인기와는 별개로 아나운서를 남이 써준 원고나 읽는 앵무새라고 폄하하는 비판적인 시각도 있다. 그리고 아나운서들은 포괄적인 의사소통의 과정에서 언어를 소통하는(communicate) 일보다, 약간의 기교를 부려 단순히 말을 전달(delivery)하는 직업으로 평가하는 경우도 있다. 이것은 아나운서는 언어의 기본이나 커뮤니케이션의 이론 등을 모르고 말을 어떻게 할 것인가에만 집착하는 직업으로 생각하기 때문에 나오는 오해인 것이다.

그러나 아나운서들의 교육과정을 보면 그들이 얼마나 힘겨운 과정을 거쳐 하나의 직업인으로 완성되는지 알 수 있다.

'아나운서, 방송인 되기'의 머리말에는 방송에서 우리말을 운용하는 아나운서들에게 다음과 같은 권고를 하고 있다(KBS한국어연구회, 2000).

> "시청자에게 꽃다발을 안기는 마음으로, 아름다운 한국어를 가꾼다는 사명감으로, 지나치게 꾸미지 않은 자연스러운 소리로, 음성언어의 조건에 맞는 표준 발음으로"

아나운서가 되기 위해서는 지나치게 가성을 사용하거나 꾸미는 소리가 아닌, 생동감 있고 진취적인 소리로 방송하기 위한 끊임없는 자기 연마가 필요하다.

취재경험이 없는 아나운서의 방송은 앵무새와 같은 낭독이라고 평가하는 사람들도 있다. 그러나 위대한 성악가들은 작곡가와 작사자 등 남이 써준 악보를 개성 있는 곡조로 해석해 리사이틀 한다. 그와 마찬가지로 아나운서도 문자언어라는 기호를 보면서 개성과 혼을 실어 리사이틀 하는 음성표현 예술가라고 할 수 있다. 훌륭한 리사이틀을 위해서는 훌륭한 악보, 훌륭한 원고가 필요할 것이다.

리사이틀이라는 말의 유래는 다음과 같다.

> "미국의 방송관련학자 Henneke는 라디오의 Straight News를 Straight Recital of News by an Announcer라고 표현했다. reading과 speaking이란 말 대신 recital이라고 했다. 성대(聲帶)란 악기로 어법에 맞게 말을 연주한다고 본 것이다."(이규항, 2004)

'성대라는 악기로 방송하는 행위', 이것이 리사이틀이라는 말로 상징됐다.

제6장

방송 스피치와 방송문장

1. 방송언어의 정의
2. 뉴미디어와 방송언어
3. 방송언어의 조건
4. 방송 보도문장의 특성

제6장

방송 스피치와 방송문장

1. 방송언어의 정의

방송언어(broadcasting language)는 일반적으로 방송에서 사용하는 음성언어를 말한다. 그러나 구어, 즉 입말인 음성언어(spoken language)와 문어, 즉 글말인 문자언어(letter language)로 나누기도 한다.

또한 그보다 더 하위 구분을 하면 일상언어와 상대적인 개념으로서의 방송언어로서, 일반인이 아닌 방송인이 방송에서 사용하는 말을 의미한다.

방송에 출연하는 방송인의 범위도 많이 넓어지고 있다. 방송인은 아나운서나 기자, 프로듀서, 성우, 탤런트를 비롯한 방송 고유의 직종과, 자유출연 방송인(free lancer)으로 리포터(reporter), DJ(disk jockey), MC(master of ceremonies), 기상캐스터를 비롯해서 교통정보, 주식시세 등 각종 정보를 전달하는 방송요원과 통신원에 이르기까지 다양해졌다.

방송인이나 방송요원들은 방송에 고정출연하기 때문에 방송언어에 대한 기본적인 소양을 갖춰야 한다. 그래서 방송언어는 일상언어와 그 특징을 달리하면서 독특한 형태로 발전돼 왔다.

또한 방송에서의 문자언어도 일상적인 문자언어와 달리 방송언어의 특성을 지니면서 CG(computer graphic)로 처리되는 자막(caption)이 많이 방송되고 있는 추세여서 가볍게 다루어서는 안 된다.

우리는 흔히 연인끼리 속삭이기에 프랑스 말이 아름답다는 말을 많이 한다. 프랑스 말이 아름답다고 하는 것은 프랑스 방송의 출연자들뿐만 아니라, 프랑스 말을 사용하는 국민의 말이 아름답고, 그 국민들이 자기네 나라 말을 아름답게 가꾸려는 노력을 많이 하고 있기 때문일 것이다.

우리 주위의 상당히 배웠다고 하는 사람들도 프랑스 말이 아름답다고 하는 말의 실체를 잘 모른다. 프랑스 말이 아름답다고 하는 것은 프랑스 말의 문자가 아름다운 것이 아니다. 프랑스 말의 문자언어는 프랑스 문자가 아니라 로마자, 즉 알파벳(Roman Alphabet)이다.

한국어도 이제는 아름다운 한국어를 넘어서, 힘 있는 한국어, 세련된 한국어로 가꾸는 일에 많은 노력을 기울여야 한다. 언어정책과 교육의 방향 설정에 있어서 문자언어는 물론이고 표준발음법 등 음성언어적인 질을 높이는 데 신경을 써야 한다.

한국어는 2012년 현재 남한의 5천만 명과 북한의 2천5백만 명, 전 세계의 동포까지 합해 7천8백만 명이 사용하는 대단한 언어세력을 가진 말이다. 이렇게 거대한 언중은 전 세계 3천여 개 언어 중 12위 내외라는 것이 언어학계의 정설이다.

2. 뉴미디어와 방송언어

인간은 자신의 구체적 경험을 종류별로 분류하고 이를 언어로 추상화시켜 의사소통을 한다. 이는 인간이 상징을 사용해서 경험을 정리하고 의미를 나타내며, 이를 기반으로 타인과 커뮤니케이션을 한다는 뜻이다.

커뮤니케이션에서 말하는 언어가 담고 있는 의미는 상황과 사용하는 방법에 따라서 몇 가지로 구분된다. 즉 외연적 의미, 내포적 의미, 상황적 의미가 그것이다. 외연적 의미는 어떤 말이 그 말에 해당되는 객관적인 대상이나 행동을 나타내는 경우이며, 내포적 의미는 말 속에 개인의 정서적이고 평가적인 감정이 포함되는 것이고, 상황적 의미는 문맥이나 쓰인 상황에 따라 의미가 달라지는 것을 말한다.

미디어의 세계는 인쇄매체(print media)의 발달에 이어 전파매체(electronic media)의 등장으로 시간과 공간을 급속히 좁혀 주면서, 인쇄매체에서 볼 수 없었던 방송이라는 매체중심의 대중문화(mass culture)가 형성되기 시작했다.

방송매체 이전의 인쇄매체는 글을 읽고 쓸 줄 알아야 한다는 제한점이 있고, 정보의 내용도 논리적인 지식이 주류를 이루고 있어서 일부 상류계층을 중심으로 한 귀족문화(elite culture)를 형성하는 데 기여했다. 그러나 라디오나 텔레비전과 같은 전파매체는 누구나 쉽게 그 내용을 알 수 있고, 사변적이기보다는 감성적이고 오락적인 내용이 많아 일반 대중의 생활에 쉽게 침투해서 대중문화를 형성하는 계기가 됐다.

그러나 인간이 이룩한 전파매체라는 기술문명은 뉴미디어(new media)

시대에 접어들면서 대중문화라는 단순한 문화적 교감을 뛰어넘는 상상을 초월한 정보교환의 수단으로 변모하게 될 것이다.

지금 현재 이미 전개되고 있는 뉴미디어의 세계는 방송과 통신의 융합과 함께 커뮤니케이션 행위의 변화와 혁신을 초래하고 있으며, 이러한 혁명적 변화는 인간의 사고방식과 의식구조, 생활양식뿐만 아니라 사회제도와 구조에도 영향을 미칠 것이다.

시간과 장소에 구애받지 않고 우리의 필요에 따라 자유롭게 커뮤니케이션할 수 있는 세계가 도래하고 있는 지금, 이러한 커뮤니케이션의 혁명은 기술과학과 사회과학의 공동산물이라 하겠다.

이것은 또 언제 어디서나 어떤 형태로든지 어떤 단말기를 통해서든지 커뮤니케이션 할 수 있는 궁극적인 유비쿼터스(ubiquitous)를 의미한다. 유비쿼터스는 물이나 공기처럼 시공을 초월해 '언제 어디에나 존재한다'는 뜻의 라틴어로, 사용자가 컴퓨터나 네트워크를 의식하지 않고 장소에 상관없이 자유롭게 네트워크에 접속할 수 있는 환경을 말한다.

이러한 네트워크 환경이 혁명적으로 변화하고 있는 가운데, 한국어를 기반으로 한 통신언어 혹은 사이버 언어는 IT시대의 괴물로 변해가고 있다. 사이버 공간의 익명성으로 인해 빈번해지고 있는 언어폭력과 함께 외계언어로 지칭되고 있는 사이버 언어는 심각한 문제로 떠오르고 있다. 가상공간에서 사용되는 무분별한 통신언어는 건전한 언어생활을 하는 데 지장을 줄 수 있다.

3. 방송언어의 조건

방송언어는 문어적인 특징보다 구어적인 특징을 가지고 있다. 그러나 그것은 일반적인 형태의 방송언어에 대한 특징을 말하는 것이다. 방송언어의 대표적인 형태는 뉴스방송인데 뉴스방송의 방송언어는 구어적인 특징은 물론 문어적 특징도 가지고 있다.

방송언어의 특징을 규정하기 위해서는 어느 일면만 보아서는 안된다. 이것은 또한 입말, 즉 구어형태의 방송언어와 글말, 즉 문어형태의 방송언어가 조화를 이뤄야 하기 때문에 일상생활에서 많이 쓰는 저속한 표현이나 잘 거르지 않은 일상언어는 피해야 한다는 말도 된다.

방송언어가 갖춰야 할 조건은 다음과 같다(김상준, 2004).

1) 규범에 맞는 표준어

표준어란 국어를 대표하는 말로 교육이나 공적인 경우에 사용할 수 있도록 일정기준에 의해 공통어를 세련시켜 규정한 이상형의 공용어이다.

표준어는 교양 있는 사람들이 두루 쓰는 현대 서울말로 정하도록 했으며, 한글맞춤법도 표준어와 관계가 밀접해서 표준어를 소리대로 적되 어법에 맞도록 함을 원칙으로 하고 있다.

1988년에 고시한 한글 맞춤법과 표준어 규정은 방송언어의 규범이라야 한다. 특히 방송언어는 음성언어가 주된 말이기 때문에 표준어 규정의 표준발음법을 따라야 한다.

2) 이해하기 쉬운 말

방송은 활자매체처럼 기록성이 없어서 한 번 듣는 것으로 끝나기 때문에 쉬우면서도 전달이 잘 되는 말을 써야 한다. 또한 방송언어는 청각을 통한 전달에 의존하기 때문에 발음이 분명하면서 표준발음법에 맞아야 하고, 어려운 한자어나 외국어 등은 되도록 피해야 한다.

경우에 따라서는 방송을 통해 지적인 교양을 높인다는 차원에서 학술용어를 사용하거나, 경기용어 등 외국어나 한자어를 사용할 때는 충분히 이해하기 쉽게 풀어서 사용해야 한다.

3) 시청자 중심의 경어

국어의 경어법에는 상대적으로 하대어도 분류돼 있으나, 드라마를 비롯한 특수한 경우를 제외하면 방송언어는 시청자 중심의 경어라야 한다. 그렇기 때문에 비록 국가원수에게라도 다음처럼 지나친 경칭을 쓰거나 시청자가 불쾌감을 느낄 정도의 경어를 쓰는 것은 피해야 한다.

> ○○○대통령께서 경축식장에 들어오시고 계십니다.
> ○○○장관님께 여쭤 보겠습니다.
> ○○○장관님 모시고 말씀 나눠 보겠습니다.

어떤 경우이건 방송인은 시청자를 대신해서 궁금한 것을 알아보거나, 오로지 시청자에게 알려주는 것을 주된 임무로 하기 때문에 방송출연자와 일대 일로 상대하거나 방송대상 인물에 대해 객관적으로 묘사할 때 지나친 경어를 써서는 안 된다.

위의 용례는 다음과 같이 고쳐 쓸 수 있다.

○○○대통령 입장하고 있습니다.
○○○장관께 알아 보겠습니다.
○○○장관과 함께 말씀 나눠 보겠습니다.

4) 품위 있는 말

방송에서는 욕설이나 은어를 써서는 안 된다. 혹시 욕설이나 은어를 인용할 경우에도 조심해야 한다.

특히 신체적인 결함을 상징하는 말을 쓸 때 조심해야 한다.

돼지새끼, 사슴새끼, 하마새끼 등과 같은 말은 새끼돼지, 새끼사슴, 새끼하마라고 하면 훨씬 부드럽고 귀여운 느낌이 드는 말이 된다. 그래서 우리 선조들은 가축들의 새끼를 귀여운 말로 만드는 지혜를 발휘했을 것이다. 닭새끼는 병아리, 개새끼는 강아지, 소새끼는 송아지, 말새끼는 망아지라 했고, 사람의 자식은 아기라고 했다.

품위없는 방송언어는 방송윤리에도 어긋날 수 있다. 언론을 위한 윤리조항에는 초상권이나 사생활 침해를 금하도록 하고 있다. 미국의 사회학자이며 교육학자인 허버트 갠스(Herbert Gans, 1927~)는 미국의 CBS, NBC의 TV 저녁뉴스와 타임, 뉴스위크 등의 뉴스 연수에서 여덟 가지의 뉴스 가치(value)를 추출했는데, 그 중의 하나가 개인주의(individualism)이다. 국가와 사회라는 속박으로부터 개인의 자유를 추구해 가는 가치를 높이 평가하고 있다는 것이다.

따라서 방송의 언어표현에서 지체장애자에게 충격을 주는 표현을 하지 않도록 조심해야 한다.

✔ 차의 전조등이 깨져 애꾸눈 운전을 하다 사고를 냈습니다.
✔ 우리 경제는 빈부의 격차가 심한 절뚝발이 신세를 면치 못하고 있습니다.
✔ 벙어리 냉가슴 앓듯 하는 사람들이 늘어나고 있습니다.
✔ 곰보처럼 울퉁불퉁 파인 길이 많습니다.

5) 수식어 사용의 억제

방송언어는 화려하거나 열변을 토하는 웅변조의 문장처럼 관형어나 부사어를 많이 쓰면서, 절이나 구가 중첩되는 긴 문장이어서는 곤란하다.

문체론의 면에서 방송언어의 특징을 말한다면 강건체가 아닌 우아한 품격을 지닌 우유체이며, 화려체가 아닌 건조체이고, 관형어나 부사어를 많이 사용하는 만연체가 아닌 간결체라야 한다.

6) 구어적 음운의 생략

방송언어는 일상언어와 큰 차이는 없으며, 문어체가 아닌 구어체 문장이라는 것이 과거의 통념이었다. 그러나 방송언어 중에서도 방송 보도문장은 구어체와 문어체의 조화를 이루는 문장이라고 할 수 있다.

일반적으로 문어보다 구어를 많이 사용하는 방송언어는 의미를 삭감하지 않는 범위에서 음운이나 음절을 생략하는 경우가 많다. '하여, 되어'의 경우는 다음과 같이 생략형을 사용한다.

✔ 하여 → 해, 하여서 → 해서, 하였으며 → 했으며,

하였고 → 했고, 하였습니다 → 했습니다.
✔ 되어 → 돼, 되어서 → 돼서, 되었으며 → 됐으며,
되었고 → 됐고, 되었습니다 → 됐습니다.

이름을 말할 때도 '이영호입니다. 이영미입니다'로 써있더라도, 말로 표현할 때는 [이영홈니다, 이영밈니다]로 해야 한다. 마찬가지로 '박사입니다'는 [박쌈니다], '자리입니다'는 [자림니다], '바다입니다'는 [바담니다]로 발음한다.

7) 감탄사의 억제

말하는 사람의 본능적인 놀람이나, 느낌을 표현하는 말, 부르고 대답하는 말, 또는 입버릇으로 내는 말 등의 감탄사는 뉴스에서는 거의 사용하지 않는다. 왜냐하면 감탄사는 뒤따르는 말 전체에 화자(전달자)의 감정이나 의지가 나타나게 하는 말이어서 객관성을 잃게 하기 때문이다.

8) 조사와 용언의 제약

뉴스에서는 감탄사를 쓰지 않을 뿐만 아니라 조사의 사용에도 제한을 받으며, 활용어미도 일부 제한을 받는다.

'이로다, 이구나, 이로구나' 등의 감탄형어미나 '이여, 이시여' 등의 호격조사는 쓰이지 않는다.

또한 부사격조사 '-과, -하고, -이랑'도 격식체와 비격식체로 나뉜다.

① ○○○ 대통령과 미국 ○○○ 대통령이 회담했습니다.
② ○○○ 대통령하고 미국 ○○○ 대통령이 회담했습니다.
③ ○○○ 대통령이랑 미국 ○○○ 대통령이 회담했습니다.

'-에게'와 '-한테'도 격식체와 비격식체로 나뉘면서 제약을 받는다.

① ○○○ 대통령은 미국 ○○○ 대통령에게 선물을 증정했습니다.
② ○○○ 대통령은 미국 ○○○ 대통령한테 선물을 증정했습니다.

이상의 말에서 '-하고, -이랑'은 '-과'로 바꿔 쓰고, '-한테'는 '-에게'로 바꿔 쓰는 것이 스트레이트 뉴스의 기본이다.

9) 간략한 수의 표현

방송에서는 수에 관한 표현이 많이 나온다. 방송은 일과성이라는 특징이 있기 때문에 수의 표현은 활자매체의 기록에서와는 다른 면이 있어야 한다. 기록에서는 아무리 복잡하고 긴 수라도 끝까지 나타낼 수 있다. 그러나 방송에서는 개략적으로 표현하는 것이 더 효과적이다.

예를 들어 "내년 나라살림 규모가 올해보다 20조원(5.7%) 늘어난 376조원으로 편성됐다."라고 해서 천억원 미만은 생략해서 전한다.

'일, 이, 삼, 사'는 한자어이기 때문에 별 문제가 없지만, 순수한 우리말로 표현할 때는 '한, 두, 세, 네'와 '한, 두, 서, 너', '한, 두, 석, 넉' 등으로 구분하는 고유한 표현 방법이 있어서 주의할 필요가 있다.

또한 '2, 4, 5, 둘, 셋, 넷, 열, 쉰, 만, 조'는 첫음절은 물론 둘째음절 이하에서도 가능하면 장음으로 발음한다.

10) 논리적인 표현

신문문장이 소설에 가깝다면 방송문장은 콩트에 가깝다. 한 편의 시에 비유한다면, 신문문장이 산문시라면 방송문장은 외형률을 중시하는 정형시에 가깝다고 할 것이다.

방송문장은 거의 모두 음성언어로 표현된다는 전제로 작성하기 때문에 전달자의 호흡과 억양 등 음성적 표현에 맞도록 짜여 진다. 그래서 소설이나 산문보다 시나 운문에 가까운 문장이라 할 수 있다.

4. 방송 보도문장의 특성

방송은 다양한 형태, 즉 장르를 가지고 있다. 크게 나누어서 보도, 일반교양, 쇼와 드라마를 포함하는 연예오락, 스포츠 중계방송 등 다양한 형태가 있다.

그러나 방송 문장의 특성을 논의하려면 반드시 보도방송 문장의 특성을 고려해야 한다.

방송 뉴스문장은 독해만을 위해 쓰여진 일반 문장이나 신문문장과는 다른 많은 특성을 가지고 있다. 왜냐하면 음성표현을 전제로 한 문장이기 때문이다. 정보문·보도문이 기본적으로 가져야 할 특성은 물론, 구어체 문장의 특성과 문어체 문장의 특성을 모두 가지고 있는 특이한 형태의 문장으로 구성된 것이 방송 뉴스문이다.

방송 뉴스문은 다른 방송문과도 성격이 다르다. 낭독과 말하기를 병행해야 하는 것이 방송뉴스, 특히 스트레이트 뉴스이기 때문이다.

방송뉴스문은 같은 의미를 담고 있는 문장일지라도 '진행자가 음성으로 표현하기에 쉬운 문장', '청취자가 쉽게 듣고, 쉽게 이해할 수 있는 문장'을 취한다. 이런 관점에서 볼 때 독해만을 위한 문어체 문장에 익어온 사람에게 훌륭하게 보이는 문장이 진행자와 청취자에게는 대단한 악문이 되는 경우가 많다.

'짧은 문장, 쉽고 명확하고 간결한 단어의 사용'이라는 근대적인 뉴스문장의 스타일은 라디오에서 갈고 다듬어졌다. 다음은 2차 대전 당시 독일군이 런던을 공습했을 때 에드워드 머로[9]가 보도한 내용의 일부이다(Stephens, 1997).

갑자기 모든 전기가 꺼지고 암흑만이 땅을 뒤덮었습니다.
날씨는 점점 추워졌습니다.
우리는 건초로 몸을 감쌌습니다.
폭탄의 파편이 근처의 콘크리트 도로에 떨어질 때 파편이 튀는 소리가 났습니다.
그래도 독일군 폭격기는 계속 날아왔습니다.

이러한 문장형식은 현대적인 관점에서 보더라도 파격적인 것이었다. 신문에서는 물론 현대적인 방송에서도 리포트 뉴스가 아닌 스트

9) 에드워드 머로(Egbert Roscoe Murrow, 1908~1965) : 앵커, 워싱턴대학 졸업. 1935년 CBS 입사, 1937년 CBS 유럽지국장. '방송 저널리즘의 시초'로 기록되고 있는 그는 1930년대 후반 CBS 특파원으로 유럽에 건너가 2차 세계대전의 전황을 현지에서 라디오로 생생하게 중계. 1950년대 CBS의 심층보도 프로그램 'See It Now'로 텔레비전 다큐멘터리의 지향점을 제시했고, 이민자 농부들의 비참한 실상을 고발한 머로우의 다큐멘터리 '창피한 수확(Harvest of Shame)'(1960)은 미국 탐사보도의 역사에 커다란 족적으로 남아 있음.

레이트 뉴스를 작성하는 감각으로는 쓸 수 없는 문장이기 때문이다. 설명형 뉴스인 리포트 뉴스(report news)는 낭독형 뉴스인 스트레이트 뉴스(straight news, brief news)보다 구어체적인 요소가 더 강하다.

방송보도의 전달양상과 형태적 분류는 다음과 같다(김상준, 1996).

〈표 2〉 방송뉴스의 분류

뉴스의 종류	매체 및 전달방법	특성
스트레이트(straight, brief)뉴스 —낭독형 뉴스	라디오 뉴스	가장 오래된 형태의 뉴스 명료도가 높으며 섬세함 주로 아나운서가 전달함
	텔레비전 뉴스	영상위주. 섬세함보다 활기찬 전달 주로 아나운서가 전달함
리포트(report)뉴스 —설명형 뉴스 (라디오 텔레비전 공통)	보고형(briefing) 뉴스	설명형 뉴스의 대표적 형태 주로 기자가 전달함
	묘사형(description) 뉴스	사건사고현장에서의 상황묘사뉴스
	대화형(dialogue) 뉴스	사건·사고 취재후 라디오·TV에 출연, 앵커와 함께 문답형으로 진행

1920년 미국에서 첫 방송을 시작한 라디오 방송은 활자 미디어보다 늦게 출발했기 때문에 초창기 라디오 방송의 기자는 당연히 신문기자 중에서 채용됐다. 라디오 방송의 기자들은 대체로 자신들이 훈련을 받아온 대로 신문에서 사용하던 냉랭하고 건조한 문장을 사용했다.

그러나 방송뉴스이기 때문에 읽는 독자가 아니라 듣는 청취자들에게 말하기 위해서는 신문에서 사용해 온 어휘나 문장의 구조를 바꾸지 않으면 안 됐다. 라디오가 보급되면서 헤밍웨이[10)]와 같은 소설가

10) 헤밍웨이(Eenest Miller Hemingway, 1899~1961) : 미국의 소설가. 고교 졸업 후 켄자스 시티 스타(Star)지 기자, 제1차 세계대전 때 1918년 야전병원 운전병으로 이탈리아

들과 신문에 기고하는 작가들은 빽빽한 단어와 긴 문장 구조를 가지는 문어체에 이미 싫증을 느끼기 시작했다. 라디오 뉴스 기자들에게는 신문에서처럼 고상하고 완곡한 문장을 버려야 하는 더 절박한 이유가 있었다. 즉 뉴스 캐스터들이 뉴스를 전달할 때 긴 문장은 호흡이 모자랐고, 청취자들은 뉴스를 다시 읽을 수 있는 기회를 갖지 못했으며, 뉴스를 이해할 만큼 집중할 수도 없기 때문이었다(Stephens, 1997).

다음 두 편의 기사에서 ②가 방송뉴스로 적합한 것으로 예를 들고 있다(Gaye Tuchman, 1995).

> ① 오늘 아침 스피로 애그뉴 부통령은 드 모인에서 열린 회의에서 연설하던 중 언론매체를 비난했습니다.
>
> Earlier today, Vice-President Spiro Agnew condemned the news media, while speaking at a conference of held in Des Moines.
>
> ② 스피로 애그뉴 부통령은 오늘 아침 드 모인에서 개최된 회의석상에서 언론매체를 비난했습니다.
>
> Vice-President Spiro Agnew earlier today condemned the news media while speaking at a conference of held in De Moines.

이밖에 라디오 뉴스와 달리 초창기 텔레비전 뉴스는 사건을 피상적으로 다루는 약점이 있다는 주장도 있었다. 텔레비전 뉴스의 기자들은 신문의 보도기사보다 글을 쓸 수 있는 공간이 훨씬 적기 때문에

전선에 참전. 전후 캐나다 토론토 스타지 특파원으로 유럽에 가서 그리스 · 터키 전쟁을 보도. '노인과 바다'(1952)로 퓰리처상, 노벨문학상 수상. '무기여 잘 있거라', '누구를 위하여 종은 울리나'가 있음.

칼럼 지면의 크기가 아닌 초(秒) 단위로 측정한 기사를 작성한다. 물론 동영상은 그 자체로 중요한 정보가 되지만, 보도의 깊이란 결국 글의 분량과 비례한다고 볼 때 텔레비전 뉴스는 신문 뉴스보다 깊이가 훨씬 얕을 수밖에 없다.

초창기와는 달리 현대의 텔레비전 뉴스는 속도가 점점 빨라지고 시각적인 생동감도 높아졌다. 그것은 사운드 바이트(sound bite)[11]의 길이가 짧아졌기 때문이다. 비단 사운드 바이트만 그런 것이 아니라 비디오 테이프에 녹화된 샷(shot), 즉 손을 흔드는 후보자의 모습, 풍선이 하늘로 떠오르는 모습들의 화면에 나가는 시간이 평균 5초로 짧아지면서 더욱 높은 생동감이 요구되고 있다(Stephens, 1997).

컴퓨터 그래픽은 일기예보에서 처음으로 사용됐는데 점차 사용되는 빈도가 많아지고 있다. 텔레비전 기자와 프로듀서들은 기사를 전달하는 것에 그치지 않고, 움직이는 화살표, 지도, 그래프 따위를 만들어 넣기 때문이다.

같은 매스컴 문장이라도 복잡한 사건이나 에세이, 르포와 같은 문장은 역시 전문 · 본문 · 마무리와 같은 조립을 하는 경우가 많다.

기사를 서술할 때는 독자나 시청취자를 설득할 수 있는 문장을 구성하도록 해야 한다. 또한 필자의 주장이나 느낌을 구체적 자료에 의해 가능하면 구체적으로 구성해야 한다.

기술할 때는 '① 무엇이 무엇이다. ② 무엇이 무엇한다. ③ 무엇이 어떠하다.'라는 판단문, 동작문, 성상문의 기본형을 유지해야 한다.

---

11) 뉴스메이커가 말하는 방송 중의 인용부분으로 뉴스나 정당의 선전물에 쓰이는 인터뷰나 연설 등의 핵심적인 내용을 말함.

이때의 문장 표현은 명료성, 정확성, 간결성을 생명으로 한다. '말은 음악이라는 말이 있다. 경력이 풍부하고 문장력이 있는 기자가 작성한 기사는 마치 우리의 시조나 민요시와 같은 리듬이 있어서 낭독하기에 쉬울 수밖에 없을 것이다.

제 7 장

방송 스피치의 이론과 실제

1. 스피치를 위한 호흡과 발성
2. 스피치를 위한 표준발음법
3. 뉴스 아나운싱
4. 내레이션
5. MC 아나운싱
6. DJ 아나운싱
7. 기상 캐스터

제7장

방송 스피치의 이론과 실제

1. 스피치를 위한 호흡과 발성

1) 호흡

호흡(呼吸)이란 날숨인 호식과 들숨인 흡식을 말한다. 호식과 흡식 중에서 발성은 거의 대부분 호식에 의해 이뤄진다. 사람은 1분에 약 16회의 숨을 쉰다. 그리고 한 호흡에 0.5ℓ의 공기가 드나들고, 1분에 8ℓ의 환기를 한다. 한 호흡에 최대 약 4.5ℓ의 공기가 출입하는데, 이때의 공기량을 폐활량이라 한다.

호흡시에 일어나는 문제로는 기식음(氣息音)이 섞인 소리, 빈약한 소리 등이 나는 경우가 있다. 호흡은 성량과 관계가 있는데, 성량(volume)은 발성을 하면서 허파의 공기가 성대와 입을 통해 밖으로 나오는 양을 말한다. 그리고 공기의 양에 따라 높낮이와 강약, 거칠고 부드러움이 결정된다.

말을 하거나 노래할 때 호흡은 대단히 중요한 기능을 한다. 말을 할 때 코로만 숨을 쉬면 시간이 길어져 말이 끊기는 인상을 주게 되며, 입으로만 숨을 쉬면 숨소리가 난다. 그래서 입과 코로 동시에 쉬는 연습을 해야 한다.

북한에서 발행된 리상벽(1975)의 '조선말 화술'에서는 호흡훈련을 체계적으로 해서 폐활량을 늘릴 것을 권하고 있다. 폐활량이 크면 숨쉬기가 자유롭고 고르게 소리를 낼 수 있다는 것이다.

호흡을 멈출 수 있는 시간은 폐활량에 따라 다르지만 남자 운동선수들의 경우는 60초에서 180초까지 가능하고, 남자 일반인의 경우는 60초에서 80초까지 가능한 것으로 돼 있다. 리상벽은 말이나 노래를 잘하려면 남자는 60초 이상, 여자는 40초는 숨을 멈출 수 있어야 한다고 말한다.

낭독을 하거나 말을 할 때는 중간에 완전한 호흡, 즉 날숨과 들숨을 함께 하는 것이 아니라, 중간중간에는 가볍게 들숨을 쉬고 마지막 마무리에서 충분한 들숨을 쉰 뒤 낭독으로 들어가면 된다. 이때 들숨은 코와 입으로 동시에 해서 잡음이 나지 않도록 조심해야 한다.

성인 남녀들의 호흡은 1분에 16회 정도 하는 것으로 돼 있는데, 말을 하는 것도 운동이기 때문에 그보다 늘어날 것이다. 그래서 뉴스 낭독을 한다면 1분에 17·8회 숨을 쉬면서 350 내지 370 음절을 표출할 수 있기 때문에 20내지 25음절마다 들숨, 즉 흡기로 산소를 공급해야 할 것이다.

2) 소리의 생성

사람의 음성은 코의 뒤, 즉 식도의 입구인 후두에서 생성된다. 목중앙부를 옆에서 보면 후두가 돌출돼 있다. 성대의 진동은 남성의 베이스와 여성의 소프라노까지 1초에 64회부터 1,024회까지 다양하다.

인간의 음성은 성대(聲帶 vocal cords)가 근원지이다. 성대는 바이올린의 현(絃)에 비교할 수 있다. 폐에서 나오는 공기는 바이올린의 활<弓>과 같다. 바이올린의 활이 현을 마찰해야 소리가 나오는 것처럼, 성대라는 현을 공기가 마찰해야 발성이 된다.

생성된 소리를 키워주는 곳은 공명강(resonance tube)이다. 공명강은 바이올린의 동체와 같이 인두, 구강, 비강이 주를 이룬다. 원음을 듣기 좋은 소리로 만들기 위해서는 좋은 공명이 있어야 한다.

남자와 여자는 성대의 길이가 다르기 때문에 목소리의 높낮이에 차이가 난다. 남자는 길기 때문에 낮은 소리를 내며, 여자는 짧기 때문에 높은 소리를 낸다

소리의 높이에 대한 남녀의 차이는 14세 전후까지는 거의 비슷하지만 사춘기를 지나면서 차이가 나기 시작한다.

다음은 조음기관을 비롯한 주요 공명기관이다.

〈그림 1〉 조음기관(speech organ)

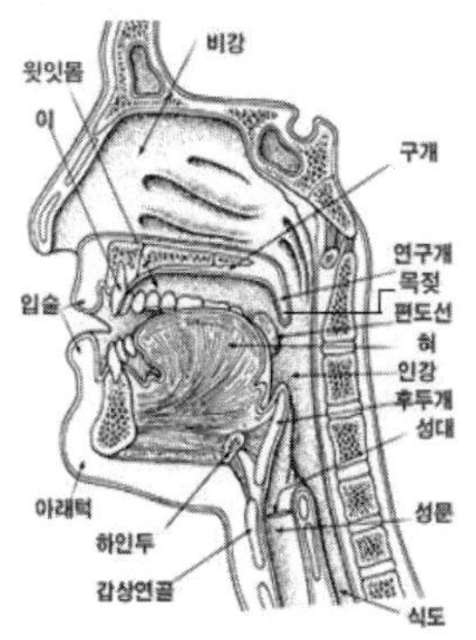

- 조음기관(調音器官) : 음성을 만들어 내는 신체기관
- 성대(聲帶) : 얇고 예민한 근육, 허파에서 나오는 숨을 조절하며, 소리의 근원임. 폭 5밀리, 길이 15 내지 20밀리
- 목젖(口蓋垂) : 숨을 입이나 코로 선택해서 통과시킴
- 구개(口蓋) : 입천장, 앞부분은 딱딱한 경구개(硬口蓋). 뒷부분은 연구개(軟口蓋)
- 치조(齒槽) : 윗니와 윗잇몸 사이
- 혀(舌) : 조음기관 중 가장 큰 역할을 하며 주로 자음을 만드는 역할

3) 음질과 음색

음질(sound quality, tone quality)은 호흡기관, 후두, 공명기관, 성대 등 네 개의 발성기관에서 결정되는데, 성대의 면적, 형태, 구조에 따라 독특한 음질이 생성된다. 얼굴과 음질은 지문처럼 사람마다 다르다.

음질은 음색, 혹은 소리맵시라는 말로도 표현한다. 음색(timber, quality of a tone, tone color)이란 음을 들을 때 생기는 기본적인 심리적 인상의 하나이다. 소리의 크기와 높이가 같은 경우라도 두 음이 다르게 느껴질 때는 음색이 달라서 그렇다. 소리의 크기(loudness)와 높이(pitch), 음색(tone)을 음의 3요소라고 하는데, 음색은 크기와 높이 이외의 심리적 인상을 모두 포함하는 복잡한 개념이라 할 수 있다.

음성과 관련해서 인간의 상호 커뮤니케이션을 설명하는 이론으로 '메라비언의 법칙'[1]이 있다. 메라비언(Albert Mehrabian)은 메시지를 전달할 때 목소리가 38%가 사용되며, 표정 35%와 태도 20% 등 보디랭귀지가 55%이고, 말하는 내용은 겨우 7%의 비중을 차지한다고 했다.

무슨 말을 하든지 목소리가 좋으면 메시지 전달에 3분의 1 이상 성공한 것이라는 말의 근거가 되는 말이다.

김형태(2005)[2]에 의하면 남자 목소리의 기본 주파수는 100~150Hz, 여성은 200~250Hz이며, 100Hz는 1초에 성대가 100번 진동한다는 것을 의미한다는 것이다. 소리가 높아질수록 주파수가 높다.

최근 한국 여성의 음성이 점차 남성화되고 낮아지는 것으로 나타났

1) 캘리포니아 대학 사회심리학자 앨버트 메라비언(Albert Mehrabian) 교수의 1970년 저서 'Silent Messages'에 나온 말.

2) http://blog.naver.com/hgh2424

다는 보고가 나왔다. 대한 이비인후과 학회에서는 2006년 초 평소 목소리에 아무 이상이 없다고 느끼는 20~40대 여성 62명을 대상으로 목소리를 측정했는데, 음성높이의 평균이 192.2Hz로 12년 전 보고된 한국 여성의 평균 음성높이 220Hz보다 28Hz나 낮은 수치가 나왔다는 것이다.[3)]

목소리는 외모와 함께 첫인상을 좌우하는 주요 변수다. 목소리를 통해 카리스마가 발현되기도 하고 타인을 설득하는 힘이 생긴다. 조선시대에는 느리고 낮은 음으로 늘어지는 목소리를 가져야 양반다운 것으로 인식됐다고 한다.

미국인은 약간 높은 음의 영국 악센트를 선호하며, 북한에서는 전투적인 기백에 강하고 선동적인 목소리로 방송하도록 방송원들을 교육하고 있다.

현대적인 의미의 좋은 목소리는 일반적으로 명료하고 깨끗하며, 톤이 약간 높고, 배음(倍音, harmonics, overtone)과 울림이 좋으며, 느낌이 풍부한 소리를 말한다.

음성연기를 주로 하는 방송인들에게 있어서 문제가 있는 음성으로는 병적으로 목쉰 소리와 지나친 콧소리, 연약하고 가냘픈 소리, 귀에 거슬리는 걸걸한 소리를 들 수 있다.

4) 좋은 소리를 위한 발성법

좋은 목소리는 선천적인 능력도 중요하지만 대부분 후천적으로 만

3) http://tvnews.media.daum.net

들어지는 것이다. 그것도 발성기관에서 나온 소리를 부드럽게 하고, 둥근 느낌이 들면서 듣기 좋은 울림을 내는 곳은 공명강(共鳴腔)이다.

공명강은 하나의 발음체가 내고 있는 세력을 다른 발음체가 흡수해서 울림이 증폭되는 것을 의미한다. 원래 성대의 진동으로 생긴 소리는 작고 음색이 거의 없다. 이 소리가 공명강을 지나면서 울림이 커지고 성대에서 생긴 진동이 전달돼 배음이 첨가됨으로써 음이 더욱 아름답고 크게 되는 것이다.

금관악기에서 마우스피스[4]를 떼어 내고 분다면 단지 작고 높은 삑삑대는 소리만 나온다. 그러나 마우스피스를 붙이면 관속의 공기를 진동시켜 풍부한 공명음을 얻어 소리 전체가 울림이 깊어지고 힘차게 느껴지게 된다. 현악기도 마찬가지다. 좋은 바이올린의 비밀은 공명판[5]에 있다고 한다.

악기와 비슷한 효과가 사람의 목소리에서도 생긴다. 인체에서 악기의 공명판 역할을 하는 것이 바로 구강과 인두강, 비강이라고 할 수 있다. 넓은 의미에서 본다면 우리 몸 전체가 공명강이라고 할 수 있으나 목소리의 특성을 좌우하는 가장 기본적인 공명기관은 바로 이 세 가지이다(박경희, 2005).

좋은 공명과 관계있는 음의 강약은 폐에서 조절하고, 음의 고저는 후두에서, 그리고 음색은 음성조절 기관에서 하게 돼 있다. 또한 스피치의 질을 결정하는 가장 중요한 요소인 언어의 변별은 입술과 혀가

---

4) 마우스피스(mouthpiece) : 관악기의 입에 대고 부는 부분.

5) 공명판(共鳴板, soundboard) : 현악기의 현(絃) 바로 아래 얇은 나무판이나 팽팽한 피막으로 belly, 혹은 겉판이라고 함. 현의 배음(倍音 overtone)에 공명해서 음을 낼 수 있게 고안된 나무판. 현의 진동은 탄력 있는 나뭇조각인 브리지(bridge : 현악기 줄 받침)로 공명판에 전달됨.

성대로부터 올라온 음을 조절함으로써 이뤄진다.

사람들은 흔히 콧소리(nasal voice)로 말하는 것을 좋은 소리로 착각하는 경향이 있다. 그러나 콧소리는 병든 소리라 할 수 있다.

필자는 1999년 영국 런던의 로열 셰익스피어 극단[6]을 찾아 배우들에게 발성법을 가르치는 것을 견학했다. 표준적인 영국영어는 BBC 아나운서와 로열 셰익스피어 극단 배우들의 말에서 찾을 수 있다고 한다.

당시 발음지도 강사인 린다 교수(Mrs. Linda)로부터 품위 있는 영국영어의 실체를 확인했다. 우리가 일반적으로 알고 있는 것처럼 셰익스피어 극단의 연기자들은 자신들이 사용하고 있는 영어가 표준적인 영어라고 자부하고 있었다.

방문 당시 린다 교수는 발음에 있어서 불필요한 비음을 없애는 방법을 배우들을 모델로 해서 시연해 주었었다. 영어에서의 비음(nasal sounds)은 'n, m, ng' 등이고, 한국어에서는 'ㄴ, ㅁ, ㅇ' 등인데, 이러한 소리를 제외한 무성음을 발음할 때 비음을 없애는 방법은 두 손가락으로 콧볼을 누르고 배에 힘을 주면서 콧소리가 나지 않도록 하는 것이다(김상준 · 박현우, 1999).

로열 셰익스피어 극단에서 콧소리 제거 연습용으로 사용하는 문장은 'This is the house.'였다. 이 말을 코를 막고 콧소리가 나지 않게 하기란 쉽지 않다.

한국어에서 콧소리가 없는 문장이라면 '이곳이 그 집이다.' 정도로

6) 로열셰익스피어극단(Royal Shakespeare Company) : 영국의 대표적인 극단으로 셰익스피어 작품을 비롯해서 실험적인 현대극을 상연하고 있음.

코를 막고도 콧소리가 나지 않도록 연습하면 된다.

다음은 조음기관과 공명기관을 활용한 발성의 요점을 정리한 것이다(김상준, 2005).

① 전신의 힘을 빼고 머리를 전후좌우 여러 방향으로 돌리면서 어깨와 목의 긴장을 푼다.
② 혀를 내밀거나 입안에서 돌리는 혀운동을 주기적으로 한다.
③ '아' 하는 큰 한숨을 쉰 뒤 가장 낮은 소리에서 글을 읽는 연습을 한다.
④ 공기공급은 목이 아니라 가슴에서 한다는 느낌이 들도록 흉복식 즉 횡경막호흡을 한다.
⑤ 몸의 어떤 부위건 스트레스를 피하고 자유로운 자세에서 발성해야 한다.
⑥ 가성대(false cords)의 가성(feigned voice)이 아닌 진성대(true cords)의 지성(natural voice)을 사용해 발성한다.
⑦ 비음이 섞이지 않는 말을 골라 코를 막고 비음을 내지 않도록 한다.
⑧ 금연과 함께 수분섭취를 자주 해서 적당한 습도를 유지해야 한다.
⑨ 감기 중에는 목소리 사용을 자제하고, 잔기침도 가능하면 피한다.

2. 스피치를 위한 표준발음법

전세계의 언어는 대체로 3천 개 정도로 보고 있으며, 이중 사용자가 100만 명 이상 되는 언어는 138개, 사용자가 10만 이상인 언어는 396개이다.

최근 외국에서는 우리 한글의 우수성에 대한 인식이 증대되면서 한국어 학습 열기가 확산되고 있는데, 2005년 현재 50여 개국 400여 대학에 한국어학과나 한국어 강좌를 개설 중이며 계속 확산추세에 있다. 세계화 시대, 지식정보화 시대, 문화의 시대라고 하는 21세기에는 문화의 정체성 확립 차원에서 모국어의 보전과 발전의 필요성이 더욱 요청되고 있다.

더구나 언어 자체가 국가경쟁력을 좌우하는 문화자원으로 인식되고 있어서 강력하고 실효성이 있는 국어정책의 추진이 요청되고 있다. 한 나라의 언어정책이 올바르게 자리 잡으려면 국정을 이끄는 공직자와 지도급 인사들부터 공적인 언어사용에 대한 모범을 보여야 한다.

영국에서는 사투리를 쓰는 사람은 사회적으로 상당한 불이익을 감수해야 한다고 한다. 더구나 방송인처럼 표준말이 생명인 직업은 꿈도 꾸지 못할 뿐만 아니라 유명 백화점의 점원 자리도 얻기 어렵다고 한다.

한국의 표준말과 표준발음은 지역적으로 살펴보면 바로 서울과 경기지역, 즉 중부지역에서 쓰이는 말과 발음을 뜻한다. 전국민의 공통어적인 표준말이 없고 지역방언이 난립하는 것은 마치 도량형의 기준이 없어서 지역마다 길이와 무게의 척도가 다른 데서 오는 혼란에 비유할 수 있을 것이다. 또한 동일한 악보를 놓고 연주자에 따라 전혀 다른 음악으로 연주하는 혼란에 비유할 수도 있을 것이다. 여기서 악보는 철자법으로 쓰인 글말이요, 실제로 연주된 음악은 발음된 소리말에 견주어 볼 수 있기 때문이다.

표준어와 표준발음의 보급과 사용은 미룰 수 없는 민족적인 과제이다. 지역감정의 해소를 전제로 하는 민족화합은 물론, 통일과 정보화 시대에 대비하기 위해서이다.

1988년 새로운 표준어 규정이 공표될 때까지 우리말 사용의 척도가 된 것은 1936년 조선어 학회에서 사정 공표한 조선어 표준말 모음이었다. 1936년 당시 표준어를 사정할 때는 표준발음법을 정하지 않았었다. 그래서 그동안 국어사전들이 각기 달리 발음을 정하고 있어 국어교육에서는 발음교육을 제대로 실시하지 못하는 등의 문제점이 누누이 지적됐었다.

1988년 1월 19일 당시 문교부에서 고시한 표준어규정(문교부 고시 제88-2 호, 1988. 1. 19.) 중 표준발음법은 우리 국어사상 획기적인 어문정책의 시발점이었다고 할 수 있다.

정확하고 분명한 발음은 스피치 커뮤니케이션의 기본이다. 다음의 발음법을 활용해서 한국어의 발음연습을 한다면 효과적인 언어생활을 할 수 있을 것이다.

1) 표준발음법의 주요내용

한국어의 표준발음법은 모두 7장 30항으로 고시됐다. 표준발음법 제1장 총칙 제1항은 '표준어의 실제 발음에 따르되, 국어의 전통성과 합리성을 고려하여 정함을 원칙으로 한다.'고 규정했다.

표준발음법의 주요내용과 비표준 발음의 사례를 정리한다.

① 한국어의 자음

한국어의 기본적인 소리, 즉 음운은 40개로 규정하고 있다. 그 중에 자음은 기본자음 14개에 경음으로 소리 나는 겹자음 5개를 합해 모두 19개의 소리를 가지고 있다.

ㄱ ㄲ ㄴ ㄷ ㄸ ㄹ ㅁ ㅂ ㅃ ㅅ ㅆ ㅇ ㅈ ㅉ ㅊ ㅋ ㅌ ㅍ ㅎ

② 한국어의 모음

한국어의 모음은 다음의 단모음 10개와 이중모음 11개를 합해 21개로 돼 있다. 이 중에 단모음은 10개이다.

✔ 단모음 10개 : ㅏ ㅐ ㅓ ㅔ ㅗ ㅚ ㅜ ㅟ ㅡ ㅣ

✔ 이중모음 11개 : ㅑ ㅒ ㅕ ㅖ ㅘ ㅙ ㅛ ㅝ ㅞ ㅠ ㅢ

주의

한국어의 단모음 중에서 'ㅓ'는 짧은 소리와 긴 소리가 발음이 다르다. 짧은 'ㅓ'는 영어의 [ʌ], 긴 'ㅓ:'는 영어의 [ə:]와 같은 소리다. 즉 건조는 단음일 때 乾燥['kʌndzo]로 소리 나고, 장음일 때 建造['kə:ndzo]로 소리 난다.

[그림 2] 모음 사각도(quadrilateral figure)

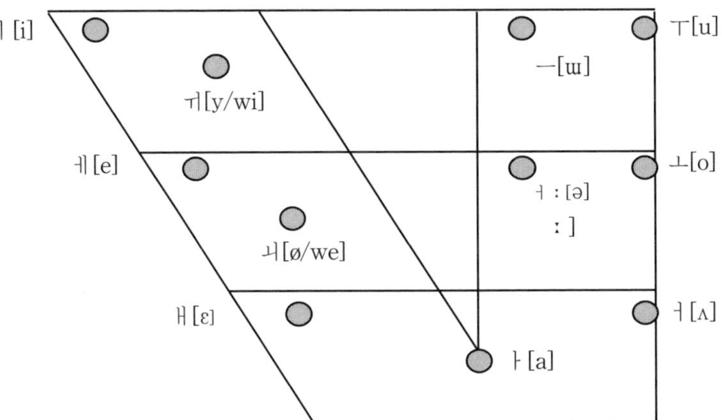

③ 한글의 자음과 모음

한글은 훈민정음 제정 당시에는 28자였으나 지금은 24자가 쓰이고 있다. 모음의 발음연습은 모음사각도를 보고 하는 것이 좋다.

✔ 자음 : ㄱ(기역) ㄴ(니은) ㄷ(디귿) ㄹ(리을) ㅁ(미음) ㅂ(비읍) ㅅ(시옷) ㅇ(이응) ㅈ(지읒) ㅊ(치읓) ㅋ(키읔) ㅌ(티읕) ㅍ(피읖) ㅎ(히읗)

✔ 모음 : ㅏ(아) ㅑ(야) ㅓ(어) ㅕ(여) ㅗ(오) ㅛ(요) ㅜ(우) ㅠ(유) ㅡ(으) ㅣ(이)

✔ 고어 : 이상의 한글자모는 1933년 조선어학회에서 조선어 맞춤법 통일안(한글 맞춤법 통일안)에서 확정됐다. 고어로 처리된 것은 4자로 다음과 같다.

ㆍ(아래아), ㆆ(여린히읗), ㅿ(반치음), ㆁ(꼭지이응)

2) 유념해야 할 발음

① 겹받침의 발음

맑다[막따]　밟다[밥 : 따]　밟지[밥 : 찌]
읽다[익따]　읊다[읍따]

위의 발음을 [말따] [발따] [발찌] [일따] [을따]로 하지 않도록 해야 한다.

② 자음받침의 연음

꽃을[꼬츨]　부엌이[부어키]　밭에[바테]　무릎에[무르페]

위와 같이 연음을 해야 할 경우에 한 음절씩 발음하는 현상이 많아지고 있어서 주의가 필요하다. '11일'을 발음할 때 '십 · 일 · 일'로 하면 오발음이다. [시비릴]로 해야 한다.

③ 겹받침의 연음

닭을[달글]　값을[갑슬]

[다글] [가블] 하지 않아야 하고, '목을 지키다'를 '몫을'로 착각해서 [목쓸]로 발음하

는 경우가 있다.

④ 이중모음의 단모음화

계단[게 : 단]　　메별[메별][7]　　폐회[페 : 회]　　혜택[헤 : 택]
회의[회 : 이 → 훼 : 이]　　상의[상 : 이]　　우리의[우리에]
민족의[민족에]　　무늬[무니]　　띄다[띠다]

주의

'민주주의의 의의'는 '민주주이에 으(이)이'로 발음하는 것이 관용발음이다.

⑤ 소리의 동화로 달라지는 말

공권력[공꿘녁]　　이원론[이 : 원논]　　논리[놀리]　　선릉[선능]

주의

공권력은 형태소를 분류할 때 '公權-力' 즉 '공권의 힘'이 된다. 그래서 [공꿘녁]으로 발음하며, 만일 '공적인 권력'이라면 '公-權力'으로 나누면서 발음은 [공꿜력]이 될 것이다. 비슷한 경우로 다음과 같은 발음도 있다. 선릉[선능], 단군릉[단군능], 연산군릉[연산군능]

⑥ 유음 'ㄹ'의 변이음

항로[항 : 노]　　막론[망논]　　이원론[이 : 원논]　　십리[심니]

주의

이 경우에 'ㄹ'의 발음을 원음인 유음(流音)으로 하지 않도록 해야 한다.

⑦ 합성어의 발음

내복약[내 : 봉냑]　　영업용[영엄뇽]　　옷입다[온닙따]
미국여행[미 : 궁녀행]　　대학야구[대 : 항냐 : 구]　　영국여왕[영궁녀왕]

주의

자음을 연음시켜 [내보갹] 등으로 하지 않아야 한다. '금융'은 단일어일 때 [그뮹]으로 소리나고, 합성어가 되면 '사금융'은 [사금늉], '공금융'은 [공금늉]으로 소리난다. 'ㄷ'

7) 몌별(袂別) : 작별함. 헤어짐.

종성음 뒤의 'ㅣ'는 중립성향으로 대표음 'ㄷ'으로 발음하는 경향이 있어서 '맛있는, 뜻있는, 못있는'은 [마딘는, 뜨딘는, 모딘는]으로 소리난다. 그러나 '못잊어'는 [몬 : 니저]' 등으로 'ㄴ'첨가 경향도 있다. 또한 被拉[피 : 납], 避亂[피 : 난], 泰陵[태능], 納凉[나뱡]은 문자식 발음으로 [피랍, 피란, 태릉, 남냥]으로 발음하는 경우가 많다. 이 경우는 북한에서 규률[규율], 대렬[대열], 배렬[배열]로 발음하는 현상을 참고할 필요가 있을 것이다(사회과학출판사, 1992).

⑧ 경음으로 소리나는 말

몰상식[몰쌍식]	문고리[문꼬리]	산새[산쌔]
잠자리[잠자리 · 잠짜리]	한강다리[한 : 강따리]	당고개[당꼬개]
아리랑고개[아리랑꼬개]	김밥[김 : 빱]	이번 주[이번쭈]
이번 달[이번딸]	오늘밤[오늘빰]	

주의

효과의 발음은 [효 : 꽈]로 해야 한다. 마찬가지로 성과(成果)는 [성꽈], 고과점수(考課點數)는 [고 : 꽈점쑤], 교과과정(敎科課程)은 [교 : 꽈과정]으로 소리 난다.

3) 발음의 오류 양상

① 'ㅅ, ㅈ' 경구개음의 설단치조음화

시인[ɕi'in ⇏ si'in]　　시장['ɕi : dzaŋ ⇏ 'si:dzaŋ]

씨앗[ɕ'i'at ⇏ s'i'at]　　자기[tsa'gi ⇏ za'gi]

주의

특히 젊은 여성들에게서 잘못된 발음이 많이 발견되며, 'ㅈ'은 지나치게 유성음(유기음)화 되는 경우가 있다.

② 변이음 'ㄴ'구개음의 회피

어머니[ʌ'mʌɲi ⇏ ʌ'mʌni][8)]　　장례식['장 : 녜식 ⇏ 장네식]

8) 어머니[ʌ'mʌɲi⇏ʌ'mʌni]의 발음표기에 어깨점 [']는 [mʌ]에 악센트가 있다는 표시이다(이규항, 이주행, 김상준, 2007).

주의

이 발음도 써놓은 대로 발음하는 현상이 있다.

③ 'ㅎ'탈락과 발음원칙 무시

문화['문화 ⇏ 무'놔/무'나]　　　대한민국['대 : 한민국 ⇏ 데 : 암밍국]

주의

'ㅎ'을 원음 그대로 발음하거나 묵음화 시킨 경우이다.

④ 구개음(口蓋音 palatal) 'ㄹ'의 설측음화

빨리['p'alʎi ⇏ 'p'alli]

'ㄹ'을 원음인 유음이나 설측음으로 발음하는 현상이다.

⑤ 구개음 'ㄴ'변이음

상견례['상견네 ⇏ 상견네]　　　경례['경 : 녜 ⇏ 경네]
장례['장 : 녜 ⇏ 장네]　　　승리['sɯŋɲi ⇏ sɯŋni]

'ㄹ'이 구개음화 돼서 'ㄴ'처럼 나는 것을 'ㄴ'원음으로 소리 내는 현상이다.

⑥ 동자이음어

個 : 人的-人的[쩍]資 : 源　　　成績表-性 : 的[쩍]表現
高架道 : 路-高價[까]藥品　　　지난 주[주] 달[달]-이번 주[쭈] 달[딸]
독약[도'갹]-한독약품['한 : 동냑품]　옥양[오'걍]-박영옥양[바'경옹냥]
평양['평양]-태평양[태'평냥]

한글표기가 같지만 경우에 따라 달리 발음하는 경우이다.

⑦ 장단음의 차이

산(山)토끼-산:<生>토끼　　　병 ⇒ 甁-病 :　　　정씨 ⇒ 丁씨-鄭 : 씨

이씨⇒伊씨-李 : 씨　　가장⇒家長-假 : 裝　　건조⇒乾燥-建 : 造
고목⇒枯木-古 : 木　　부자⇒父子-富 : 者　　부정⇒不正-否 : 定
선수⇒先手-選 : 手　　시계⇒時計-視 : 界　　여권⇒旅券-與 : 圈
정당⇒政黨-正 : 當,　　전철⇒前轍-電 : 鐵　　한식⇒寒食-韓 : 食

주의

장단음은 최근 한국어에서 많이 사라지고 있으나, '감사원(監査院)'의 '감'은 짧고, '대통령 대법원'의 '대'는 길다. '한국의 사과(沙果)'에서 '사'는 짧고, '일본의 사과(謝過)'에서 '사'는 길다.

⑧ 피해야 할 경음과 격음

창고≠[창꼬]　　창구≠[창꾸]　　간단하다≠[간딴하다]
소나기≠[쏘나기]　　선착장≠[선착창]　　확장≠[확창]
한 개비≠[한개피]　　나침반≠[나침판]　　병풍≠[평풍]
폭발≠[폭팔]　　강한(?)구름대(帶) ⇏ [때]　　화산대(火山帶) ⇏ [때]
만원대(臺) ⇏ [때]　　시간대(時間帶) ⇏ [때]

'구름대, 화산대, 만원대, 시간대'에서 '대'는 경음이 아니다.

⑨ 발음이 어려운 말

라랴러려로료루류르리　　집적회로≠직접
삼립식품주식회사≠십품　　지도자들≠지조자들
토초세(토지초과 이득세)≠초토세　　전철분당일산선≠일상선
국가종합전산망≠전상망

⑩ 발음을 혼동하기 쉬운 외래어

✔ 무바라크 · 에베레스트 · 사마란치는 무라바크 · 에레베스트 · 사라만치 등으로 도치 될 수 있다.

✔ 소파 · 카바레 · 믹서 · 컴프레서는 쇼파 · 캬바레 · 믹셔 · 콤프레샤 등으로 이중모음화 되기 쉽다.

✔ 스튜어디스 · 키에르케고르는 스튜디어스 · 키에르케르고로 도치

될 수 있다.

- ✔ 스트로 · 플래카드는 스트롱 · 플랑카드 등으로 'ㅇ'을 첨가할 수 있다.
- ✔ 아케이드 · 바리케이드 · 모터케이드는 아케이트 · 바리케이트 · 모터케이트 등으로 격음화 시키는 경우가 있다.

⑪ 음절생략

- ✔ 집을 지읍시다[지읍씨다⇏집씨다]
- ✔ 케이비에쓰⇏[케이베쓰/케베쓰]
- ✔ 시청자여러분⇏[시청자러분]
- ✔ 높게일겠다⇏[놉껠겐따]

⑫ 구어적 생략

바다입니다[바담니다]　　저입니다[점니다]　　십초입니다[십촘니다]

'이다, 입니다'가 이어질 때 써놓은 대로 발음하는 현상이 많다.

4) 방송 스피치의 문제점

① 부적절한 어법

다음의 말들은 오른쪽이 옳은 표현이다.

- ✔ 여러분들에게 → 여러분에게
- ✔ 지금으로부터 시작하겠습니다 → 지금부터 시작하겠습니다
- ✔ 바라겠습니다 → 해주시기 바랍니다
- ✔ 여기서 줄입니다, 접습니다, 여기까지입니다 → ○○○ 여기서 마칩니다

✔ 저희는 건강한 모습으로 다시 찾아 뵙겠습니다 → 건강에 유념하시기 바랍니다, 저희는 잠시 후에 찾아뵙겠습니다.

✔ 질문을 던졌습니다 → 질문했습니다 · 물었습니다

✔ 인파 여러분 → 많이 모이신 여러분

✔ 이긴 채 끝냈습니다 → 전반전을 1대영으로 이기면서 마쳤습니다

✔ 장마철에 '비소식 있겠습니다'도 좋은 표현이 아니다.

✔ 장마비 관련

이슬비, 보슬비, 안개비, 장대비처럼 장마비도 장맛비로 표기할 필요가 없으며 평음으로 소리 내야 한다.

② 어휘의 불필요한 확장

'많은 비가 내린다는 거 알아 두시기 바랍니다, 준비를 하시는 것이 좋겠습니다, 이 점 참고하시기 바랍니다, 약해지고 있는 양상을 띠고 있습니다, 어려운 점 없이 지날 수가 있습니다, 어렵다는 것 참고하시기 바랍니다, 높아질 가능성 무척 높은 상태입니다, 비가 온다는 것 염두에 두시기 바랍니다' 등 불필요한 말을 삽입하는 경우가 많다.

③ 과장된 표현

'찜통더위, 비폭탄, 집중호우가 쏟아지겠습니다, 불볕더위, 가마솥더위'도 순화할 필요가 있다.

5) 외래어 규범과 방송언어

외래어는 외국에서 우리나라에 들어와 귀화한 말로 볼 수 있기 때문에 지나치게 외국어식으로 발음하지 않고 한국어의 음운구조에 맞도록 하거나 이미 관용으로 굳어진 발음을 허용하도록 할 필요가 있다.

한국어에서 ‘ㄱ, ㄷ, ㅂ, ㅅ, ㅈ’으로 표기되는 ‘g, d, b, s, j’의 자음이 모음으로 이어지고, 단음절이나 2~3음절로 짧은 말이면 거의 모두 경음으로 소리난다.

국립국어연구원[9]이 일반인 367명, 아나운서 34명을 대상으로 한 ‘외래어 발음 실태조사’에서도 표기와 달리 경음으로 발음하는 경우가 많은 것으로 나타나고 있다(국립국어연구원, 2001).

다음은 국어연구원 조사에서 경음으로 발음한 비율을 나타낸 것이다.

✔ ‘ㄱ’경음화 : 게임 → 께(87.2%), 가스 → 까(76%), 가운 → 까(74.8%)
✔ ‘ㄷ’경음화 : 댄스 → 땐(85.6%), 달러 → 딸(82.6%)
✔ ‘ㅂ’경음화 : 백 → 빽(94.8), 빌딩 → 삘(81.4), 버스 → 뻐(75.8%)
✔ ‘ㅅ’경음화 : 소시지 → 쏘(96.2%), 소스 → 쏘(96.1%), 서비스 → 써(94.5%)
✔ ‘ㅈ’경음화 : 배지 → 빼(96.2%), 재즈 → 째(73.8%), 잼 → 쨈(72%)

이밖에 ‘c, sc, psy + 모음’ 형태인 ‘cercuit, census, scene, psyche’도 경음으로 소리나며, ‘centi’는 쎈치로 소리나는 것이 일반적이다.

또한 알파벳 명칭도 ‘B C D E G O P Q R T U V Z’는 한국어에서 1음절 표기시 장음으로 소리 나며, ‘L M N’은 단음으로 소리난다.

외래어 합성어의 발음은 한국어에서처럼 자음을 연음시키면 이상해지기 때문에 절음한 뒤에 음을 첨가하는 형태가 좋다.

예) 온라인[온나인 ⇸ 올라인], 빈라덴[빈나덴 ⇸ 빌라덴], 부산라디오 [부산나디오 ⇸ 부살라디오], 그린란드[그린난드 ⇸ 그릴란드]

9) 2004년 11월 11일자로 ‘국립국어원’으로 바뀜. 국립국어원은 1984년 5월 10일 설립된 ‘국어연구소’가 학술원산하 임의연구기관으로 설립됐으며 이후 직제와 명칭이 바뀐 것임.

3. 뉴스 아나운싱

1) 뉴스와 리사이틀

취재 경험이 없는 아나운서의 방송은 앵무새와 같은 낭독이라고 평가하는 사람들도 있다. 그러나 성악가들은 작곡가와 작사자 등 남이 써준 악보를 개성 있는 곡조로 해석해서 리사이틀한다. 그와 마찬가지로 아나운서도 문자언어라는 기호를 보면서 개성과 혼을 실어 리사이틀하는 음성표현 예술가라고 할 수 있다. 훌륭한 리사이틀을 위해서는 훌륭한 악보, 훌륭한 원고가 필요할 것이다(김상준 외, 2005).

방송뉴스 중 주로 라디오나 텔레비전에서 10분 내외의 뉴스를 리포트가 없이 아나운서가 주로 전달하는 뉴스는 스트레이트 뉴스(straight news)라고 한다. 이 스트레이트 뉴스는 음악성이 강한 뉴스라 할 수 있다.

뉴스 낭독에 있어서 너무 정형시적인 면만 강조하면 우리가 흔히 말하는 일종의 '쪼'(調)에 빠지기 쉽다. 그러나 말은 음악이라는 대명제를 염두에 둔다면 무미건조한 낭독은 뉴스의 기본이 아니다. 그래서 뉴스 낭독은 단순한 읽기가 아니라 리사이틀(Recital)이라고도 한다.

'성대라는 악기로 방송하는 행위', 이것이 리사이틀이라는 말로 상징된 것이다. 음악은 여러 가지 음의 배합에 의해서 구성되는데, 그 배합에는 수평적 결합인 시간적 배치와, 수직적 결합인 공간적 배치가 있다. 앞의 것을 선율(melody)이라 하고, 뒤의 것을 화성(harmony)이라 한다. 음악은 이 둘을 결합해서 시간적으로 통일된 진행을 유지해 나가는데, 이 진행에 있어서 질서 있는 움직임을 계속시켜 나가는 것은 리듬(rhythm), 즉 율동이라 할 수 있다.

음악은 이러한 기본적 3요소에 의해서 성립되는 것이다. 어떤 형태의 방송보다도 연주와 가까운 방송이 바로 낭독형 뉴스이기 때문에 방송에 음악성을 부여하는 것은 당연하다.

2) 뉴스의 음성표현

평소에는 자연스럽게 하는 말이지만, 방송을 하거나 연설 등에서 원고를 읽을 때는 정확하게 발음한다는 생각에서 음절단위로 발음하는 일이 많이 있다. 단어나 구(句), 절(節)을 묶어서 자연스럽게 발음하는 것이 아니라 써 놓은 대로 하는 발음은 문자식 발음(spelling pronunciation)이라 한다.

일반적으로 방송언어가 우리말을 망치고 있다는 말을 많이 한다.

그러나 오늘날 한국어의 모범적인 예를 들자면 방송에서의 뉴스, 특히 아나운서들의 스트레이트 뉴스를 예로 들 수 있다.

일상적인 한국어에서의 문제점뿐만 아니라 방송에서의 음성언어 표현상의 문제점을 들자면 다음과 같다.

① 우리말의 발음을 음성언어의 원칙, 즉 표준 발음법에 정한 대로 발음하지 않고 써 놓은 대로 발음하는 현상(spelling pronunciation)이 만연하고 있다.

② 국어 교육에 정확한 발음, 알맞은 크기, 적절한 속도라는 음성자질 교육이 이뤄지지 않아서 문제가 많다.

③ 발성을 할 때 자연스러운 소리, 즉 지성(地聲 natural voice)이 아닌 미성(美聲)을 가장한 가성(假聲 feigned voice)을 많이 사용하고 있다.

④ 개별적인 발음 중에서 가장 심각한 것 중의 하나로 첫 음절에서 무기음(unaspirated sound)인 'ㅈ, ㅊ'음을 유기음(有氣音 aspirated sound)으로 발음하고, 'ㄹ, ㅅ'을 외국어식 발음으로 하고 있다.

뉴스와 방송 리사이틀의 음성 표현, 즉 아나운싱에서 지켜야 할 중요한 원칙은 다음과 같다.

① 정확한 발음, 간결한 억양, 명료한 정보 전달에 주력한다.
② 말하듯이 하되 Announcing Art로서의 음악성을 갖추도록 한다.
③ 장단음, 발음, 핵심어, 쉼과 연결 등 사전준비를 철저히 한다.
④ 진취적이면서 생동감 있는 언어와 비언어적 표현에 유념한다.

한국의 일부 방송인과 학자 중에는 뉴스는 말하듯이 해야 한다는 주장을 하는 사람들이 있다. '말하듯이'라는 말은 '기교를 부리지 않고 부드럽게'라는 의미로 본다면 옳은 말이다. 그러나 하우스만(Hausman et al., 2004)은 뉴스에서 '리듬의 변화를 비롯한 다양한 억양과 강세, 소리의 크기와 세기, 높낮이 등 모든 것을 고려해서 총체적으로 변주하듯 원고를 읽게 되면, 마치 한 곡의 음악처럼 말의 운율이 살아난다.'고 말한다. 그리고 유능한 커뮤니케이터라면 방송용 문장에서 고유의 운율을 찾아야 한다고 말한다. 또한 그 내용을 극적으로 살리기 위해서는 뉘앙스와 정서를 살려야 하고, 언어 본래의 의미로는 표현이 불가능한 것은 유사언어적인 것으로 살려야 한다고 말한다.[10)]

10) 운율이나 뉘앙스 같은 말은 유사언어(paralanguage), 혹은 비언어 커뮤니케이션 연구 분야에서 많이 다뤄지고 있음. 유사언어는 언어 본래의 것과 구분해서 준언어로 분류하기도 함.

방송에서의 인토네이션, 혹은 어투는 노래를 배우는 것처럼 표준적인 유형을 익혀야 한다. 뉴스에서도 자주 나타나는 어투로 문제가 있는 것은 책을 읽듯이 단조로운 어투, 어색한 톤의 어투, 노래하는 듯한 어투, 판에 박힌 어투, 흐느끼는 식의 애조가 섞인 어투 등이 있다. 특히 텔레비전 뉴스에서 라디오 뉴스처럼 하는 경우가 있는데 이것은 음성연기를 전혀 하지 못하는 경우라 할 것이다.

아나운서들의 뉴스나 내레이션처럼 낭독을 중심으로 한 아나운싱을 announcing art로 해서 음성표현 예술로 보고, 서예의 서체(calligraphy style)와 비교한다면 다음과 같은 비교가 가능할 것이다.

① 해서(楷書)

뉴스는 서예의 해서(square-hand style character)와 같다. 해서는 정자체(正字體)라고도 한다. 영어를 그대로 번역하면 정사각형과 같이 어디에도 기울지 않은 공정한 서체라 할 수 있겠다.

② 예서(隸書)

내레이션은 예서(ornamental seal style character)와 같다. 이것은 장식적인 서체라고 한다.

③ 행서(行書)

DJ · MC는 행서(running-hand, semi-cursive style character)와 같다. 이것은 반흘림 서체라고도 한다.

④ 초서(草書)

중계방송은 초서(cursive, grass style character)와 비교할 수 있다. 서예에

서 초서는 흘림서체라고도 한다. 원고 없이 즉흥적인 묘사가 이어지는 것이 중계방송이다. 그러나 초서도 그 운필에 법이 있게 마련이듯 중계방송도 법에 맞아야 한다.

⑤ 전서(篆書)

시낭송은 드물게 방송하는 편이지만 전서(seal style character)와 비교할 수 있다. 이 서체는 인장(印章)서체라고도 하는데 한자한자 정성을 들여 도장을 새기듯이 해야 예술적인 음성표현이 가능할 것이다.

3) 비전문적 뉴스 아나운싱의 특징

(1) 반복적 올리기

유·소아적인 발성으로 말꼬리를 계속 올리면서 똘망똘망하게 자신을 소개하는 유치원이나 초등학생들의 어투를 상상하면 된다.

이러한 방송은 전문성이 가장 떨어지는 방송인들에게서 볼 수 있다.

✔ -했 : 고◡, -했 : 으며◡, -했 : 습니다◡.

✔ 오 : 백년 도읍지를 필마로 돌아드니◡ /산천은 의 : 구하되 인걸은 간 데 없 : 다◡,/ 어즈버 태평연월이 꿈이런가 하노라◡.

(2) 반복적 내리기

자신 없는 소리에 생동감이 없는 말로, 비전문 여성 방송인들에게서 볼 수 있다.

✔ -했 : 고⌒, -했 : 으며⌒, 했 : 습니다⌒.

✔ 오 : 백년 도읍지를 필마로 돌아드니⌒ /산천은 의 : 구하되 인걸은 간 데 없 : 다⌒/ 어즈버 태평연월이 꿈이런가 하노라⌒.

(3) 습관적 끌기

비전문 방송인들에게서 볼 수 있는 책읽는 형태의 낭독이다. 이러한 형식은 일반인의 평균적인 낭독유형이라 할 수 있다.

✔ -했 : 고~, -했 : 으며~, -했 : 습니다~.
✔ 오 : 백년 도읍지를~ 필마로 돌아드니~ /산천은 의 : 구하되~ 인걸은 간 데 없 : 다~/ 어즈버 태평연월이~ 꿈이런가 하노라~.

(4) 끌다가 올리기

훈화나 훈시, 강의 형태의 낭독이다. 이런 형태의 언어표현은 단상에 올라가 있으면서 아래를 내려다보면서 말하는 형태의 표현으로 군대와 같은 명령과 지시형태의 언어표현이라 할 수 있다.

✔ -했 : 고⤴, -했 : 으며⤴, -했 : 습니다⤴.
✔ 오 : 백년 도읍지를 필마로 돌아드니⤴ /산천은 의 : 구하되 인걸은 간 데 없 : 다⤴ / 어즈버 태평연월이 꿈이런가 하노라⤴.

(5) 습관적 비음화

코에 이상이 있을 때는 당연히 콧소리가 나지만, 습관적인 콧소리나 콧소리에 가까운 유성음을 내는 경우가 많다. 특히 일부 성우들과 여성들에게서 많이 볼 수 있는 소리라 할 수 있다.

(6) 둔탁한 종결어미

우리말 종결어미의 '-다'는 유성음이다. 그러나 이 소리를 유성음이 아닌 무성음으로 내면서 힘을 가하면 부드러운 '-다'가 둔탁한 무기음으로 소리 난다.

(7) 스타카토의 경박단소형

딱딱 끊어 읽듯이 낭독하는 스타카토(staccato) 형태의 낭독을 말한다. 스타카토란 레가토(legato)의 반대말로 군대에서 많이 하는 구호나 군가식으로 딱딱 끊어서 말하는 형태이다. 레가토란 두 개 이상의 음(音)을 끊지 않고 부드럽게 이어서 연주하는 것을 말한다. 말은 음악과 같아서 한 호흡을 단위로 해서 연속적인 흐름을 가지면서 억양과 인토네이션을 적절하게 구사하는 연습이 필요하다.

4) 뉴스 아나운싱의 실제

(1) 시조를 이용한 뉴스 연습

회고가(길재)[11]

오 : 백년 도읍지를 필마로 돌아드니√
산천은 의 : 구하되 인걸은 간데없 : 다/
어즈버 태평연월이 꿈이런가 하노라.//

---

11) 회고가(懷古歌)는 고려가 망한 후 유신들이 고려를 회상하며 부른 노래. 길재(吉再)와 원천석의 시조가 유명함. 고려유신 회고가라고도 함.

발음 연습

오백년도읍지[오: 뱅년도읍찌]/의구하되[으이구하뒈]/태평연월[태평녀뉠]/꿈이런가[꾸미런가]

필자는 1990년대부터 방송뉴스를 중심으로 한 아나운싱의 기초단계에서 시조낭송과 함께 시조를 뉴스로 바꿔 낭독하는 연습을 시키고 있다. 이것은 뉴스의 특성을 쉽게 익힐 수 있는 지름길로 단시간에 '뉴스적인 낭독'에 접근하는 효과가 있다.

한국 고유의 정형시인 시조(時調)는 7·8백 년의 역사를 두고 민족의 얼과 정서를 담아 줄기차게 오늘에 이른 민족문학이다. 조선시대로 접어들어 발전되면서 송강 정철(松江 鄭澈), 고산 윤선도(孤山 尹善道), 노계 박인로(蘆溪 朴仁老) 등의 대가를 배출했으며, 조선중기에는 황진이(黃眞伊) 등이 시조의 절정기를 이룬다. 고대시조 중 평시조는 시조를 음악상으로 나눈 명칭의 하나로 단시조(短時調), 혹은 단형시조(短形時調), 평거시조(平擧時調)라고도 한다.

구의 구분에는 3가지가 있는데, 3장 중 1장을 4구씩 가르는 12구, 1장을 2구씩 가르는 6구, 초장·중장은 2구씩, 종장은 4구로 가르는 8구 등이 있다.

자수(음수)는 3·4·3(4)·4, 3·4·3(4)·4, 3·5·4·3으로 한 장을 15자 내외, 한 수를 45자 내외로 가른다. 43자인 회고가를 뉴스처럼 할 경우에는 다음과 같이 쉼과 끊어읽기를 해야 한다.

오 : 백년 도읍지를 필마로 돌아드니√ 산천은 의 : 구하되 인걸은 간데없 : 다 / 어즈버 태평연월이 꿈이런가 하노라.//

(√) 표시는 숨을 쉬지 않고, 순간적인 쉼에 이어 '산천'에 강세를 두고 낭독한다.

필자의 시조낭송 속도로는 평시조 43음절을 10초 정도에 발화하는 것이 적절한 것으로 보인다. 물론 낭송자에 따라 더욱 깊은 정감을 불어넣으려면 더 느리게 할 수 있을 것이다. 만일 뉴스라면 7초 정도에 발화해야 할 것이다.

우리말의 리듬이나 선율이 가장 잘 나타난 것이 우리의 시가문학 작품이라 할 수 있고, 이런 유형의 시가로는 시조나 가사, 민요시 등이 있다. 시 낭송에 있어서 한 호흡에 낭송할 수 있는 가장 적절한 길이가 바로 시조 한 장의 길이인 15자 내외가 아닐까 한다.

우리 고시조, 그 중에서도 평시조는 민족적인 문화유산이라 할 수 있다. 학교에서도 시조에 대한 수업을 하면서 낭송과 암송을 많이 한다면, 우리말의 낭독은 물론이고 평소의 말도 좋아질 것이다.

시조는 한국어의 기본적인 음수율을 가지고 있기 때문에 시조낭송은 물론이고, 뉴스와 내레이션 연습용으로도 훌륭한 교재가 될 수 있다.

(2) 뉴스와 발음연습

★★★

김대중 대 : 통령은 오늘 오 : 전√ 북한 김정일 국방위원장과 역사적인 남북정상회담을 갖기 위 : 해/ 평양 순 : 안공항에 도 : 착했 : 습니다.// (50음절)

김대'통령은 오늘 오 : 전 10시 30분√ 부인 이 : 희호 여사와 함께/ 특별기편으로 순 : 안공항에 도착해/ 트랩 밑에서 기다리고 있던 √김정일 국방위원장과 악수를 나눴습니다. //(66-116)

김대'통령은 이어 김정일 국방위원장으로부터√ 김영남 최 : 고인민

회 : 의상임위원장 뚱 북한측 인사들을 소개받은 뒤 : / 북한군 의 : 장 대를 사열했 : 습니다.// (64-180, 30초 지점)

김대'통령이 도착한 순 : 안공항에는√ 수 : 천명의 환영인파가 나와/ 분단 이 : 후 처음으로 평양을 방 : 문한 √남측정상을 맞이했습니다.// (50-230.)

김대중 대 : 통령은 공항환영식이 끝난 뒤/ 김정일 국방위원장과 한 차에 동 : 승해 숙소로 떠났습니다.//(39-269)－2000. 6. 13.KBS 라디오 · 텔레비전뉴스[12)]

발음 연습

오늘 오전[오느로: 전] 갖기 위해[갇끼위: 해] 도착했습니다[도: 차캗씀니다] 최고인민회의 상임위원장[췌: 고인민훼: 이상이뷔원장] 북한군 의장대[부칸구느이장대] 떠났습니다[숙쏘로 떠낟씀니다]

(3) 뉴스 아나운싱 준비

위 뉴스의 끝 ( ) 안에는 그 문장의 음절수를 나타냈는데, 1분간 뉴스 발화속도는 350~370 음절이면 적절한 속도이다.

영어의 경우에는 1분에 160단어의 속도를 권장하고 있다(Hausman et al., 2000).

방송 전에 원고를 받고, 예독할 때는 다음의 사항을 고려해서 설계, 혹은 디자인해야 한다.

---

12) 이 뉴스는 2000년 6월 13일 KBS 특파원이 평양에서 보낸 첫 번째 뉴스임. 6월 15일 공동선언문이 채택됨. 선언문의 서문은 다음과 같음. "조국의 평화적 통일을 염원하는 온 겨레의 숭고한 뜻에 따라 대한민국 김대중 대통령과 조선민주주의인민공화국 김정일 국방위원장은 2000년 6월 13일부터 6월 15일까지 평양에서 역사적인 상봉을 했으며 정상회담을 가졌다. 남북 정상들은 분단 역사상 처음으로 열린 이번 상봉과 회담이 서로 이해를 증진시키고 남북 관계를 발전시키며 평화통일을 실현하는 데 중대한 의의를 가진다고 평가하고 다음과 같이 선언한다."

① 장음, 긴소리에는 (:)표시를 한다.

② '김대'통령은'처럼 합성어일 경우 (') 표시는 완전한 장음이 아닌 반장음으로 처리한다.

③ 숨을 쉬지 않고 순간적으로 어조를 달리하기 위한 표시는 (√)로 한다.

④ 숨을 쉬어야 할 곳에는 빗금(/) 표시를 한다.

⑤ 필요에 따라서는 평탄한 어조(평탄조 →), 내리는 어조(하강조 ↘), 올리는 어조 (상승조 ↗) 등으로 어미처리 표시를 한다.

이상의 요령에 따라 준비를 하고, 평탄, 하강, 상승 등의 변화는 같은 어조의 반복을 피하면서 낭독자의 개성에 따라 적절하게 조화를 이루는 것이 좋을 것이다.

숨을 쉬기 위해서 끊기를 하는 것은 의미 변별을 위해서도 필요하다. 글로 쓰인 문장은 띄어쓰기라고 하지만, 음성언어에서는 띄어쓰기가 아니라 끊어읽기라고 해야 한다. 방송을 할 때 호흡은 입과 코로 동시에 조용하게 쉬어야 마이크로 잡음이 들어가지 않는다.

그리고 입에 고인 침을 삼킨다거나, 입술이 말라 침을 바를 때에도 잡음이 나지 않도록 조심해야 한다.

전체 뉴스의 음성표기는 표준발음법에서 규정한 원칙과 허용 중, 관용발음을 사용했다.

4. 내레이션

1) 다큐멘터리 아나운싱의 특성

다큐멘터리(documentary) 내레이션(narration) 낭독속도는 내용에 따라 차이가 있겠지만, 1분에 300음절 정도가 알맞은 속도이다.

내레이션(narration)의 의미는 다양하게 쓰인다. 일반적으로 영화, 텔레비전, 라디오의 다큐멘터리나 구성물 등의 해설이라는 의미로 사용되는 말이다. 내레이션에는 화면의 설명과 함께 배경음악이나 음향효과를 추가하는 경우가 많다. 프로그램의 형식과 내용에 따라 템포나 억양, 분위기 등이 달라진다.

'다큐멘터리(documentary)'란 용어는 '여행담(travelogue)'의 뜻을 지닌 불어 'documentaire'에서 유래된 말로, 그리어슨[13]이 플래어티(Robert Flaherty)의 '모아나(Moana, 1926)'에 관한 평을 '뉴욕 선'지에 실었을 때 사용했다고 한다. 후에 그리어슨은 기록영화를 '현실의 창조적인 처리'로 정의했다.

1948년 세계기록영화연합(World Union of Documentary)에서는 기록영화를 '인간의 문제와 해결에 대한 욕구와, 지식과 이해의 폭을 넓힐 목적으로 사실에 입각한 촬영과 진실한 재구성을 통해 현실의 상황을 해석하는 것.'이라 정의했다.

여기에 나오는 플래어티(Robert Flaherty)는 영화감독이라기보다는 탐

13) 그리어슨(John Grierson, 1898~1972) : 스코틀랜드 출신으로 최초의 다큐멘터리 이론가. 직접 연출한 작품은 '유망선(Drifters), 1929' 등. 다큐멘터리를 크게 newsreel, magazine, interest (lecture film) 세 가지로 분류.

험가이면서 인류학자였다.

단순한 기록물이 아닌 최초의 다큐멘터리로 플레어티의 '북극의 나누크(Nanook of the North, 1922)'를 꼽는다.

내레이션은 화면의 이미지에 맞추어 마치 밀물과 썰물처럼 자연스러운 흐름으로 프로그램 분위기를 살려주어야 한다. 목소리는 너무 강하지 않게 효과적으로 내용전달을 해야 한다.

내레이션은 더빙작업이라고 해서 내레이터가 모니터를 보면서 화면에 맞추어 녹음할 수도 있고, 아니면 대본전체를 녹음한 후 편집을 거쳐 목소리를 삽입하기도 한다. 대개 프로듀서들은 전자를 선호하는데 이는 편집 과정업무가 추가되지 않아도 되기 때문이다. 반면 아나운서들은 내레이션을 화면에 맞추면서 하기보다 대본만 녹음하기를 선호하는 편이지만 상황에 따라 이 두 방법 중 하나를 선택해 작업한다(김상준 외, 2004).

내레이션은 문예물과 비문예물로 분류한다. 문예물(文藝物)은 예술성이 짙은 작품이나 문화영화, 드라마의 해설, 문예작품 등을 말한다. 문예물을 내레이션 할 때는 내레이터의 감정이나 성격을 주입시켜 효과를 높일 수 있다.

비문예물(非文藝物)은 주로 뉴스를 비롯한 시사성이 있는 프로그램이나 다큐멘터리를 말한다. 주로 자연 다큐멘터리가 여기에 포함되며, 시사성 텔레비전 프로그램도 있다. 영상물에 목소리만 삽입하는 기법을 보이스 오버(voice over)라고 한다.

방송언어의 꽃은 아마도 내레이션일 것이다. 호감이 있는 목소리에 정확한 발음으로 낭독한다면, 안락의자의 조용한 흔들림과 같은 느낌을 받을 것이다. 멀리서 들리는 파도소리나, 조용한 산중에서 듣는 솔

바람 소리를 연상할 수 있는 내레이션은 서예의 서체로 본다면 예서 즉 장식적인 서체이다.

내레이션은 아나운싱을 예술낭독으로 승화시키는 최고의 작품이라 할 것이다. 예술성을 살리기 위해서는 발성과 호흡, 발음 등 음성언어적인 조건이 모두 갖춰져야 한다. 영상물일 때는 화면의 이미지에 맞추어 마치 밀물과 썰물처럼 자연스러운 흐름으로 프로그램 분위기를 살려야 한다.

칼 하우스만(Hausman et al., 2000) 등은 효과적인 내레이션 기법으로 다음과 같은 것을 들고 있다.

① 내용전달이 명확하되 튀지 않으면서 편안함을 주도록 한다.
② 부자연스럽고 긴장된 자세는 어색한 음색을 만들고 전달력도 떨어뜨린다.
③ 대본에서 자신이 느낌을 투사시켜 분위기를 전달한다.
④ 너무 진지하고, 강압적인 기법(hard sell)보다 부드럽고 미묘한 느낌이 들도록 한다.
⑤ 시간이 생명인 방송에서는 원고에 시간표시를 하면서 장면에 맞는 내레이션을 한다.

2) 내레이션 멘트

다큐멘터리- 한국의 미

★★★

예 : 부터 인간들은 고기잡이와 농사에 필요한/ 강이나 바닷가에 모여 살았다.(30)

그러나 물은 언 : 제나 또 하나의 거:대한 장애물이기도 했 : 고,/ 그

래서 물위에 놓인 다리는 인류가 존재하기 시작한 시기와 함께,/ 필연적으로 탄 : 생하기에 이르렀다.(63,93)

다리의 가장 원시적인 형태로 외나무다리를 들 수가 있다./(23,116)

어디서든 손쉽게 구할 수 있었던 통나무 하나,/ 그것이 물위를 가로질러 놓이면서/인간에게는 편리라는 쾌적함[쾌저캄] 하나가 더 늘어나게 됐 : 다./(54,170) 외나무다리는 한 : 국인에게도 독특한 감 : 흥을 불러일으키면서,/ 많 : 은 얘 : 기와 까닭을 전해준다.(37,207)

나무판 하나가 위태롭게 놓여진다.(14,221)

그러나 그나마 이것마저 없 : 으면/ 십여리가 넘 : 는 멀 : 고 먼 : 길을 돌아가야 하는데,/ 산골마을 깊은 곳에서 사 : 는 사 : 람들에게는/ 더 할 나위 없 : 이 편리한 것이기도 했다.(63,284/1분) -KBS 1TV, 한국의 미, 옛다리, 91.5.6

발음 연습

물위에 놓인[무뤼에노인] 편리라는[펼리라는] 쾌적함 많:은 얘 : 기와 까닭을[마: 는내: 기와까달글] 십여리가[시벼리가] 산골마을[산꼴마을]

동물의 왕국, 나일강의 악어

★★★

나일강,／아프리카를 가로질러√ 사 : 천백사 : 십오 : 마일이나 뻗어있는 강입니다.//(29음절)

원시적인 밀림과 메마른 사막을 굽이치고／외떨어진 부족들의 마을과 √ 고 : 대 파라오[14]의 석상을 감 : 돌아 흐릅니다.//(44, 73)

유럽인들은√ 장 : 엄하고 경이적인 이 강을 처 : 음 여행할 때／악어와 마주치게 됐 : 습니다.//(33, 106)

강둑을 따라 수 : 백마리씩 흩어져 있는 악어는／햇볕을 쬐 : 기도 하

14) 파라오(Pharaoh) : 큰 집이라는 뜻으로, 고대 이집트의 왕을 이르던 말.

고√ 그늘에서 몸을 식히기도 했 : 습니다.//(40, 146)

그로부터 백년이 지난 오늘날은／나일 강변 어디에서도√떼를 지은 악어의 모습은 보기 힘듭니다.//(38, 184)

그러나 아프리카의 일부 강과 호수 기슭에는／아직도 이 선사시대의 동 : 물이 제법 남아있습니다.//(38, 222)

이 시간에는 우간다에서 나탈까지 여행하며／나일강에서 세인트 루시카 호수 사이에 남아있는／악어의 모습을 함께 보겠습니다.//(51, 273)

여기는 나일강의 발상지로 알려진 우간다입니다.//(20, 293)

나일 같은 강은 어디에도 없 : 습니다.//(14, ※1분 307음절)

때로는 평온하고√ 때로는 난폭하기도 한 이 강변을 따라서／세 : 계에서 가장 찬 : 란했던 문명의 꽃은 피고／또 사라지기도 했습니다.//(50, 357) －KBS텔레비전

발음 연습

사천백사십오마일[사: 천백싸: 시보: 마일] 석상[석쌍] 강둑을[강뚜글] 수백마리[수: 뱅마리] 흩어져 있는 악어는[흐터저인는아거는] 햇볕을[핻뼈틀] 기슭에는[기슬게는] 발상지[발쌍지] 문명의 꽃은[문명에꼬츤]

5. MC 아나운싱

1) MC의 자세

수많은 종류의 프로그램을 소화해야 하는 방송 MC는 내용을 잘 전달하는 애드립(ad lib)[15] 능력이 뛰어나야 하고, 프로그램 제작에 필수적인

15) 애드립(ad lib) : 공연이나 방송중 돌발적인 상황에 대처하고 원고가 없이 말하는 즉흥적인 말.

기획회의 등 여러 가지 부수적인 과정과 활동에도 적극적이어야 한다. MC 일은 육체적으로도 힘들고, 정신적 압박감을 받는 일이다. 유머, 지성, 훌륭한 인터뷰 능력이 필수다. MC는 무엇보다 지루할 수밖에 없는 상황에서도 흥미를 불어넣을 수 있는 능력이 있어야 한다. 또한 MC란 '말을 잘 하는 사람'이 아니라 '말을 잘 하도록 도와 주는 사람'이다.

프로그램 진행을 위해 설계도를 준비하고, 출연자와 마음을 맞춰야 하며, 자료를 점검하고, 돌발사태에 대비하는 유연한 자세와 나만의 이야기를 가지면서도 겸손한 대표역, 즉 프로그램에서 주인의 마음도 강조한다.

프로그램을 위해 부지런히 모은 자료지만 프로그램이 끝나면 아낌없이 버리기와 연습방법 찾기, 모니터하기를 게을리 해서는 안 된다.

2) MC 멘트

한글날 기념, 대학생과 함께 하는 "열린음악회"16)

네,√ KBS 합창단의 '옛 : 시인의 노래',/ 첫 곡으로 들어봤 : 습니다.// (26음절)

안녕하세요, 열린음악회 ○○○입니다.//(16-42)

오늘 10월9일√ 한 : 글날을 맞이해서/ 한 : 글에 대 : 한 애정이 남다른/ 전국의 국어국문학과 학생,√ 만 : 여 명과 함께 하고 있습니다./ 여러분 반갑습니다.//(56-98)

서울 청량리에 자리잡은√ 이곳 세 : 종대 : 왕기념관은/ 1973년에 개관했 : 습니다.// (33-111)

세 : 종대 : 왕의 업적을 기리는 국보급 자료들이/ 한 : 글실과 과학실,

16) 이 문장은 2004년 10월 KBS 방송아카데미 학생들과 함께 방송연습용으로 작성한 것임.

국악실,/(28-139, 30초 지점) 그리고 세 : 종대 : 왕 일대기실 등에 전 : 시돼 : 있습니다.//(48-159)

여러분, 왠 : 지 가을에는/ 음악이 더 잘 들리는 것 같지 않으세요?// (24-183)

여름에 듣는 음악과 가을에 듣는 음악은/ 분명 그 느낌이 다를 텐데요.// (27-210)

깊어가는 가을저녁,/ 풀벌레 소리와 함께 듣는/ KBS교향악단과 합창단의 감미로운 선율은/ 우리의 마음을 더욱 포근하게 해 : 줄 것 같습니다.// (57-267)

소프라노 조수미씨의/ '아, 대 : 한민국' 박수로 청해 듣겠습니다.// (24- 291, 1분 270음절)

발음 연습

KBS 합창단의[케이비에쓰합창다네] 옛시인의노래[옏: 씨이네노래] 청량리[청냥니] 1973년에[천구백칠씹쌈녀네] 세종대왕의 업적을[세: 종대: 왕에업쩌글] 국보급 자료들이[국뽀급짜료드리] 일대기실[일때기실] 왠지[wɛ: ndzi]

6. DJ 아나운싱

1) DJ 아나운싱의 특성

DJ 프로그램은 방송에 따라 그 전달양상이 달라진다. DJ 프로그램은 크게는 클래식 음악방송과 팝 계열의 음악방송으로 나누는 것이 일반적이다. 팝계열 음악방송의 진행은 톡톡 튀는 개성이 요구된다면, 클래식 음악 프로그램 진행자에게는 정감 있고 풍부한 소리, 따뜻한 음색과 친밀하고 신뢰감 있는 목소리가 요구된다.

한국에서는 1960년대와 1980년대까지 라디오 DJ의 인기가 TV 못지않게 컸던 때가 있었다. 그러나 요즘은 전문 DJ보다 연예인들이 진행하는 경우가 더 많아졌다.

미국의 경우에도 DJ는 '라디오 토크 쇼 진행자'로 불리면서 그들의 역할이 커지고 있다(김상준 외 역, 2004). 그들은 인터뷰를 비롯해서 상황에 맞는 애드립과 개성을 충분히 발휘하는 능력이 있어야 한다. 라디오 토크쇼는 오락 프로그램이기 때문에 청취자를 사로잡지 못하면 진행자는 단명할 수밖에 없다. 전화 참여자가 무례하거나 독설적일 수도 있기 때문에 유머감각이 필요할 뿐만 아니라, 때로는 재치 있게 상황을 모면할 수 있어야 한다. 또한 박학다식함도 토크쇼 진행자에게는 필수요소라 할 수 있다.

거부감 없는 편안하고 자연스러운 어조, 전달력 있는 분명한 발음, 다양한 언어 구사력과 더불어 클래식과 조화되는 음악적인 울림이 있는 소리, 거기에 자신만의 분위기와 색깔, 개성을 표현할 수 있다면 그 진행자는 청취자와 오랜 만남을 가질 수 있을 것이다.

음악을 주로 방송하는 DJ 프로그램은 뉴스보다 약간 느린 속도인 1분에 340 음절의 발화속도면 적당할 것이다.

다음은 라디오 음악 프로그램의 DJ멘트이다.

2) DJ 멘트

이규원의 가정음악

안녕하세요, '이규원의 가정음악'[17] 7월 12일, 월요일 아침입니다.

어느 날, 아이와 아빠가 산책을 하는데 아이가 묻습니다.

"아빠는 자연의 소리 중에 어떤 소리가 좋으세요?"

아빠는 새소리, 벌레소리, 바람소리, 파도소리 같은 평범한 소리들을 댔죠.

그리곤 아이에게 넌 무슨 소리가 좋으냐고 물었습니다.

그러자 아이는 "난 바람이 숲을 지나갈 때 나뭇잎에 부딪치는 소리가 좋아." 합니다.

순간, 아빠는 자신의 대답이 너무 평범하고 무성의했구나, 미안해 했다는데요.

"비가 숲을 지나갈 때 나뭇잎들을 스치며 내는 소리"는 어떨까요?

큰 홍수비가 아니면 때론 비 내리는 소리도 듣기 좋은데요. 월요일 아침 비가 반갑지 않은 분들도 있겠지만, 그래도 일주일을 비와 함께 신선하고 생기 있는 마음으로 시작하셨으면 합니다. -KBS 1FM, 2004. 7. 12.

젊음을 위한 희망 음악[18)]

안녕하세요?√ '젊음을 위한 희망음악' ○○○입니다.//(20음절)

길을 건 : 다 우연히 하늘을 보았습니다.//(15-35)

구름 한 점 없 : 는 가을하늘이/ 오늘따라 유 : 난히도 아름답게 느껴집니다.//(28-63)

어느새 가을이 무르익어가면서/ 수확의 계 : 절이 다가왔습니다.//(25-88)

---

17) '이규원의 가정음악'은 매일 아침 9시부터 11시까지 2시간 동안 KBS 1FM에서 방송됐음. 애청자의 희망곡과 다양한 기획 코너로 진행되는 클래식 등 '이지 리스닝' 음악으로 구성되는 음악방송임.(김상준 외, 2004) 재인용

18) 이 문장은 동아방송예술대학 방송연예과 '아나운싱 실습'시간에 학생들과 함께 작성한 DJ프 로그램의 오프닝멘트(opening announcement)임.

푸른 하늘과 붉게 물든 단풍,/ 그리고 상쾌한 공기만으로도/ 삶 : 의 여유를 가지게 해 : 주는 가을에 대 : 해/ 새삼 고마움을 느끼게 해 : 주죠?//(51-139)

이렇게 아름답고 낭 : 만적인 가을,/ 여러분은 어떤 생각을 가지고 계 : 십니까?//(30-169, 30초 지점)

젊음이 더욱 멋있게 느껴지는 가을입니다.//(17-187)

오늘 같은 날은/ 여러분 모두 따스한 커피 한 잔과 함께/, 여유와 미소를 가지고√ 하루를 보내시기 바랍니다.//(41-228)

그러면 음악 듣겠습니다./ 오늘 첫 곡은√ ○○○씨가 신청한 곡입니다.//(27-255)EXTREAM의/ WHEN I FIRST KISSED YOU. (13~15 -270)// -2004. 10.

발음 연습

젊음을 위한 희망음악[절므믈 위한 히망으막] : '위'는 이중모음으로 해서 [wi]로 함, 길을 걷다[기를걷: 따] 수확의 계절이[수화게게: 저리] 삶의 여유[살: 메여유]

7. 기상 캐스터

한국에서는 기상에 관한 정보를 제공하는 방송인을 기상 캐스터라고 하지만 미국에서는 기상 리포터라고 한다. 한국의 기상 캐스터나 미국의 기상 리포터는 기상전문가이면서 엔터테이너라 할 수 있을 정도로 인기인들이 많다. 미국에서는 미국기상학회(The American Meteorological Society)가 기상전문 자격제도를 운영하며, 기상 캐스터 자격증을 발급하고 있다. 기상 캐스터는 4년제 대학을 나와야 한다(김상준 외 역,

2004).

텔레비전 기상 캐스터의 이미지는 계속 변화돼 왔다. 과거에는 기상방송을 뉴스 사이에 잠시 내보내는 정도로 취급하면서 단순히 지도 앞에 서서 대충 선을 그으며 기상방송을 하기도 했었다.

그러나 최근의 기상 캐스터는 전문가가 기용되는 경우가 많다. 기상 예보는 과학이며, 시청자들의 생활방식과 복지, 안전에도 영향을 주고 있기 때문이다. 기상 캐스터에 대한 이미지는 최신기술의 전문가로 인식된다.

방송사에서는 예보기관과 함께 기상상태에 대한 정확한 상황을 분석해 전달해야 하고, 정규방송이 나가는 동안 필요할 경우에는 자막으로 날씨 상황을 알리기도 한다. 또한 기상정보를 동영상 그래픽으로 가공해서 번개와 같은 기상현상을 표현하고, 컴퓨터 소프트웨어를 활용해 기상정보를 한눈에 알아보기 쉬운 예보 프로그램을 만들어내는 것이다.

어떤 방송직종과 마찬가지로 기상 캐스터는 카메라 앞에서 침착해야 하며, 정확한 정보전달력을 위해 애드립 구사에 능숙해야 하고, 자세와 동작도 좋아야 한다.

실제 기상방송은 아무 것도 없는 빈 벽 앞에서 하게 된다. 방송에서 볼 수 있는 기상예보의 지도는 기상 캐스터 뒤로 투영된 컴퓨터이미지일 뿐이다.

따라서 기상 캐스터는 기상도를 비추는 프롬프터 카메라를 똑바로 봐야 한다. 캐스터는 그림이 나타나지 않는 벽이나 크로마키 판 앞에서 손동작과 프롬프터 상에 보이는 이미지를 조화시키면서도 해당지역을 정확하게 짚어내는 동작표현에 능숙해야 한다.

기상정보 방송

★★★

날씨 전해드립니다./

오늘부터 10 : 월 4 : 일까지 사흘 동안/ 한 : 반도는 흐리고 비가 자주 올 것으로 보입니다./

오늘은 평양을 비롯한 북한 전역에√ 비가 조금 내릴 것으로 예 : 상되고,/ 서울 경기, 강원도에 비가 오겠습니다./

내일 북한은 함경도 지방을 중심으로 비가 오겠고, /평양은 낮부터 점 : 차 개 : 겠습니다./

다음 주부터 10월 말까지는 건조한 날이 많 : 겠으며,/ 11월 초순에는 내 : 륙과 산간 지방에/ 서리가 내리고 얼음이 어는 곳도 있겠습니다./

서울지방 현 : 재기온은 15 : 도입니다.

—YTN 기상정보, 2007. 10. 2.

제 8 장

인터뷰의 진행과 참여

1. 인터뷰의 정의
2. 인터뷰의 종류
3. 방송 인터뷰의 요점
4. 성공적인 인터뷰어

제8장

인터뷰의 진행과 참여

1. 인터뷰의 정의

인터뷰는 넓은 의미로는 조사, 진단, 시험, 취재 등의 목적으로 특정한 개인이나 집단과 대면해서 필요한 정보를 수집하는 것을 말한다. 저널리즘에서는 면접취재를 인터뷰라 하며, 신문, 잡지, 방송 등에서 특정의 인터뷰어가 기사나 방송 프로그램을 위해 대화를 나누는 것도 인터뷰라 한다.

웹스터(Webster)의 'New World Dictionary'에 따르면 인터뷰는 라틴어에서 유래한 inter(between, among)와 view(to see)의 합성어인 프랑스어 entrevue에서 온 말이다.

인터뷰는 상호작용이다. 역할과 책임을 주고받거나 감정과 신념, 동기, 정보를 교류하고 공유하기 때문이다. 둘 중 한 사람만 이야기하고 다른 한 사람은 듣기만 한다면, 인터뷰가 아니라 한 사람이 청중을 대상으로 하는 연설이다. 인터뷰가 진행됨에 따라 동일인이 인터뷰어와 인터뷰이의 역할을 번갈아가며 맡을 수 있다(Stewart, Cash Jr., 2002. 이무기 역, 2007).

현대적인 의미의 인터뷰는 정신분석학에서 이용됐는데, 1920년대부터 급속히 발전한 여론조사와 시장조사가 이 면접법을 채용함에 따라 더욱더 발전하게 됐다. 인터뷰는 언론사 기자들의 가장 중요한 취재방법의 하나로 신문 뉴스의 90%는 이러한 인터뷰를 통해 얻어진다고 한다.

인터뷰는 그 목적과 대상, 형식 등에 따라 여러 종류가 있다. 뉴스의 취재를 위한 뉴스 인터뷰(news interview), 인물 자체를 취재하기 위한 인물 인터뷰(personality interview), 우연히 만나서 취재하는 우연적 인터뷰(casually coincidental interview), 개인적 면담을 통한 사적 인터뷰(personal interview), 전화를 통한 전화 인터뷰(telephone interview), 질의서를 통한 서면 인터뷰(prepared question interview), 다른 기자들과 공동으로 공식적으로 하는 기자회견(news conference), 각종 학술회의에서 진행하는 심포지엄 인터뷰(symposium interview) 등이 있다.

조사기술로서의 인터뷰, 혹은 면접은 자발적으로 의견을 말하게 하는 식의 비지시적 인터뷰(nondirective interview)와, 질문지나 테스트지 등을 이용해서 인터뷰하는 지시적 인터뷰(directive interview)로 나누어진다.

인터뷰는 면접자(interviewer)와 피면접자(interviewee)의 협동에 의해 정확한 정보를 얻는 것이 목적이기 때문에, 양자 사이에서의 관심의 일치, 신뢰관계의 수립이 전제가 된다. 또 면접자의 태도, 질문방법 등이 정보의 변형이나 차질을 가져오는 결과가 되지 않도록 하기 위한 기술적인 훈련이 필요하다.

방송에서의 인터뷰는 실제 보도의 인용을 위한 인터뷰, 시사 다큐멘터리와 매거진 타입 프로그램의 제작과정에서 정보를 얻기 위한 인서트용 인터뷰, 인터뷰로만 이루어지는 독립 프로그램, 토론 프로그램의 인터뷰, 전화 인터뷰 등으로 나눌 수 있다(유애리, 2005).

또한 인터뷰와 비슷한 '대담'은 목적하는 큰 틀에서 흐름을 타고 이야기하는 여유로운 분위기이지만, '인터뷰'는 계획적인 접근과 파고드는 적극적인 질문공세로 목적한 것을 이끌어내는 언어적 압박수단이라고 할 수 있다. 대담은 그 자체로서 기승전결이 되고 완성품이 되지만 인터뷰는 서로 미리 알고 있는 분명한 목적이 있고, 나아가야 할 방향이 명확하게 설정돼 커뮤니케이션의 양적인 측면에서 인터뷰는 3대 7 정도로 답변자의 분량이 많다(박소웅, 2005).

인터뷰 진행자는 자신의 능력을 최대한 발휘해서 자신의 이익이나 관점, 선입견을 버려야 한다. 수용자를 위한 파수꾼으로서 일반인과 전문가 사이를 잇는 다리의 역할을 해야 한다.

생생하고 유익한 정보를 끌어내는 인터뷰를 하기 위해서는 인터뷰 형태에 따라 어떻게 접근해야 할지, 출연자에 대한 정보를 바탕으로 주제를 좁혀가며 그에 적당한 질문을 준비하고, 내용 흐름이 논리적으로 전개될 수 있도록 하고 함정을 피해가야 한다. 영국의 BBC는 직원수습 때부터 기본적으로 3가지 인터뷰 유형을 가르치고 있다고 한다(유애리, 2005).

① 하나의 주제를 탐색하는 탐색형 인터뷰
② 수용자에게 사실을 알려주는 정보형 인터뷰
③ 인터뷰 응답자의 감정을 드러내는 감정형 인터뷰

2. 인터뷰의 종류

인터뷰의 종류에는 여러 가지가 있다. 보통 사용되는 인터뷰 형식에는 취업, 정보수집, 문제해결, 상담, 설득, 평가, 심문, 방송 인터뷰 등으로 나눌 수 있다(이찬규, 2003).

1) 취업 인터뷰

취업 인터뷰(employment interview)는 잡 인터뷰(job interview)라고도 한다. 많은 사람에게 가장 중요한 인터뷰는 취업 인터뷰이다. 이는 직업전선에 뛰어드는 길인 동시에 직위이동, 승진, 봉급인상을 위한 수단이 될 수 있다. 직업 인터뷰는 대학 입학과정이나 인턴사원, 보조사원 제도, 대학원과 직업 프로그램의 한 부분이기도 하다.

피인터뷰자(interviewee)들의 응답요령은 다음과 같다.

① 질문을 경청하라.
② 질문을 이해하지 못했다면 섣부른 짐작은 하지 않는다.
③ 모호한 질문은 자신에게 유리한 방향으로 답한다.
④ 생각을 정리하기 위해 막간과 침묵을 잘 활용한다.
⑤ 인터뷰자와 신뢰감을 형성한다.
⑥ 모든 질문은 한 가지도 소홀하게 생각하지 않는다.

2) 정보수집 인터뷰

정보수집 인터뷰(information-gathering interview)는 직접 대면하거나 전

화, 또는 e-mail을 통해서 이뤄지는데, 기자들의 취재나 법집행관의 심리, 리포트를 준비하는 학생, 사업가들이 활용하는 인터뷰 등 그 범위가 넓다.

정보수집을 위해서는 육하원칙에 따라 '누가, 무엇을, 언제, 어디서, 왜, 어떻게' 등의 주제별로 정리하는 요령이 필요하다. 인터뷰를 하는 동안에는 적극적으로 듣고, 뒤따르는 질문을 해야 하며, 녹음이나 녹화를 하거나 기록을 하면서 진행해야 한다.

3) 문제해결 인터뷰

문제해결 인터뷰(problem-solution interview)는 사업과 산업현장에서 필요한 인터뷰이다. 만일 사업체의 판매가 부진하다면 왜 부진한지, 어떻게 회복할 수 있는지 등을 판매사원을 대상으로 인터뷰할 수 있다.

효과적으로 문제를 해결하기 위해서는 인터뷰어와 응답자가 역할을 바꿔가면서 그 문제들에 관해 철저하게 논의해야 한다.

4) 상담 인터뷰

상담 인터뷰(counseling interview)는 상담원이 상담자를 도와주고 길잡이가 돼주기 위한 것이다. 대표적으로는 의사나 노사간, 친구, 가족 구성원 사이에 사용된다.

조직체 내에서의 상담은 관리자가 고용인과의 의사소통을 높이기 위해 상담의 기본기술을 익혀야 한다.

5) 설득적 인터뷰

설득적 인터뷰(persuasive interview)는 사람의 믿음이나 행동에 변화를 주기 위해 하는 것이다. 효과적인 설득을 위해서는 피인터뷰자가 인터뷰자의 메시지에 자유롭게 의문을 제시하고 응답할 수 있도록 해야 한다. 또한 편견이 담긴 질문이나 유도질문은 하지 않도록 한다.

6) 판매 인터뷰

판매 인터뷰(sales interview)는 고객에 대한 정보와 고객의 욕구를 파악한 뒤, 합법적인 과정을 통해 제품에 대한 설명을 하고, 구매를 제안한다면 성공적으로 이뤄질 수 있을 것이다. 성공적인 판매원은 고객의 말을 잘 들어주면서 고객을 설득하도록 해야 한다. 판매원 자신의 이야기만 계속한다면 고객이 무엇을 원하는지 알 수 없기 때문이다.

7) 평가 인터뷰

평가 인터뷰(appraisal interview)는 피인터뷰자가 자신의 일에서 강점과 약점을 깨달을 수 있도록 진행해야 한다. 특히 수행평가 인터뷰는 일하는 데 필요한 조건과 기준을 제시하고, 고용인의 발전에 대한 의견, 앞으로의 업무에 대한 지시와 안내를 함으로써 업무능률을 향상시키도록 해야 한다.

이때 인터뷰자인 직장의 상사, 감독관, 교사 등이 피인터뷰자와 신뢰를 쌓으면서 필요하다면 그들의 비판도 경청하도록 해야 한다.

8) 심문형 인터뷰

심문형 인터뷰(interrogation interview)는 조사방법을 광범위하게 사용해서 상대방으로부터 정보를 얻어내기 위한 것으로 변호사, 신용관리사, 세금조사원, 수사기관원 등이 사용하는 것이다.

특히 수사관은 여러 종류의 신문을 사용하면서 피조사자의 진술로 사건의 윤곽을 그려내야 한다. 모순되거나 진실되지 않은 말에 따라 심문자는 진상을 알아낼 수 있다.

심문형 인터뷰는 사원채용시에도 사용된다. 잠재적 고용자가 스트레스를 받도록 하면서 상황에 어떻게 대처하는지 관찰하기도 한다.

9) 미디어 인터뷰

미디어 인터뷰(media interview)는 인쇄매체나 방송 등에서 사용하는 인터뷰의 형태이다. 특히 방송에서는 사회자와 출연자가 1대 1로 하는 경우와 전화 인터뷰, 토크 쇼 형태로 다수의 출연자를 대상으로 하는 인터뷰 등 다양한 형태가 있다. 이때 사회자의 책임은 프로그램에 맞는 형식이나 분위기를 조절해야 한다.

미디어 인터뷰에 대한 자세한 내용은 '방송 인터뷰'에서 다룬다.

3. 방송 인터뷰의 요점

인터뷰 중에서도 방송 인터뷰는 인쇄매체와는 달리 여러 모로 주의를 기울일 필요가 있다.

1) 올바른 응대법

시청자를 사로잡기 위해서는 불필요한 소리와 간투사 '어' 등을 줄인다. 일상 대화에서는 보통 '어'소리를 자주 하는데 방송에서는 아마추어처럼 보이게 만든다. 대신 '그래요', '옳습니다', '네', '말씀하신 것처럼' 등으로 대체하도록 한다(유애리, 2005).

2) 주제에 맞는 진행

질문에 대한 출연자들의 답변이 시청자들이 이해하기 쉽도록 해야 한다. 출연자의 말이 논리적이지 않을 때가 있는데 이는 출연자가 제대로 표현을 하지 못한 경우도 있지만, 출연자가 분명하게 자신의 의사를 표현하고 싶지 않기 때문일 수도 있다. 이럴 땐 진행자가 부연 설명을 통해 주제를 살리도록 한다.

앞서 말한 논점을 다시 언급할 필요가 있을 때는 주장을 발전시킬 수 있는 새로운 질문을 해서 산뜻하게 처리해야 한다.

3) 친절한 질문

전문가와 이야기를 할 때 전문용어나 추상적인 용어가 나올 수 있지만 염두에 둘 것은 항상 시청자와 관련 있는 내용이 나와야 한다는 것이다. 일상의 현실과 관련지은 질문을 하고, 어려운 내용일 경우에는 질문과 설명을 병행하기도 한다. 질문에 들어가기 전에 배경에 대한 정보를 알려 줄 필요가 있다. 아울러 유도질문을 피한다. 유도질문은 인터뷰 응답자를 구석으로 몰고 가려는 의도로 고안된 것으로 자칫 불공정 시비에 휘말릴 수 있다.

4) 시간 조절

모든 프로그램은 시간과의 싸움이다. 출연자의 말을 중간에 끊지 않고 마무리를 할 수 있도록 몸짓이나 손짓 정도로 출연자와 자연스럽게 의사소통을 할 수 있는 방법을 알려준다. 진행자가 말로 재촉하며 끊지 않아도 되는 방법을 쓰면 적절한 시간분배에 도움이 된다. 한정된 시간의 인터뷰는 자체로 완결성을 지녀야 한다.

5) 출연자 중심 진행

진행자가 자신의 방송능력을 드러내려고 출연자가 할 말을 먼저 해버릴 경우 프로그램의 빛이 죽는다. 시청자들은 진행자의 모습이 아닌 출연자의 이야기와 그들의 모습을 보고 싶어함을 잊어서는 안 된다. 진행자는 출연자가 주인공임을 인식하고 자제해야 한다. 출연자의 말을 가로막지 않도록 한다.

6) 유익한 답변 유도

진행자가 피해야 할 질문은 막다른 질문이다. 이를 피하기 위해서는 '예, 아니오' 란 답변이 나올 수 있는 질문이나 뻔한 질문, 모호한 질문을 해서는 안 된다. 완벽한 답변을 끌어내는 것은 진행자의 책임이다. 때로 말이 많지 않은 출연자가 나올 경우는 시간을 두고 말없이 출연자를 바라보면서 출연자 자신이 더 많은 내용이 필요하다는 것을 스스로 느낄 수 있게 한다.

7) 공정한 진행

진행자는 언론과 언중을 대표하는 사람이라는 책임감을 가져야 한다. 잘못된 의견이나 불평등한 내용의 말에 휩쓸리지 않도록 균형 있는 주제 의식, 논리적인 자세를 견지해야 한다. 특히 토론 프로그램의 진행자는 격렬한 찬반의견 한 가운데 어느 쪽도 주장이 미진하다는 느낌이 들지 않도록 냉정한 심판관이 돼야 한다.

출연자의 지위고하에 관계없이 두려워하지 않고 인격을 존중하는 진행자이면서 공정성과 편견이 없음을 시청자에게 확신시켜야 한다.

8) 즉흥적 질문

때로는 가볍고 자극적인 어휘구사로 시청자의 환심을 살 수 있다. 그러나 지식과 경험이 일천할 때 빠질 수 있는 유혹, 자기가 알고 있는 것을 자신만이 아는 아주 중요한 것으로 알고 바로 모든 사람에게 알리고 싶어 하는 충동에 빠지는 순간 자신의 지식을 과시하거나 시청자를 계도하고자 하면 시청자에게는 지루한 방송이 되고 만다. 절제의 미학을 겸비한 의표를 찌르는 단 한마디의 말을 할 수 있을 정도의 애드립이어야 한다.

9) 충실한 청취

듣는 기술은 훌륭한 인터뷰의 조건이다. 꼬리에 꼬리를 무는 질문은 결국 잘 들어야 가능하다. 미리 준비한 질문 목록대로 인터뷰하는 것은 도움이 되지 않는다. 간단한 노트나 중요한 내용의 제목만 적은 것을 이용하는 것이 바람직하다.

상대와 대화하는 것 자체가 즐겁고 상대의 이야기를 잘 들어주어 상대가 흥미롭게 느끼게 하면 상대에게서 알찬 정보를 얻는다. 침묵도 인터뷰에서 이야기를 끌어내는 데 훌륭한 도구가 된다는 점을 활용한다.

10) 쉽고 분명한 질문

질문은 철학적이어서는 안 된다. 분명하고 쉬워야 한다. 질문은 명확하게 한 가지 요점에 맞추어야 한다. 범위가 너무 좁으면 이야기가 자주 끊길 것이고 너무 넓으면 진행자가 통제할 수 없게 된다. 수용자와 인터뷰 응답자에게 모두 이해되기 위해서는 간단하고 단도직입적이면서 열려있는 질문으로 특정 답변에 치우치지 않게 한다.

11) 유머와 위트

팽팽한 긴장감이 지속되는 인터뷰로는 소기의 성과를 얻기 어렵다.

프로그램의 재미를 위한 방편이기도 하지만 재치있는 유머나 위트로 분위기를 반전시킬 수 있다. 수용자에게도 편안함을 주는 간결하면서도 상황에 적합한 유머 구사는 진행자의 경험과 기량에 달렸다.

12) 간결한 마무리

지금까지 말한 내용 가운데 빠진 것은 없는지 다룬 내용을 점검한다. 인터뷰에 응해준 출연자에게 감사의 표시를 하고 우호적인 관계를 확인하는 말과 행동을 취하면서 예의를 갖춘다.

4. 성공적인 인터뷰어

좋은 인터뷰는 뛰어난 다큐멘터리라 할 수 있다. 실제로 인터뷰를 고품위의 영화예술로 분류한다. 영국에서 최고의 인터뷰어로 유명한 감독 위커(Alan Whicker)가 제작한 프로그램 '위커의 세계(WHICKER'S World)'는 중요한 작품으로 인정받아 왔다. 위커 감독은 즉흥적인 유대감을 만드는 재주가 있어 쉽게 상대방을 무장해제시키고 히피와 섹스, 마약부터 백만장자의 요트에 이르는 모든 종류의 이야기를 아주 친밀하고 솔직한 방식으로 털어놓게 만들었다.[19)]

유럽이나 미국의 방송을 한국과 비교하면 문화나 가치관이 다르지만 인터뷰의 기본원칙은 같다. 인터뷰의 명수라는 사람들 모두 이런

---

19) http://www.museum.tv/archives/etv/W/htmlW/whickeralan

원칙에 충실한 사람들이다. 인쇄와 방송매체에서 각기 명성을 쌓은 성공한 인터뷰어들은 당당하지만 오만하지 않은 자세, 웃으면서 간혹 농담도 주고받지만 잡담으로 흐르지 않고, 인터뷰 주제에 충실한 대화, 굽실거리는 저자세가 아니면서 우호적이며 친절한 자세로 인터뷰를 이끌고 있다. 즉 시청자가 무엇을 원하는가를 알고 주도면밀하면서도 자연스럽게 인터뷰를 할 수 있다면 인터뷰에서 성공할 수 있다.

인터뷰라는 상황 자체는 결국 연출되는 것이다. 단순하고 쉽게 보이는 능숙한 인터뷰는 바로 철저한 준비와 경험, 진행자가 가지고 있는 '끼'로 설명될 수 있다. 세계적인 인터뷰어로는 앵커편에서 다룬 바바라 월터즈(Barbara Walters), MC편에서 다룬 오프라 윈프리(Oprah Winfrey) 등이 뉴스와 토크쇼라는 프로그램에서 인터뷰어로서의 명성을 날린 사람들이다. 바바라 월터즈의 인터뷰는 차가우면서도 주제에 대해 날카롭게 파고드는 스타일이다. 인터뷰를 위해 평균 250개의 질문을 준비한다는 그녀의 인터뷰는 세계의 역사를 쓰고 있다고 할 정도로 정평이 있다. 특히 그녀의 인터뷰는 미국의 명사와 부호 등 권력층의 내면을 들여다보게 해준 것으로 유명하다

이외에 성공적인 인터뷰어로는 이탈리아 출신 방송기자인 오리아나 팔라치(Oriana Fallaci, 1929~2006), 미국의 쇼진행자인 래리 킹(Larry King, 1933~), 그리고 2000년대를 전후해 가장 성공적인 MC라 할 수 있는 오프라 윈프리(Oprah Winfrey, 1954~)를 들 수 있을 것이다.

제9장

토론의 진행과 참여

1. 토론의 개요
2. 토론의 형식
3. 근대 한국의 토론
4. 토론의 특징
5. TV 토론
6. 토론의 사회

제9장

토론의 진행과 참여

1. 토론의 개요

토론(debate)은 가장 합리적이고 효율적인 정책적 대안을 엄격한 규칙에 입각해서 경쟁적인 방식으로 모색하는 설득 커뮤니케이션의 일종이다.

토론은 토의(discussion)와 비슷한 형태이지만 다른 의견에 대해 각자의 의견을 말함으로써 좋은 결론을 얻으려는 논의과정을 말하며, 이성적이어서 엄격한 규칙과 규율이 필요하다. 그러나 토의는 자유로운 의사개진과 대담형태로 이뤄진 감성적인 결론도출 과정을 거친다.

따라서 토론은 의견대립 상황을 전제로 자신의 의견을 분명히 밝히고 타인을 설득하는 것이며, 구성원 사이에 불필요하고 소모적인 다툼을 피하면서 목표를 이룰 수 있는 장점이 있다.

토론대회를 전제로 한 정의는 정해진 규칙에 따라 긍정과 부정으로 대립하는 두 팀이 주어진 논제에 의한 주장과 이에 대한 검증, 의논을 되풀이함으로써 이성적 판단을 내리는 과정이다(강태완 외, 2001).

토론과 논쟁은 비슷하기는 하지만 토론에 비해 논쟁(argument)은 주장을 발전시키고 지원하며, 비판하고 수정하는 의사소통 과정을 말하며, 어느 한쪽이 주장을 진술하고 논거를 제시하면서 논증하면 반대쪽이 반박하는 상호작용의 과정을 거친다(오미영, 2005).

논쟁은 또한 정서적인 소구보다는 합리적 소구를 중시하는 설득 커뮤니케이션의 한 방법이라 할 수 있다. 따라서 어떤 집단의 특유한 관습인 에토스(ethos)와 욕정・기쁨・슬픔・노여움 등 정념의 작용인 파토스(pathos)도 인정하지만, 기본적으로는 이성과 오성(悟性)이 작용하는 로고스적(logos) 의사소통, 즉 합리적 소구를 강조하는 의사소통 과정이라 할 수 있다.

2. 토론의 형식

1) CEDA 토론

CEDA(Cross Examination Debate Association) 토론형식은 1947년부터 시작된 미국의 전국 토론대회의 방식에 토론자들 간의 교차질문을 가미해서 직접적인 의사소통을 강조하는 형식으로 발전돼, 현재 미국의 대학간 토론대회에서 가장 널리 사용되고 있는 형식이다(강태완 외, 2001).

이 형식은 '교차심문 토론'이라 할 수 있는 토론으로 논제와 관련된 자료조사와 제기된 주장을 뒷받침할 수 있는 증거제시에 큰 비중을 둔다. 각 팀은 두 사람으로 구성되며, 토론자 개개인은 각각 세 번의 발언기회를 갖게 된다. 즉 한 번씩의 입론과 반박, 그리고 교차조사를 한다.

아카데미식 토론은 언어로 하는 게임이기 때문에 토론자들은 자신의 순서와 시간을 사전에 숙지해서 게임의 법칙을 위반하는 실수를 하지 않도록 주의해야 한다.

2) 링컨 · 더글러스 토론

링컨 · 더글러스 토론(Lincoln-Douglas debate)은 1858년 일리노이주 상원의원 선거 캠페인 중 에이브러햄 링컨과 스티븐 더글러스(Stephen Douglas, 1813~1861) 사이에 있었던 노예제도에 관한 토론에 기원을 둔 것으로 양쪽에 각각 한 사람이 토론에 참가하는 방식이다. 1980년 미국 전국 토론리그가 현대식 링컨 · 더글러스 방식을 채택하면서부터 미국 고등학생들 사이에서는 가장 대중적인 방식이 됐다.

링컨-더글러스 토론형식은 가치토론의 가장 대표적인 형식이 됐다. 따라서 CEDA 형식의 정책토론에서 필수쟁점(stock issues)으로 불리는 중요성, 지속성, 해결성 대신에 다음과 같은 요소들을 필수쟁점으로 삼는다(Wood & Goodnight, 1996).

- ✔ 가치평가의 대상규정
- ✔ 토론을 위한 주요 평가개념 정의
- ✔ 평가항목과 기준설정
- ✔ 가치구조의 설정과 정당화

3) 의회토론

의회토론(parliamentary debate) 방식은 1820년대에 생긴 옥스퍼드와 케임브리지의 학생회가 행하던 토론형식에 기초를 둔 것으로, 영국의회의 특징을 어느 정도 반영하고 있다.

보통 한 쪽 팀에 두 사람이 참여하며, 그 중 한 사람(수상과 야당당수)이 두 번의 발언 기회를 갖고 다른 한 사람(여당의원과 야당의원)은 한 번의 발언기회를 갖는 것이 보편적 형태이다. 그러나 세 명의 토론자가 참여해서 각각 한 번씩의 발언기회를 갖는 형식도 가능하다. 토론은 국회의장의 사회로 이뤄진다.

의회토론 형식은 누구든 쉽게 배울 수 있고 배운 즉시 실습에 옮길 수 있는 형식으로 인식되고 있다.

최근 미국에서는 대학간 토론대회에서 이 형식을 취하는 경우가 많은데, 전국의회토론협회(National Parliamentary Debate Association : NPDA)와 미국의회토론협회(American Parliamentary Debate Association : APDA)가 주로 이러한 대회를 주관하고 있다.

의회식 토론은 정책토론과 달리 토론 중에는 인쇄된 자료나 증거를 사용할 수 없다. 토론 중 상대팀이 발언을 하고 있는 동안 자리에서 일어나 보충질의(points of information), 의사진행 발언(points of order), 신상발언(points of personal privilege) 등을 할 수 있다.

4) 칼 포퍼 토론

오스트리아에서 태어나 영국에서 활약한 철학자 칼 포퍼(Karl R.

Popper, 1902~1994)는 '비판적 사고란 바로 대화와 공적토론의 협동적인 과정이며 지식이란 예측과 반증을 통해 진보한다'고 했다.

칼 포퍼 토론(Karl Popper debate) 방식은 1994년에 만들어진 토론방식으로 학생들에게 비판적 사고, 자기표현, 그리고 다른 의견에 대한 관용의 자세를 길러주기 위해 만들어진 것으로 세 명이 한 팀을 이루어 각 팀이 한 번의 입론과 두 번의 반론을 하며 마지막 반론을 제외하고는 매 스피치마다 교차조사가 진행되는 토론방식이다.

국제토론교육협회(International Debate Education Association, IDEA)에서 주관하는 대회는 주로 이 형식을 취한다.

다른 방식들이 '상대방이 틀렸다'는 것만 입증해도 토론에서 승리할 수 있는 반면, 칼 포퍼 방식은 토론에서 승리하려면 '우리 측이 옳다는 것을 입증해야 한다'는 입장을 고수하고 있다.

3. 근대 한국의 토론

한국의 근대적인 토론의 전통은 협성회와 독립협회가 토론을 통해 민중계몽과 자주독립 사상을 고취한 데서 비롯된다. 특히 협성회는 정치·경제·문화 등 제반문제를 토론하고 민중에 대해 근대의식을 불어넣어 주었다.

협성회는 배재학당의 학생조직으로 서재필[1]의 지도 아래 1896년

1) 서재필(徐載弼, 1864~1951) : 전남 보성 출생. 영어명 제이슨(Philip Jaisohn). 미국 인디에나주 라피엣(Lafyette)대학 박사. 한말의 독립운동가. 김옥균·홍영식 등과 갑신정변을 일으켰으며, '독립신문'을 발간하고 독립협회(獨立協會)를 결성했음. 1922년 워싱턴

11월 30일 창립됐다. 전영우(2002)는 근대한국에 구미식 토론법을 받아들여 수용한 것은 협성회가 효시라고 한다. 협성회의 토론회는 독립협회를 비롯한 많은 다른 단체에 영향을 미쳐 각각 토론회를 전개하게 했으며, 정부와 국민에 새로운 자극을 주어 각성을 촉구하는 등 사회참여 운동을 적극 전개했다.

협성회의 토론회는 서구적인 토론회의 실제체험을 통해 회원 각자는 자기의사를 발표하고 남의 의사를 수렴해서 더 나은 의사결정의 과정을 익히고, 공동의 집단의식을 형성해 나감으로써 협성회가 마침내 사회단체로 발전할 수 있었다고 한다.

협성회의 가두연설회와 토론회가 대성황을 이루자 독립협회에서도 이를 본받아 시행하면서 민중정치 운동의 한 형태로 고정화 했다.

1896년 7월 2일 창립된 독립협회는 1897년 8월 29일부터 매주 1회씩 토론회를 개최해서 시민들을 적극적으로 계몽하기 시작했다. 토론방식은 1주일 전에 주제를 정하고, 지명토론자 4인 즉 찬성측의 우의(右議)와 부우의(副右議) 한 명씩, 반대측의 좌의(左議)와 부좌의(副左議) 한 명씩을 미리 정해 토론을 준비하게 했다.

독립협회 토론회는 직간접으로 서재필, 윤치호 등의 지도로 궤도를 잡았으며, 협성회 회원들의 주도적 참여와 영향으로 기초를 다질 수 있었다. 특히 서재필은 회의법을 가르치면서 동의(動議), 재청(再請), 개의(改議), 언권(言權) 등의 용어를 번역해서 사용하고, 청중들이 박수하는 방법까지 지도 함으로써 토론과 회의 스타일을 바로잡기 시작했

군축회의에 독립청원연판장 제출, 1925년 호놀룰루 범태평양회의 한국대표, 1947년 과도정부 최고정무관, 1977년 건국훈장 대한민국장 추서.

다. 초기 토론회는 교육과 계몽적 성격을 띤 것이었으나, 점차 정치적 성격을 띠면서 토론의 분위기가 열기를 더해 갔다. 전영우(2002)는 한국 스피치의 여명기에 서재필의 활약은 한국의 스피치 교육사에 큰 획을 그었다고 평가하고 있다.

서재필은 협성회 주최로 매주 1회 정도 토론회를 열고 변론법을 지도했으며, 구변에 대한 훈련을 정기적으로 실시함으로써 스피치를 통해 민중계몽의 일익을 담당하게 했다. 토론회 초기에 다뤄진 논제는 거의 일상적인 국민문제였다. 1898년 1월 협성회보에 게재된 1897년 토론회의 주요논제는 다음과 같다.

- ✔ 국문과 한문을 섞어 씀에 대하여
- ✔ 아내와 자매와 딸을 각종 학문으로 교육함에 대하여
- ✔ 여인들을 내외시키는 데 대하여
- ✔ 노비를 속량(贖良)함에 대하여
- ✔ 우리나라에 철도를 놓는 데 대하여
- ✔ 회원들은 20세 안에 결혼하지 않음에 대하여
- ✔ 우리나라에서 쓰는 말과 자를 똑같이 함에 대하여
- ✔ 목욕간을 설치하여 몸을 깨끗하게 함에 대하여
- ✔ 사농공상 학교를 세워 인민을 교육함에 대하여
- ✔ 무슨 물건이고 에누리 말고 매매함에 대하여
- ✔ 각 항 문자를 왼 편에서 씀에 대하여
- ✔ 개항을 많이 함이 나라에 유익함에 대하여
- ✔ 신문국을 각처에 배설하여 인민의 이목을 넓힘에 대하여

이상의 논제를 살펴보면 기초적이나마 우선 민주주의 정치를 지향하고, 개화사상 계몽에 역점을 두고 있음을 알게 된다.

토론회는 가(可)편과 부(否)편으로 갈라서 각 편에 연사를 3·4명씩으로 하고, 논제는 상대되는 개념을 포함하는 것으로 정하고, 부편의 논제를 갖더라도 변론이 잘 되면 판정승이 되는 것이다(전영우, 2002).

4. 토론의 특징

1) 대결의 장

토론은 반대입장을 주장하는 사람들이 그들의 의견차이를 논박하기 위한 대결의 장이라 할 수 있다. 따라서 준비가 되지 않은 토론자는 곤경에 빠지거나 청중에 의해 거부되는 위험에 처하기도 한다(Jamieson et al., 1988).

2) 규칙 지배

토론은 특정한 절차가 있으며, 시간이 제한되고 조직과 규칙에 지배되는 활동이기 때문에 구조화 돼 있다.

발언의 교대에 대한 구조와 순서, 길이 등이 구체적이고 사회자 등 참가자들의 역할이 명확하다. 토론은 또한 암시적인 규칙이 있어서 심판자들이 논리정연한 것을 택하게 하는 역할을 한다.

3) 동등하고 적절한 시간

토론 참가자는 같은 기회를 가지고 있어서 힘이 있거나 없거나 동일한 규칙의 지배를 받는다. 그렇지 않다면 합리적인 논의가 아닌 구호성 주장을 늘어놓는 자리가 될 것이기 때문이다.

4) 대등한 경쟁관계

토론에 참가하는 경쟁자들은 서로 필적할 만한 대등한 수준에 있어야 한다. 토론은 쟁점을 판가름하기 위한 것이지 토론자의 우열을 가리는 자리가 아니기 때문이다.

5) 일관된 명제

토론에서는 뚜렷한 한 가지 명제가 주어지고, 이 명제에 대해서만 찬반의 주장을 개진하는 것이다. 동일한 명제로 토론하고 논지에 벗어나거나 의제를 바꾸는 일은 통제돼야 한다.

6) 청중의 판결

토론 후에 청중은 어느 쪽이 더 뛰어난 논증을 했는지 우열을 판가름한다. 대개의 토론에서는 판정자들이 선정돼 우열을 판가름한다. 그러나 정치토론의 경우 토론자의 주장을 비롯한 선호도에 대한 판정은 투표를 통해 유권자가 판정자 역할을 한다.

5. TV 토론

1) TV 토론의 역할

(1) 정치 · 사회적 공론의 장

일반적으로 토론은 말이나 주장에 의한 다툼, 즉 논쟁을 의미한다. 토론에는 두 가지가 있는데, 하나는 국회와 같은 심의기구가 특정한 규칙에 따라 동의를 처리하기 위한 형식적 논의이고, 다른 하나는 서로 경쟁하는 두편이 어떤 명제에 대해 벌이는 규제적 논의이다(김환열, 2000).

대의 민주주의가 발달한 사회는 아고라(agora)와 같은 물리적 공간이 필요하다. 아고라는 그리스에서 시민들이 모여 다양한 활동을 하는 집회장으로 쓰인 야외공간이었다. 이상적 공론장[2)]은 모든 시민이 아고라에 모여 정치에 참여한 고대 아테네의 직접 민주주의라 할 수 있을 것이다(오미영, 2005).

텔레비전 토론은 바로 이런 의미에서 현대의 아고라 광장, 즉 공론장이라 할 수 있을 것이다. TV토론은 의사표시와 시청자 참여가 가능한 공론장 모델에 부합한다. TV토론에서는 다양한 의견의 표출과 충분한 자료제공으로 동시비교나 동시판단이 가능하다는 장점이 있다.

따라서 TV토론은 시청자에게 정보를 제공하고, 적극적인 참여를

---

2) 공론장(Public Sphere, Public realm) : 공론장이란 정치문제에 대한 공론, 여론 형성의 제도적 장소로서 정치적 정당성을 부여하는 근대정치의 핵심공간이며, 봉건시대의 귀족, 전제정치에 대항해 정치의 주체로 등장한 시민이 참여해서 스스로 만든 곳이 바로 공론장이라 할 수 있음. 하버마스는 봉건군주 권력에 대항해서 당시 생성 발전하고 있던 시민사회의 자유 부르주아층이 그들의 권리를 보호하기 위해 만든 공간을 자유주의 공론장이라 했음.

유도함으로써 합리적인 의사결정에 기여하고, 나아가 민주주의의 발전에 기여하는 제도라 할 것이다.

(2) 미디어 선거 도구

선거에 출마한 후보자는 TV토론을 통해 유권자 접촉의 한계를 무한대로 확대할 수 있다. 텔레비전 토론은 언론보도나 선거 캠페인과 관계없이 유권자들이 직접적이고 능동적으로 후보들을 비교 분석하면서 선택을 결정짓게 하는 매우 유용한 도구이다.

TV토론은 또한 정치에 냉담한 유권자에게 선거에 대한 관심을 높이고 참여를 유도할 수 있다.

2) 정치 후보자간 토론의 역사

1857년 미국 상원의원 선거 때 링컨과 더글러스는 당시 선거의 주요 이슈인 노예제도와 관련해 7회에 걸친 토론을 실시했다. 당시는 정확하고 많은 정보를 제공하기를 원하는 대중들에게 도움을 주고자 했다. 이 역사적인 토론은 링컨이 제안하고 더글러스가 수용해 이루어진 것으로, 기본규칙은 매회 다른 지역에서 개최하고 후보 1인당 1시간 30분씩 3시간 토론하는 것으로 정했었다.

링컨과 더글러스의 정치토론이 발전된 형태가 바로 텔레비전 선거 토론이다.

3) TV 선거토론의 영향력

1960년 미국 대통령 선거에서 케네디가 닉슨을 이기는 데 결정적인 역할을 한 TV토론이 선거를 위한 대표적인 토론으로 꼽히고 있다. 1960년 선거에 미국 국민의 80% 이상이 최소 한 번 이상 TV토론을 시청했다고 한다.

TV토론은 선거 결과를 좌우하는 대단히 큰 역할을 하며, 특히 부동층의 경우에는 TV토론을 시청한 후 결정하는 경향이 있다.

한국의 경우는 1995년 서울시장 선거에서부터 사회적·학문적 관심이 급격히 증대됐었다. 이어서 1997년 15대 대통령선거에서 유권자의 절반 이상이 후보결정에 있어서 TV토론이 가장 많은 영향을 미친 것으로 알려져 있다.

1997년에 이어 2002년 16대 대통령 선거에서는 뉴미디어인 인터넷의 위력이 급부상했으나, TV토론이 미디어 선거의 가장 큰 도구였었다.

4) TV 토론의 유형과 특성

TV토론은 언어적 메시지가 중심이 되는 프로그램이다. 그러나 최근에는 프로그램 형식과 내용전개 방법이 서로 혼합되거나 구분이 모호해지는 경향이 있다. TV토론은 FCC 분류[3]에 따르면 뉴스 프로그램

3) FCC(Federal Communication Commission, 미국연방통신위원회)의 프로그램 형태에 따른 분류는 ①농사 프로그램을 비롯해 ②오락 ③뉴스 ④종교 ⑤학습 ⑥스포츠 ⑦사설 ⑧정치 ⑨교육기관 프로그램이며, 프로그램 소스에 의한 분류는 방송의 제작국 또는 공급원이 어디냐에 따른 분류방식으로 ①로컬 ②네트워크 ③신디케이트 형식 프로그램으로 나뉨.

에 포함된다.

한국방송에서 토론은 오락성이 주된 연성 프로그램은 토크 프로그램으로, 시사성이 강한 사회적 이슈나 쟁점을 다루는 프로그램은 토론 프로그램으로 구별해서 사용하고 있다.

한국 토론 프로그램의 효시인 KBS 텔레비전의 생방송 심야토론은 기획 의도를 통해 '시사쟁점에 대한 전문가 토론과 시청자 참여를 통해 시청자 여론을 공론화하고 현실진단과 대안모색으로 우리 사회가 지향해야 할 올바른 가치관을 정립하고자 한다.'고 밝히고 있다. 이를 통해 알 수 있듯이 토론 프로그램은 사회적 쟁점사항을 분석하고 평가해서 수용자들이 사회현실을 제대로 인식하기 위한 판단근거를 제공함으로써 올바른 사회・정치적 공론장을 구성하는 데 그 목적을 두고 있다(오미영, 2005).

TV토론은 세 가지로 나뉘는데 시청자 참여형태에 따른 분류, 프로그램 진행형식에 따른 분류, 프로그램 구성형식에 따른 분류방법이다.

6. 토론의 사회

토론을 주재하는 사람은 그 회의의 목표를 달성하기 위해 자신의 사사로운 감정 등을 억제해야 한다. 토론에 필요한 준비를 완료한 상태에서 회의장에 들어와 토론이 의도한 대로 진행될 수 있도록 최선을 다해야 한다. 참여자 모두가 적극적으로 참여하도록 권장해서 집단의 업무를 효과적으로 수행하고 성원들 사이에 서로 격려하는 분위기를 조성함으로써 집단의 일체감을 고취시켜야 한다. 집단의 리더로서 사회자가 해야 할 업무와 관련된 역할과 진행에 필요한 역할은 다음과 같다(임태섭, 2003).

1) 토론 사회자의 역할

(1) 회의나 토론의 목적 설명

참여자들이 회의나 토론의 목적을 제대로 알지 못한 상태에서 회의가 시작되면 토론이 초점을 잃게 된다. 그래서 회의서두에 리더는 회의가 왜 필요한지, 이 회의에서 무엇을 결정해야 하는지를 확실하게 밝혀야 한다.

(2) 토론 진행절차 명시

토론은 게임과 마찬가지로 일정한 규칙에 따라 진행된다. 그러므로 토론을 시작하기 전에 이 규칙을 명시할 필요가 있다. 예를 들면 하나의 아이디어가 제시되면 즉각적으로 의견을 제시해도 되는 것인지, 아니면 모든 아이디어가 다 제시된 다음 의견을 제시하고 평가해야 하는 것인지를 밝혀야 효과적인 회의를 할 수 있다.

(3) 정보와 아이디어 제공

토론에 필요한 정보와 아이디어가 있으면 이를 제공해서 토론을 활성화해야 한다. 참여자의 의견에 영향을 미칠 수 있는 새로운 정보나 사회자 자신의 의견이 있으면 토론이 시작되기 전에 미리 밝힐 수도 있다.

(4) 토론장 질서유지

사회자는 회의순서의 혼란, 주제의 이탈현상, 발언권 경쟁 등에 의한 소란이 일어나지 않도록 주의를 기울여야 한다. 혼란을 예방하기 위해서는 사회자의 리더십과 카리스마가 필요할 뿐만 아니라, 참가자 각자의 중용의 미덕을 강조하고, 조직 구성원으로서의 품위를 유지하도록 주지시키면서 진행하는 것이 최선이다.

(5) 발언권 배분과 참여유도

발언권을 균등하게 부여해서 참여자 전체가 만족하도록 해야 하고, 무언의 참여자가 없도록 주의를 기울여 원만하게 진행되도록 주의를 기울여야 한다. 또한 제시된 의견에 대한 반응과 동의여부를 수시로 점검해서 활발한 토론이 이뤄지도록 해야 한다.

(6) 발언내용 요약정리

사회자는 발언자가 어렵거나 장황하게 설명해서 이해가 어려운 경우는 요약설명을 해서 참여자 모두가 이해하도록 해야 한다. 필요할 경우는 발언자로부터 다시 확인한 뒤 알리는 것도 중요하다.

(7) 주요사항 기록

회의진행의 경과와 참여자의 발언내용, 반응 등을 기록함으로써 혼란이 일어나지 않도록 해야 한다. 물론 대개의 회의는 기록자가 있으나, 사회자는 전체를 파악해야 하기 때문에 간단한 메모 형태의 기록이 반드시 필요하다.

2) 토론의 사회와 리더십

회의나 토론을 주재할 때는 참여자의 행동을 어느 정도로 통제할 것인가를 잘 결정해야 한다. 지나친 통제는 발표를 억제해서 참신한 아이디어가 나오지 않고, 통제가 되지 않으면 불필요한 발언이 많아져 비효율적인 회의가 된다. 리더의 통제방식은 다음과 같은 유형이 있다(Gruner et al., 1972; 임태섭 2003 재인용).

(1) 비개입형 리더

어떤 사안에 개입하지 않는 자유방임형 리더는 다른 사람의 발언을 듣는 일에만 주력하고 발언을 평가하거나 반응을 보이는 일은 하지 않는다. 그래서 발표나 진행 등은 참여자들 스스로의 자율에 맡기고 모든 것을 발표하는 사람의 입장에서 이해하려고 노력한다.

(2) 민주적 리더

민주적 리더는 참여자 개개인의 욕구에 민감하고 그들의 만족을 매우 중요하게 생각하는 리더다. 집단의 일체감을 중시해서 구성원들로 하여금 집단에 대한 강한 소속감을 갖도록 하고, 의견을 자유롭게 발표하도록 하면서 전체가 내린 결정에 대해 조직원 모두가 책임을 느끼도록 한다.

(3) 경영자형 리더

경영자형 리더는 집단유지 기능보다 업무기능을 더 강조하는 리더다. 회의와 토론을 효과적으로 진행하고 주어진 업무를 달성하는 데 높은 관심을 보이기 때문에 사적이고 개인적인 상호작용은 불허한다.

(4) 관료형 리더

모험을 피하고 안전한 업무처리를 노리는 리더다. 모든 것을 규정에 따라 결정하고 관례에 따라 행동한다. 사람보다는 규칙을 우선적으로 내세워 통제하는 것이 관료형 리더다.

(5) 권위적 리더

모든 것을 자기가 결정한다. 토론 참여자들에게 발언기회를 잘 주지 않고, 자신의 생각과 다르면 받아들이지 않는다. 구성원들은 리더가 결정한 대로 수행하기만을 바란다. 따라서 구성원들의 참여의욕을 저하시키기 때문에 다양한 의견을 들어 문제를 해결하기 위한 토론에는 적합하지 않다. 단 정보제공을 위한 회의에서는 유용할 경우가 있다.

3) TV 토론 사회

TV토론 사회는 일반적인 토론장의 사회자 역할과 비슷해서 회의순서의 혼란, 주제의 이탈현상, 발언권 경쟁 등에 의한 소란이 일어나지 않도록 주의를 기울여야 한다. 또한 토론의 공정한 진행을 위해서 토론과정에 개입해서 의도된 방향으로 이끌어야 혼란을 줄임으로써 방송에서 가장 중요한 편성시간을 지킬 수가 있다.

스튜디오 사정에 밝지 않은 참여자들이 당황하지 않도록 방송 시작 전에 스태프들에 대한 소개, 카메라와 마이크, 모니터의 위치, 프로그램 진행에 대한 소개 등 방송의 메커니즘(mechanism)에 대한 설명을 해야 한다.

진행하고 있는 토론의 주제나 사안에 대해 지식이 부족하다는 오해를 받지 않기 위해 자료정리를 확실히 해서 대비할 필요가 있다. 결론을 미리 암시하거나 미묘한 사안에 대해 섣불리 결론을 내리는 것과 같은 문제가 발생하지 않도록 조심해야 한다.

제 10 장

비언어 커뮤니케이션

1. 비언어 커뮤니케이션의 개념
2. 비언어 커뮤니케이션의 기능
3. 비언어적 커뮤니케이션의 유형
4. 비언어적 커뮤니케이션의 차원 연구

제10 장

비언어 커뮤니케이션

1. 비언어 커뮤니케이션의 개념

비언어 커뮤니케이션(nonverbal communication)은 인간의 의사소통에 있어서 구어적(口語的, spoken), 혹은 문어적(文語的, written)인 메시지를 제외하고 교환하는 모든 메시지를 뜻한다. 비언어적인 외적자극은 미소와 같은 안면표정, 응시 혹은 시선의 접촉, 제스처, 자세, 신체적 접촉, 공간 혹은 시간의 사용과 관련된 행동, 의복 혹은 옷차림새, 외양, 체취, 음성과 관련된 준언어(準言語, paralanguage) 등을 포함한다.

비언어 커뮤니케이션 연구의 역사는 19세기의 다윈(Charles Darwin)까지 거슬러 올라간다. 다윈은 분노, 두려움, 혐오, 놀람, 슬픔, 기쁨이라는 여섯 종류의 감정표현은 모두 유전적으로 계승되고 보편적인 것으로 언어보다 진실성이 있다고 주장했다.

그 후 비언어 커뮤니케이션 분야를 체계화시킨 사람은 1950년대 초 미국 국무성에서 정부관계자의 이문화 트레이닝에 관여했던 홀

(Hall, 1990)이다. 홀은 공간과 시간연구를 통해 근접공간학(proxemics)과 시간개념학(chronemics)이라는 비언어 커뮤니케이션 분야를 개척했다.

비언어적 커뮤니케이션의 한 분야인 동작학(動作學, kinesics)의 창설자 버드위셀(Ray L. Birdwhistell, 1979)은 언어적 메시지와 비언어적 메시지가 전체 커뮤니케이션에서 차지하는 비율을 각각 35%와 65%로 분류했다.

또한 몸의 움직임과 안면표정, 음성 등을 연구한 미국 캘리포니아 대학의 메러비안(Albert Mehrabian)은 전체 커뮤니케이션 가운데 언어는 불과 7%를 차지하고 나머지 93%는 비언어적 메시지라고 했다. 93%의 비언어적 메시지 가운데도 38%는 음성과 관련된 메시지이고, 표정이 30%, 태도가 20%, 몸짓이 5%를 차지한다고 했다. 이러한 분류는 시각적 요소를 55%, 청각적 요소를 38%, 언어적 요소를 7%로 나누기도 한다.

휴먼 커뮤니케이션에 대한 초기의 관심은 언어현상에만 국한돼 오다가 연구가 계속됨에 따라 비언어적 커뮤니케이션(nonverbal communication)의 중요성이 새롭게 인식되고, 이에 대한 관심도 점점 높아지고 있다. 비언어적 메시지는 숫자와 몸짓 같은 신호(sign)언어, 걷고 뛰고 먹는 것 등의 움직임으로 나타내는 행위(action)언어, 그리고 물체를 통해 의미를 전달하는 대상(object)언어 등으로 분류되고 있다.

한국방송은 아나운서나 기자, 리포터 등 방송 진행자들에게 방송에 임해서는 시청자에게 꽃다발을 안긴다는 마음으로 방송하도록 해서 부드러운 분위기를 유지하기를 바란다.

맥루한은 미디어를 핫 미디어와 쿨 미디어로 나눴는데, 김정탁(2000)은 사람도 '핫 이미지'와 '쿨 이미지'를 소유한 사람으로 나눌 수 있다고 말한다.

핫 이미지의 사람은 표현이 정확하고, 논리적이며, 원칙을 중요시 한다. 따라서 자칫 여유가 없는 사람처럼 보일 수 있다. 또 신체적으로는 키가 크고, 몸매도 매우 균형잡힌 사람이다. 따라서 타인의 참여를 필요로 하지 않는 사람이다. 예를 들어, 정치인으로는 루즈벨트 대통령, 히틀러, 닉슨 대통령을 들 수 있고, 연예인으로는 영화배우인 마릴린 먼로(Marilyn Monroe), 리타 헤이워드(Rita Hayworth) 등을 들 수 있다.

쿨 이미지의 사람은 표현이 부정확하고, 비논리적이지만 여유가 있는 것처럼 보이는 사람이며 원칙에 구속되지 않고 유연하게 행동하는 사람이다. 따라서 임기응변에도 강하고 순발력이 있다. 신체적으로는 키가 크지 않고 체격이 작지만 그것이 오히려 매력적으로 보이면서 타인의 참여를 유발하는 사람이다. 예를 들면 정치인으로는 케네디 대통령을 들 수 있다.

애들러(R. Adler 1980)는 비언어적 커뮤니케이션의 특징을 다음과 같이 설명하고 있다(홍기선, 1987 재인용).

첫째, 모든 메시지는 비언어적 커뮤니케이션을 포함한다.
둘째, 비언어적 커뮤니케이션은 감정(feeling)을 송신해준다.
셋째, 비언어적 커뮤니케이션은 메시지가 모호한 데가 있다.
넷째, 언어적 커뮤니케니션보다 문화적 영향을 크게 받는다.

2. 비언어 커뮤니케이션의 기능

언어적 커뮤니케이션과 비언어적 커뮤니케이션은 각각 따로따로 기능하는 것이 아니라 서로 밀접한 관계가 있다. 많은 의미를 전달하는 비언어적 커뮤니케이션을 해독하기 위해서는 한 가지 신호만으로는 부족하다. 그 신호에 더해서 동작, 자세, 시선, 의상, 행동 등을 종합적으로 고려해야 한다(이찬규, 2003).

다음의 비언어적 메시지의 기능은 언어적 메시지와 비언어적 메시지 사이의 관계를 토대로 한 기능이다.

1) 반복

언어적으로 말한 것을 반복(redundancy)하는 기능을 뜻한다. 예를 들어 5분간이라고 말하면서 다섯 손가락을 펼쳐 보이는 행동은 바로 이 기능에 해당한다.

2) 강조

언어적 메시지나 다른 비언어적 메시지를 강조(accentuation)하는 기능을 뜻한다. 예를 들어 연사가 청중에게 말하면서 책상을 주먹으로 치는 행동은 강조하기 위한 것이다. 이것은 글에 밑줄을 긋거나 이탤릭체로 인쇄하는 것처럼 음성적 메시지의 강조수단이 될 수 있다.

3) 대용

언어적 메시지를 대신(substitution)하는 기능을 뜻한다.

예를 들면 누가 부르거나 물었을 때, '네'라는 대답 대신 머리를 위

아래로 끄덕거리는 행동은 '네'라는 말을 대신하는 것이다.

4) 조절

언어적 커뮤니케이션의 흐름을 조절(regulation)하는 기능을 뜻한다. 예를 들면 상대방을 향해 똑바로 쳐다보면 상대방과 커뮤니케이트 할 준비가 되어 있다는 신호이고, 시선의 접촉을 피하면 커뮤니케이션을 중단하겠다는 신호일 수 있다.

5) 보충

언어적 메시지를 수정하거나 혹은 확대함으로써 보충적(complement) 기능을 한다. 예를 들면 '아니오'라는 말을 하면서 머리를 좌우로 흔드는 것은 부정적 대답을 보충하는 기능을 한다.

6) 부정

언어적 메시지를 부정(contradiction)하는 기능을 뜻한다. 이 기능은 의도적이거나 비의도적일 수 있다. 언어적 메시지와 비언어적 메시지가 상충하는 부정적 상황에서는 사람들이 어느 쪽 메시지가 진실인지 혼란스럽게 되는데, 보통 비언어적 메시지를 택하는 경향이 있다.

3. 비언어 커뮤니케이션의 유형

1) 의상

옷매무새 즉 의상(clothing)은 의도적이건 비의도적이건 무엇인가를 남에게 이야기한다. 옷뿐 아니라 모자, 신발 등 전체적인 용모(appearance)가 모두 비언어적 표현의 수단이 된다.

북한의 방송은 비언어적 커뮤니케이션 분야에도 많은 관심을 기울이고 있다. 먼저 옷차림에 관해서 '방송원화술'은 많은 비중을 두고 있다(박재용 외, 1988).

"옷차림은 사람들의 기호와 취미에 맞게 하는 것이 원칙이다. 옷차림을 통하여 그 사람의 사상 의식수준, 문화수준, 취미와 기호를 알아낼 수 있는 것처럼 공개장소나 무대에 나서는 방송원의 옷차림을 통하여 그 방송원의 전모를 간파할 수 있다. 대중 앞에 출연하는 방송원의 옷차림은 로동계급의 미학적 정서와 시대적 요구에 맞으며 방송선전 내용과 어울리도록 해야 한다. 작업복을 입었다 하여 로동계급의 사상감정에 맞는 말이 저절로 나오는것도 아니며 적중한 양복차림을 하였다고 하여 거기에 어울리는 화술이 스스로 우러나오지도 않는다."

2) 얼굴과 눈

얼굴 표정과 눈(face and eyes)의 접촉은 언어 다음으로 중요한 커뮤니케이션 수단이라고 주장하는 사람도 있다. 얼굴과 눈이 만들어내는 표정은 수없이 많고 순간적으로 변하기 때문에 얼굴과 눈을 통한 의미는 직감적으로 포착해야 하는 어려움이 있다.

'눈은 입보다 먼저 말한다'는 말이 있듯이 얼굴표정은 감정이나 태도를 전달할 때 중요한 역할을 한다. 실제로 말과 얼굴표정이 다를 경우 얼굴표정 쪽이 본심을 표현하고 있다고 받아들여지는 경우도 많다. 얼굴표정 중 분노, 두려움, 혐오, 놀람, 슬픔, 기쁨은 어느 문화에서나 볼 수 있는 감정표현이지만, 그 표현방법이나 제어방법, 표현의 해석방법은 문화에 따라 상당한 차이를 보인다.

얼굴은 사람의 신체 가운데 가장 표현력이 있고 눈에 띈다. 우리 얼굴에는 80여 개의 근육이 있어서 7천 가지 이상의 표정을 만들 수 있다고 한다. 효과적인 커뮤니케이션을 위해서는 무표정하게 굳어진 얼굴 근육을 이완시킬 필요가 있다.

방송에 있어서는 부드러운 얼굴표정으로 방송하도록 권장하고 있는 자유주의적인 방송과 달리, 북한의 경우는 '적을 치는 방송을 할 때에는 그 표정이 격분에 넘쳐야 할 것'을 주장하고 있다.

"엄숙하고 정중한 방송을 할 때에는 그 표정이 근엄하고 정중해야 하고 적을 치는 방송을 할 때에는 그 표정이 격분에 넘쳐야 할 것이다. 이러한 표정의 변화가 없이 무표정하게 얌전한 인상만 보여도 좋지 않으며 적들을 폭로단죄하면서 웃음어린 표정을 짓거나 기쁜 소식을 전하면서 성난 표정을 하는 것은 더욱 좋지 않다."

눈은 혀만큼 많은 얘기를 한다는 말이 있다. 한국적인 문화에서는 상대방을 똑바로 쳐다보는 것을 무례한 것으로 생각하기도 하지만, 서구에서는 정직함을 나타낸다. 눈을 이리저리 돌리거나 상대방을 제대로 쳐다보지 못하면 뭔가 숨기고 있다는 느낌을 주어 신뢰를 받기 힘들다.

3) 자세

자세(posture)를 통해서도 사람은 커뮤니케이션을 한다. 위협이 없는 상황에서는 편안하게 풀어진 자세를 취하는 데 반해서 긴장하거나 위협을 느끼면 몸이 굳어지거나 움츠러든다. 또 대인 커뮤니케이션 상황에서도 신분이 높은 사람은 느긋한 자세인 데 반해 낮은 사람은 긴장된 자세를 보인다.

북한 방송의 방송인의 자세에 대한 권고도 참고할 만하다(박재용 외, 1988).

"공개방송사회에 출연할 때에도 정중한 장면에서는 몸가짐에 무게가 있어야 하며 경쾌한 장면에서는 걸음걸이도 경쾌해야 한다. 옷차림이 의도적인 것이라면 몸가짐은 습관성에서 생기는 행동이다. 사회생활에서 흔히 볼수 있는 것처럼 웃사람 앞에서 주머니에 손을 넣고 말하거나 다리를 벌리고 서서 뒤짐지고 말하는것과 같은 것은 례절이 없는 나쁜 습성이다."

'옷차림이 의도적인 것이라면 몸가짐은 습관에서 생기는 행동'이라는 말로 의상과 자세를 강조하고 있는데, 이것은 이데올로기를 떠난 하나의 인간행동 규범이라고 해야 할 것이다.

4) 몸짓

고개를 끄덕이거나 손짓을 하는 것은 가장 대표적인 몸짓(gesture)이다. 이것은 문화권을 넘어선 가장 공통적인 비언어적 커뮤니케이션으로 무의식적으로 이루어지는 특성이 있어서 통제하기 어려운 것 중의 하나이다.

우리 몸의 각 부분을 이용해서 커뮤니케이션 메시지를 전달하게 하는 것을 보디 랭귀지(body language)라 한다. 중국 속담에 '웃을 때 아랫배를 움직이지 않는 사람을 조심하라'는 말이 있다. 웃을 때는 순수하고 시원하게 웃으라는 말일 것이다.

선진국 수뇌회담 등 정치가의 연설에서 몸짓, 손짓을 섞어가면서 다이나믹하게 말하는 구미의 외교관들에 비해 동양권의 외교관들은 직립부동의 자세로 표정도 꾸밈없이 담백한 편이다.

스피치를 할 때 제스처는 의미를 명확하게 하고, 다른 사람이 더 깊은 관심을 보이도록 하면서 내용을 강조하는 효과를 내도록 사용해야 한다. 말의 내용과 상반되는 제스처는 오해를 불러일으킬 수 있다(김영, 1991).

5) 접촉

신체적 접촉(touch)은 가장 인간적인 커뮤니케이션 방법이다. 그것은 인간의 접촉이 시각이나 청각 등의 감각보다 훨씬 일찍 발달되기 때문이다. 머리를 쓰다듬거나 애정표시와 같은 것이 접촉 커뮤니케이션의 한 예이다. 또한 냄새를 맡거나 맛보는 행위도 여기에 포함된다.

악수는 전세계적으로 통용되고 있는 신체언어이다. 자신있게 손을 내밀어 힘있고 따뜻하게, 그리고 진지하게 악수를 한다면 효과적인 커뮤니케이션을 할 수 있을 것이다.

악수의 경우 미국 사람들은 가까이에서 손을 잡고, 영국 사람들은 거리를 약간 두고 잡으며 손에도 힘을 덜 준다고 한다. 손을 내밀 때는 '당신을 만나서 반갑습니다' 하는 눈빛으로 상대방을 바라보아야 한다. 악수를 하면서 시선은 다른 곳에 가있는 것은 결례가 된다(김은영, 1991).

6) 목소리

수신자가 언어 메시지를 해독하는 과정에서 중요하게 다뤄지는 것이 목소리(voice)인데, 소리의 크기, 높낮이, 말의 속도, 특정언어의 강조 등이 중요한 의미를 갖는다.

말의 빠르기에 대해 북한방송의 교본에서는 다음과 같이 정의하고 있다.

"마음이 격하였을 때는 빨라지고 진정했을 때 느려진다. 대상을 존경하는 마음이 있을 때 늦추어지며 낮추보았을 때는 빨라진다. 경애하는 수령 김일성 동지에 대한 존경과 흠모의 감정으로 일관된 말은 빠르지 않고 정중하게 발음한다."

목소리는 첫인상을 좌우한다. 외모에 비해 목소리에서 받은 인상은 오히려 쉽게 바뀌지지 않는다. 대부분의 사람들은 외모는 옷차림이나 분장을 통해 바꿀 수 있지만 목소리는 선천적인 것이어서 바꿀 수 없는 것으로 생각한다. 그러나 훈련을 통해 목소리를 바꿀 수 있다.

목소리에는 한 인간의 인생을 변화시킬 만한 힘이 있다고 한다. 부드러우면서도 명료도가 높은 활기찬 소리, 깊이 울리는 소리로 자연스럽게 말하는 사람들의 대화는 스피치 커뮤니케이션의 효과가 높을 수밖에 없다.

7) 공간과 지역성

공간학(proxemics)이란 사람과 동물이 공간과 지역(proxemics and territoriality)을 어떻게 이용하고 이것이 어떤 의미를 품고 있는가를 연구하는 것이다. 인류학자 홀(E. Hall)은 거리(distance) 개념을 이용해서 우리가 일상생활에서 취하는 대인 커뮤니케이션을 4가지 유형으로 나눈 바 있다.

8) 환경

물리적 환경(environment)도 커뮤니케이션에 영향을 준다. 실내장식이나 조명, 분위기에 따라 커뮤니케이션의 내용이 달라질 수 있다.

회의장의 경우에도 창의성이 살아 움직이는 곳이 되게 하기 위해서는 회의가 열릴 때마다 다양한 아이디어를 동원해 꾸미는 것이 좋다. 회의장의 분위기는 참석자들의 생각에 큰 영향을 미친다. 분위기를 쇄신하면 짧은 시간에 구성원들이 변화를 피부로 느낄 수 있을 것이며, 중요한 계약을 성사시킬 수도 있을 것이다.

가정을 비롯한 개인적인 공간에 사람을 초대할 때도 분위기에 맞는 가구와 미술품, 화분의 배치, 정갈한 꽃병의 꽃들이 분위기를 달리 해 줄 것이다.

4. 비언어 커뮤니케이션의 차원 연구

첫째, 신호(sign)는 우리가 제스처로 단어나 수(數) 등을 대신하는 경우와 같은 모든 비언어적 메시지를 포함한다.

둘째, 동작(action)은 신호로만 사용되지 않는 모든 신체적 움직임을 포함한다.

셋째, 물체(object)는 의복, 가구, 도구, 장식품, 기계, 예술품 등 우리가 사용하거나 소유하고 있는 모든 물건을 의미하지만, 한걸음 더 나아가 이런 물체를 의도적이거나 비의도적으로 전시하는 것을 뜻한다.

가장 포괄적이고 효율적인 분류기준은 버군(Burgoon et al., 1995)의 다섯 가지 기준이다. 첫째는 전통적으로 변수를 기준으로 삼는 것이고, 둘째는 상황(context)에 초점을 맞추는 것이며, 셋째는 기술개발(skill development)에 주의를 기울이며, 넷째는 구조적 접근, 마지막 다섯째는 기능적 접근이다.

비언어적 메시지의 다섯 가지 기능은 다음과 같다.

1) 공간연구

공간연구(proxemics)는 인간의 공간확보나 공간에 대한 반응으로 의미를 전달하는 공간 반응을 연구하는 학문이다. 이 연구에서는 근접공간(intimate distance), 개인공간(personal distance), 사회공간(social distance), 공공공간(public distance)으로 나누어 이를 실험적으로 처리해 구체적 거리를 제시한다.

노스웨스턴 대학 인류학 교수인 홀(Edward T. Hall, 1966)이 '보이지 않는 차원(The Hidden Dimension)'에서 제시한 공간과 거리는 다음과 같다.

(1) 근접공간

근접공간(intimate distance)은 실제로 접촉하는 가까운 것일 수도 있고 15~45cm의 먼 것일 수도 있다. 근접공간의 좁은 형태는 연인이나 친구, 자녀들의 경우에 작용한다.

(2) 개인공간

개인공간(personal distance)은 최소가 45cm에서 75cm의 범위이다. 이 거리는 상대방의 손을 잡을 수 있는 거리이다. 그리고 최대의 거리는 75cm~1.2m의 거리로 잡으며 이것을 육체적 지배의 한계라 부른다.

(3) 사회적 공간

사회공간(social distance)은 최소가 1~2m이며 일반적으로 이 거리는 업무를 처리하는 공간이다. 따라서 사업상 찾아온 고객과 상담할 때, 상사에게 결재를 받을 때, 주부가 집에 온 배달원과 이야기할 때 유지해야 할 공간이다. 그리고 약간 넓은 공간인 2~3.6m는 형식적인 공간으로 사회적, 사업적 관계에 이용된다.

(4) 공공공간

공공공간(public distance)은 사람들의 영토 유대가 가장 멀리 확장된 것이다. 최소공간은 3.6~7.5m로 교수와 학생의 강의공간, 사장과 사원의 훈시공간 등이다. 7.5m 이상은 정치가들 사이의 안전공간이며 동물과의 사이에도 역시 안전공간 역할을 한다. 특히 이 공간은 진실과 거리가 먼 언어가 가능하다.

2) 시간연구

시간연구(chronemics)는 우리가 일상생활에서 어떻게 시간을 만들고 이용하며 또한 그 시간을 어떻게 지각하고 반응하는지 연구하는 비언어적 커뮤니케이션 분야이다.

시간연구는 시간개념학이라는 학문으로 정립되고 있는데, 시간을 단일적으로 파악하는 M시간(monochronic time)과 인간관계를 중시하고 시간을 다면적으로 파악하는 P시간(polychronic time)이라는 두 가지 개념에 의해 이문화(異文化) 커뮤니케이션 방식을 연구한다(박용구, 2007).

홀은 문화에 따른 시간체계를 이해하기 위해 M시간과 P시간이라는 시간인식의 방법을 제시했다. M시간이란 시간을 하나의 긴 띠처럼 생각해서 인간관계보다 정해진 스케줄을 우선시하는 것을 말한다. 서유럽이나 북아메리카, 일본 등이 M시간에 근거한 시간취급의 문화권이다. 여기에서 늦는다는 것은 사람을 만나는 것을 피한다는 신호로 보이기 때문에 정해진 시간에 맞추는 것이 당연하게 돼 있다.

이에 비해 P시간이란 시간의 흐름은 하나가 아니라 복수의 사항이 동시에 얽혀서 흘러가고 있다고 생각하는 시간인식을 가리킨다. 이 인식방법은 스케줄보다도 인간관계를 우선시한다. 예를 들어 사업상의 협의 중에 친한 친구가 오랜만에 찾아왔을 때, 일보다 친구와의 관계가 우선시 되는 것이다. 아시아 일부지역과 남유럽, 아랍, 라틴아메리카 등이 이 P시간의 개념에 근거한 시간취급의 문화권이다.

우리는 일반적으로 대인적 상호작용에서 상대방이 시간을 지키지 않거나 게으름을 피우면 상대방이 무엇인가를 회피하고자 하는 신호로 받아들인다. 또한 상대방이 시간을 중요하게 생각하지 않는 사람으로 낙인찍게 되면서 이에 따른 적절한 반응을 취하게 된다.

3) 동작연구

동작연구(kinesics)는 제스처, 자세, 안면표정, 눈의 움직임 등 신체의 모든 움직임에 관해 연구하는 비언어적 커뮤니케이션 분야이다.

홀과 함께 트레이닝에 관여했던 버드위셀(Birdwhistell, 1979)은 근접공간학과 시간개념학에 신체동작학을 덧붙였다. 그는 신체의 동작구조를 언어에 비교할 수 있다고 주장했는데, 언어학의 음성분석 단위인 phone(모음 또는 자음과 같은 단음), phoneme(음소 : 音素), morpheme(형태소 : 形態素) 등과 유사한 kine(동작의 최소분석단위), kineme(kine의 집단), kinemorph(의미 있는 kineme 분석단위)라는 용어를 만들어 신체의 움직임을 분석했다.

그는 이러한 동작의 구성요소가 보다 큰 신체의 움직임을 형성한다는 점과, 동일한 지역사회나 문화에 속한 사람들은 동일한 동작 혹은 동작언어(body language)를 학습하고 사용한다는 점을 강조했다. 국제적인 외교협상 분야에서는 외국어에 대한 이해가 부족한 만큼 얼굴표정과 몸짓을 이해하는 것이 중요하다면서 비언어 커뮤니케이션의 필요성을 역설하고 있다.

신체의 움직임은 다음 다섯 가지 유형으로 분류할 수 있다.

① 상징동작(emblem)

언어적 메시지를 대신하는 비언어적 행동을 뜻한다. 예를 들면 승리(victory)의 표시로 인지와 중지를 이용해서 만드는 'V'자를 들 수 있다.

② 설명동작(illustrator)

언어적 메시지를 동반하거나 그것과 직접 연결돼 있는 비언어적 행동을 뜻한다. 예를 들면 어떤 물건을 말하면서 그 물건을 향해 손가락질하는 행동은 이에 해당한다.

③ 적응동작(adaptor)

긴장상태에서 의식적이거나 무의식적으로 긴장을 완화시키기 위해 우리가 취하는 신체의 움직임을 뜻한다. 예를 들면 손으로 머리를 긁기, 손이나 다리를 비틀기, 발끝으로 마루를 똑똑 두들기거나 손가락으로 책상을 똑똑 두들기기 등이다. 이런 행동은 개인의 내적감정에 대한 표시일 수도 있고 그 감정을 통제하려는 행동일 수도 있다.

④ 조절동작(regulator)

화자와 청자 사이에서 말을 주고받는 과정을 조정하거나 통제하는 비언어적 행동을 뜻한다. 예를 들면 고개를 끄덕이기, 시선의 접촉이나 회피 등이다.

⑤ 감정표시 동작(affect display)

슬픔, 행복, 분노, 놀람, 실망 등과 같은 감정을 표시하는 비언어적 행동을 뜻한다. 예를 들면 입을 삐죽거리기, 윙크하기, 눈썹이나 눈꺼풀을 위로 치켜 올리거나 내리기, 입술을 꽉 다물기, 눈을 크게 뜨기 등이다.

언어에 비교할 수 있는 신체동작에 대한 문화의 차이에 따른 해석은 다음과 같다.

- ✔ 미국인이 코를 문지르면 누군가와 의견이 일치하지 않는다거나 어떤 일을 거절하는 의미가 될 수 있다.
- ✔ 한 학생이 교수와 대화중 보통 때보다 교수의 눈을 더 오래 바라본다면, 존경과 호의의 표시일 수 있다. 또한 교수의 권위에 대한 미묘한 도전일 수도 있으나, 완전히 다른 의미 일 수도 있다.
- ✔ 눈썹은 약 23가지의 위치가 가능하다. 남자는 여자들보다 눈썹을 더욱 많이 사용한다.
- ✔ 코인사는 이란, 인도, 뉴질랜드, 남태평양 미크로네시아 원주 민 등에게 널리 사용된다. 고대문화의 코인사는 산스크리트 어의 비음(鼻音)인 '글라'라 하고, 영어에서는 '그리트', 이탈리아어는 '글라티아', 독일어에서는 '글루센'이라 한다. 타이완 원주민들은 콧등을 서로 비비는 인사를 한다.
- ✔ 마오리족은 눈을 부라리고 인사를 하면서 혀를 내밀며 코를 비빈다.

동작언어는 세 가지 종류로 나누기도 한다(구현정 · 전영옥, 2005).

첫째, 본능적 동작언어로 자극에 대한 반응이 자동적으로 나타나는 것이다.

둘째, 기호적 동작언어로 몸짓을 매개로 하는 기호를 사용하는 것이다.

셋째, 주변언어적 동작언어로 음성언어와 함께 쓰이면서 기능상으로 그것을 보조하고 보완하는 것을 말한다.

4) 준언어 연구

(1) 준언어의 정의

준언어연구(paralanguage)란 언어적 내용인 뜻과 분리된 것으로 목소리의 음조, 강세, 전달속도, 크기, 억양 등을 포함한 음성적 요소인 유사언어 등을 연구하는 것이다.

사람의 목소리는 음조(tone), 강세, 전달속도, 크기, 억양 등에 의해서 얼마든지 메시지에 변화를 줄 수 있다. 이러한 맥락에서 본다면 발화된 모든 언어적 메시지는 항상 준언어적인 요소에 의해 영향을 받는다. 똑같은 발화라도 그 의미는 목소리의 음색, 억양, 각 단어들에 주어진 강세 등에 의해 달라진다.

준언어에서 가장 기본적인 것은 인간 스피치의 기본 구성요소로 개개인에게 차이를 갖게 하는 것이다. 여기에는 개개인의 음색, 음성의 공명, 소리의 크기, 스피치의 속도, 소리의 높낮이(pitch level), 음역(pitch registers), 억양 또는 어조, 음절발음 길이(syllabic duration), 리듬 등이 포함된다. 이 중에서 음색은 개개인의 생리적 또는 신체적 요소에 따라 달라진다(변선희, 2006).

의사소통은 일차적으로 음성언어를 통해서 언어적 메시지를 전달하고 수용하는 과정이며, 비언어적인 유사언어적 특질을 통해 화자의 생각이나 느낌, 태도라는 메타 메시지(metamassage)를 함께 전달한다. 메타 메시지는 문자 그대로 메시지에 대한 메시지라는 뜻으로 실제 대화내용, 대화시기와 장소, 분위기, 화자의 상대방에 대한 태도 등을 포괄해서 전해지는 은유적 메시지를 의미한다. 언어적 메시지가 '무엇을'에 해당하는 의사소통의 방법적 측면이라면 메타 메시지는 '어떻게'에 해당하는 의사소통의 방법적 측면이라 할 수 있다(박경희, 2003).

(2) 준언어의 구성요소

우리가 커뮤니케이트할 때 사용하는 음성에 관해 연구하는 비언어적 커뮤니케이션 분야인 준언어, 혹은 유사언어의 구성요소는 다음과 같다.

① 음색(voice quality)

리듬의 통제 · 공명 · 조음(調音) 등을 의미한다.

② 강도(intensity)

음파의 압력에 따라 목소리가 크거나 작은 것을 의미한다.

③ 비율과 타이밍(rate & timing)

목소리의 길이, 휴지(休止, pause)의 위치, 속도 등을 의미한다.

④ 음성의 고저(pitch)

음역(音域)의 진동수를 의미하는 것으로 성악에서 남자의 베이스(bass)와 바리톤(baritone), 테너(tenor) 등으로 구분하고, 여성은 알토(alto), 메조소프라노(mezzo soprano), 소프라노(soprano) 등으로 나눈다.

⑤ 분리음(分離音, vocal segregates)

'어' 혹은 '음' 같은 어눌한 소리를 뜻한다.

⑥ 유창성(fluency)

말이 유창하거나 그렇지 못한 것을 의미한다.

⑦ 음성 패턴(vocal patterns)

지방 사투리나 방언 등을 의미한다.

⑧ 특성적 음성(vocal characterizations)

울음, 웃음, 한숨, 외침 등을 의미한다.

(3) 침묵(silence)

말을 중시하는 서양문화에서는 말을 하지 않는 침묵은 무시되거나 혹은 부정적으로 여겨져 왔다. 이에 비해 동양문화에서는 침묵(沈默, silence)은 중요한 커뮤니케이션 수단으로 사용돼 왔다(박용구, 2005).

박용구는 일본처럼 말로 모든 것을 표현하지 않아도 메시지를 전달할 수 있는 문화와 미국같이 말로 표현함으로써 비로소 메시지의 전달이 가능한 문화 사이에는 침묵을 받아들이는 방식이 서로 다르다고 했다.

홀(Hall)은 이러한 차이를 '고맥락 문화(high context)'와 '저맥락 문화(low context)'라는 개념으로 설명하고 있다. 대화에서 표현되는 말보다 그 배경을 중시해서 보다 많은 정보를 얻으려 하는 고맥락 문화와, 반대로 배경보다 표현되는 말을 중시해서 의미를 받아들이려 하는 저맥락 문화로 나눈 것이다.

고맥락 문화일수록 배경에 의한 메시지 전달 의존도가 높다. 고맥락 문화에서는 말로 명확하게 표현하는 것보다 행동을 통해 의사소통을 한다. 이런 문화에서는 '분위기'와 '눈치'를 중요시한다. 그리고 고맥락 문화에서는 하고자 하는 일보다 관계가 더 중요하다. 일본을 비롯한 아시아 국가들이나 남유럽, 라틴아메리카 국가들은 고맥락 문화에 해당한다. 이들 문화에서는 동료의식이 높고 사람을 사귀는 정도가 높기 때문에 언어 그 자체보다 맥락에 따라 깊은 메시지를 이해한다고 한다.

이에 비해 미국이나 북유럽 국가들은 저맥락 문화에 해당한다. 이들 문화에서는 개인주의가 발달해서 집단귀속 의식도 낮기 때문에 맥락에서 정보를 얻기 어렵다. 따라서 맥락에 의지하기보다 표현된 말 그 자체를 중시하는 경향이 높다.

그러나 주의해야 할 점은 모든 문화가 고·저 맥락의 두 가지 그룹으로 확실히 분류되는 것이 아니라는 점이다.

일본인들은 말로 표현하지 않아도 상대가 말하려는 바를 알아차릴 수 있는 능력을 높이 평가한다. 또한 일본인의 말과 말 사이의 침묵은 상대의 발언이나 행동 등을 헤아리면서, 자신의 역할이나 상대의 지위, 연령을 고려하고 있는 시간이라고 한다.

브라질인은 둘 이상의 사람들이 동시에 발언하는 시간이 가장 길고, 미국인은 한 사람이 끝나면 바로 다음 사람이 발언을 시작한다. 따라서 미국인은 침묵이 별로 없지만 일본인은 한 사람이 끝나면 다음 사람이 발언하기까지 짧은 침묵을 둔다.

이들 세 나라 사람들이 동시에 토론한다면, 브라질인은 다른 사람 발언 중에 발언하고, 미국인은 다른 발언을 차단하고 발언하며, 일본인은 시종 침묵을 지킨 채 말을 듣고 있을 것이다.

5) 신체적 접촉연구

신체적 접촉연구(haptics)는 우리가 일상생활에서 타인과의 신체적 접촉을 어떻게 이용, 지각, 혹은 반응하는지 연구하는 비언어적 커뮤니케이션 연구분야이다. 악수, 키스, 포옹, 등을 툭 치기 등은 일상화된 신체적 접촉 행동이다. 접촉(touch)은 다른 사람의 영역에 육체적으로 들어가는 것이다.

인간의 피부는 의사소통의 수용자이다(Berko et al, 1988). 피부에 접촉하는 의사소통 메시지는 접촉한 방법과 장소와 대상에 따라 다르다.

말레시아와 다른 아시아·태평양 지역에서 아이의 머리를 만지는 것은 영혼의 집을 만지는 행위로 존엄성을 무시하는 것으로 인식한다.

6) 신체적 외양과 장식연구

신체적 외양과 장식연구(physical appearance & adornment)는 사람의 옷이나 화장, 안경, 보석 등 두드러진 메시지를 전달하는 장식물로 분류되는데, 이것들을 어떻게 이용하고 지각하며 반응하는지 연구하는 것도 비언어적 커뮤니케이션의 연구분야이다.

이 중에서도 옷은 사람들의 인공적 치장물과 관련해서 가장 확실한 의사소통 도구일 것이다. 이것은 신체의 일부라고 해도 과언이 아니어서 다른 관찰자로 하여금 그 사람에 대한 정신이나 감정상태, 사회적인 태도 등 무언가를 알 수 있게 하는 역할을 한다. 의상을 선택하면서 주류의 스타일에서 벗어나는 것을 입으면 상대방이 이상한 반응을 보일 수도 있다.

특히 상대방에게 가장 잘 보여야 하는 면접시의 복장은 동서양이 변화가 거의 없다. 채용을 위한 인터뷰를 할 때 여자들은 대개 어두운 파란색 정장, 크림색 셔츠, 무릎까지 오는 스커트를 입는다. 남자는 어두운 청색 정장이나 하얀색 셔츠, 빨간색 계통의 넥타이가 일반적이다.

이러한 신체적인 외모와 장식은 설득에 있어서 보조적인 역할을 할 수 있으나 절대적인 것은 아니다. 단신이었던 나폴레옹은 체구를 크게 보이도록 연출법을 통해 위엄을 가장하고 설득의 달인이 됐다고 한다.

7) 환경과 물체연구

환경과 물체연구(environment & objects)는 개인의 집, 사무실, 가구 등이 커뮤니케이션에 미치는 영향을 연구하는 학문이다. 환경과 물체는 개인의 인품이나 취향에 대해 우리에게 비언어적 메시지를 전달하는데, 이러한 분야도 연구대상이다.

참고문헌

강태완 · 김태용 · 이상철 · 허경호(2001), 토론의 방법, 커뮤니케이션북스.
고대혁(2006), 유학적언어관 : "마음의 소리와 사람됨", 화법교육의 문제(화법연구 9), 한국화법학회, 도서출판 역락.
구현정 · 전영옥(2005), 의사소통의 기법, 도서출판 박이정.
국립국어연구원(2001), 외래어발음 실태조사, 국립국어연구원.
김기태(2003), 여의도클럽세미나, 여의도클럽.
김달진(1966), 장자, 현암사.
김상준(1991), "표준발음과 뉴스낭독", 아나운서교본, KBS한국어연구회.
김상준(1996), "고쳐야할 기사문장 사례(방송)", 신문방송 기사문장, 한국언론연구원.
김상준(1997), NHK 일본어 관련 조사연구 보고서, KBS 아나운서실.
김상준 · 박현우(1999), BBC 영어 관련 조사연구 보고서, KBS 아나운서실.
김상준(2000), "방송언어론", 아나운서 방송인 되기, 한국방송출판.
김상준(2002), 남북한 보도방송 언어 연구, 커뮤니케이션북스
김상준(2003), 방송언어연구, 커뮤니케이션북스.
김상준(2004), 표준한국어 발음과 낭독, 한국방송출판.
김상준(2008), 한국어 아나운싱과 스치치, 커뮤니케이션북스.
김상준(2013), 한국어 발음과 낭독, 지구문화.
김상준(2013), 아나운서, 커뮤니케이션북스.
김상준(2013), 방송언어, 커뮤니케이션북스..
김상준 외(2005), 화법과 방송언어, 도서출판 역락.
김상준 · 이주행(2005), 아름다운 우리말, 지구문화사.
김영임(1999), 스피치커뮤니케이션, 나남.
김용옥(2000), 노자와 21세기, 통나무.
김은영(1991), 이미지 메이킹, 김영사.
김정탁(2000), 굿바이 구텐베르크, 중앙일보 새천년.
김정탁(2004), 예와 예(禮&藝)－한국인의 의사소통 사상을 찾아서, 도서출판 한울.
김환열(2000), TV토론의 이해, 커뮤니케이션북스.
동아일보사 출판기획팀(2001), 현대시사용어사전, 동아일보사.
리상벽(1964), 화술통론, 평양 조선문학예술총동맹출판사, 서울 탑출판사 재발행.
리상벽(1975), 조선말 화술, 평양 사회과학출판사 발행, 서울 탑출판사 재발행.

박갑수(1990), “신문기사의 문체와 표현”, 신문기사의 문체, 한국언론연구원.
박경희(2003), 유사언어가 방송 메시지 전달에 미치는 영향에 관한 연구, 성균관대학교 석사학위논문.
박경희(2005), “방송인의 호흡과 발성”, 화법과 방송언어, 도서출판 역락.
박기순(1998), 대인커뮤니케이션, 세영사.
박소웅(2005), 신라디오 방송제작론, 한울아카데미.
박재용 · 김영황(1988), 방송원화술, 평양 예술교육출판사.
박용익(2001), 대화분석론, 도서출판 역락.
사회과학출판사(1992), 조선말대사전, 평양 사회과학출판사.
안인숙(2003), “예수의 대인화법 연구”, 대인화법(화법연구 6), 한국화법학회.
오미영(2005), “TV 토론”, 화법과 방송언어, 도서출판 역락.
이규항(2004), 아나운서로 가는 길, 에듀 그린.
이규항 · 이주행 · 김상준(2007), 표준한국어 발음사전, 지구문화사.
이기동(2006), 논어강설, 성균관대학교 출판부.
이금희(2000), “MC”, 아나운서 방송인 되기, 한국방송출판.
이덕일 (2007), 설득과 통합의 리더 유성룡, 역사의 아침.
이미선(2000), “Disk Jocky”, 아나운서 방송인 되기, 한국방송출판.
이어령(1997), 문장대백과사전, 금성출판사.
이주행(2002), “공자와 그의 제자들의 화법관에 대한 연구”, 전통화법과 화법교육, 한국화법학회.
이주행(2006), 한국어 스피치 커뮤니케이션의 원리, 도서출판 동인.
임태섭(2003), 스피치커뮤니케이션, 커뮤니케이션북스.
전영우(2002), 신국어화법론, 태학사.
전영우(2005), “화법의 이론과 실제”, 화법과 방송언어, 도서출판 역락.
정순일(1998), 설법 그 이론과 실제, 민족사.
주요한(1993), 안도산전서, 범양사.
차배근 · 리대룡 · 오두범 · 조성겸(2001), 설득 커뮤니케이션 개론, 나남.
최인욱 역(1971), 황견 편 고문진보(古文眞寶), 을유문화사.
최정호 외(1990), 매스미디어와 사회, 나남.
한승헌(2004), 산민객담, 범우사.
홍기선(1990), 커뮤니케이션론, 나남.
KBS한국어연구회(1991), “방송언어의 속도에 관한 연구”, 방송언어연구논문 제31집, KBS한국어연구회.
Bell, Daniel(1973), The Coming of Post-Industrial Society, 김원동 역, (2006), 대우학술총서.

Berko, Roy M. & Wolvin, Andrew D. & Wolvin, Darlyn R.(1988). Communicating, Houghton Mifflin Company. 이찬규 역(2003). 언어 커뮤니케이션, 한국문화사.

Birdwhistell, Raymond L.(1979), Kinesics and Context : Essays on Body Motion Communication, Philadelphia University of Pennsylvania Press.

Burgoon., Judee K. & Stern, Lesa A. & Dillman, Leesa(1995), Inter-personal Adaptation : Dyadic Interaction Patterns, Cambridge University Press.

Carnegie, Dale(1993), Quick and Easy Way to Effectives Speaking, Amazon.com, Inc., 최염순 역(2004), 카네기 스피치 & 커뮤니케이션, 카네기 연구소.

DeVito, Joseph A.(2002), Essential Elements of Public Speaking, Paperback Published.

Dominick, Joseph(1994), The Dynamics of Mass Communication, McGraw-Hill Inc.

Fairclough, Norman(1995), “Media and language : setting an agenda”, Media Discourse, London : Arnold.

Gerbner, G.(1967), Human Communication Theory, New York : Holt, Rinehart and Winston.

Grice, H. P.(1975), “Logic and Conversation”, Syntax and Semantics, New York, Academic Press.

Gruner, C. R.., Logue, C. M., Freshley, D. L. & Huseman, R. C. (1972), Speech communication in society, Boston, Mass. : Allyn and Bacon, Inc.

Hall, Edward T.(1966), The Hidden Dimension, New York : Anchor Books/ Doubleday.

Hausman, Carl & O'Donnell, Lewis & Benoit, Philip(2000), Announcing, 8th edition, Wadsworth Publishing, a division of Thomson Learning, Inc. 김상준 · 박경희 · 유애리 역(2004), 아나운싱, 커뮤니케이션북스.

Hayakawa, S. I(1991), Language in Thought and Action : Fifth Edition, Paper-back.

Holzheu, Harry(2003), 자연스럽게 말하고 확실하게 설득하라. 정상희 역, 사람과 책.

Humes, James C.(2002), Speak Like Churchill, Stand Like Lincoln, SIAA Publishing House. 이채진(2003), 링컨처럼 서서 처칠처럼 말하라, 시아출판사.

Jamieson, K. & Birdsell, D.(1988), Presidential debates : The challenge of creating an informed electorate, New York : Oxford University Press, (오미영, 2005).

Janowitz, M.(1968), “The study of mass communication” n SILLS, D. E.(ed.), International Encyelopedia of the Social Sciences, New York : Macmillan and Free Press.

Leech, G.(1983), Principles of Pragmatics, London, Longman.

Lucas, Stephen E.(2004), The Art of Public Speaking, McGraw-Hill Companies.

Mehrabian, Albert(2007), Nonverbal Communication, Transaction Pub.

McCroskey, James C.(1968). Introduction to Rhetorical Communication, Engle- od Cliffs, N.J. : Prentice-Hall.

McKay, Matthew & Davis, Martha & Fanning, Patrick(1998), assages : The Communication Skills Book, 임철일 · 최정임 역(1999), 효과적인 의사소통을 위한 기술, 커뮤니케이션북스.

Mcquail, Denis & Windahl, Seven(1993), Mass Communication Theory, SAGE Publication Ltd. 임상원 · 유종원 공역(2001), 커뮤니케이션 모델, 나남

Osgood(1957), The Measurement of Meaning, Urbana : University of Illinois Press.

Schramm, W. & L. W. Pye(eds.)(1963), Communication Development and Development Process, New Jersey : Princeton University Press.

Seoul Digital Forum(2005), QUO VADIS UBIQUITOUS, InMind Communication.

Nanami, Shiono(1989), OTOKOTACHI E(男たちへ), Bungeishunju Ltd. 이현진 역(2002), 시오노 나나미 에세이 '남자들에게', 한길사.

Nanami, Shiono(1998), 로마인 이야기 권4－율리우스 카이사르, 김석희 옮김(2001), 한길사.

Steil, Lyman K.(1982), Effective Listening : Key to Your Success, Addison Wesley Publishing Company.

Stephens, M. (1997), 뉴스의 역사, 이광재 · 이인희 역(1997), 황금가지.

Stewart, Charles & Cash J., William B.,(2002), Interviewing : Principles and Practices, McGraw-Hill. 이무기 역(2007), 동아방송예술대학 출판사.

Tuchman, Gaye(1995), Making News - a study in construction of reality, 박홍수 역(1995), 메이킹 뉴스－현대사회와 현실의 재구성 연구, 나남.

Wood, R. V. & Goodnight, L.(1996), Strategic debate(5th ed.), Lin-lnood, IL : National Textbook Company.

동아일보, 2007. 4. 10.

중앙일보, 2007. 1. 6.

박용구(2007). http://www.hufsjapan.com/bbs/view.

방송문화 진흥회(The Foundation for Broadcasting Culture), http://www.fbc.or.kr

변선희(2006). 통역에서의 비언어적 커뮤니케이션의 기능 및 중요성에 관한 고찰, http:// blog.naver.com

http://100.naver.com

http://blog.daum.net
http://blog.daum.net/jh3choi
http://blog.naver.com/dohwanj
http://cafe.naver.com
http://chinese.dsturgeon.net
http://kin.naver.com
http://terms.naver.com
http://tvnews.media.daum.net
http://www.president.go.kr

저자 김상준 동아방송예술대학교 초빙교수 · 언론학박사

성균관대학교 국어국문학과 학사
중앙대학교 신문방송대학원 석사
성균관대학교 대학원 신문방송학과 박사
현재 동아방송예술대학교 방송보도제작과 초빙교수

▪ 역임

KBS아나운서실장
KBS한국어연구회장
KBS전주방송 총국장
한국아나운서 연합회장
국립국어연구원 표준어사정위원
정부언론 외래어심의공동위원
방송위원회 방송언어특별위원장
방송통신심의위원회 방송언어특별위원장
여의도클럽 방송언어분과위원장
한국음성학회 회장
한국화법학회 부회장
YTN 시청자위원
KBS 시청자위원

▪ 수상

세종문화상 문화부문상 대통령상
국민생활개혁운동 고운말쓰기유공 대통령상
한글발전유공 국무총리상
한국방송 70주년유공 공보처장관상
군심리전방송유공 국방부장관상
외솔상(재단법인 외솔회)

▪ 저서

방송언어(커뮤니케이션북스)
아나운서(커뮤니케이션북스)
한국어 아나운싱과 스피치(커뮤니케이션북스)
남북한 보도방송 언어연구(커뮤니케이션북스)
방송과 우리말(정음사)
한국어 발음과 낭독(지구문화사)
한국어능력 평가(지구문화사)
표준한국어발음사전(공저, 지구문화사)
화법과 방송언어(공저, 역락)
아나운싱(공역, 커뮤니케이션북스)

스피치 커뮤니케이션[개정판]

초판 인쇄 2007년 8월 27일 | **초판 발행** 2007년 9월 3일
개정판 발행 2015년 2월 16일
지은이 김상준
펴낸이 이대현 | **편집** 이소희
펴낸곳 도서출판 역락 | **등록** 제303-2002-000014호(등록일 1999년 4월 19일)
주소 서울시 서초구 동광로 46길 6-6 문창빌딩 2층
전화 02-3409-2058(영업부), 2060(편집부) | **팩시밀리** 02-3409-2059
전자우편 youkrack@hanmail.net | **역락 블로그** http://blog.naver.com/youkrack3888
ISBN 979-11-5686-147-8 03300
정가 15,000원

■ 파본은 구입처에서 교환해 드립니다.

이 도서의 국립중앙도서관 출판예정도서목록(CIP)은 서지정보유통지원시스템 홈페이지(http://seoji.nl.go.kr)와 국가자료공동목록시스템(http://www.nl.go.kr/kolisnet)에서 이용하실 수 있습니다.(CIP제어번호 : CIP2015003514)